High Language Learning
・・・
本多孝昭
Takaaki Honda

本気で学ぶ
中・上級
イタリア語

イタリア語の総合力をアップさせる
中・上級者のための本格的な学習書

CD BOOK

まえがき

　本書は、イタリア語をある程度学習している方のための文法解説書ですが、基本的な文法事項の丁寧な解説からスタートしますので、イタリア語を始めて日の浅い方でも、本書を使って、基礎からしっかり文法を学習することができます。その意味では、本書はイタリア語を学習するすべての方に向けられた総合的な文法書といえるでしょう。

　ご承知のとおり、読み書きはもちろんのこと、豊かな会話を楽しむためにはどうしても文法の理解が必要です。学習を積み重ねていけば、レベルは向上し、さらに難度の高い文法へと関心は高まります。しかし、これまでの文法書の多くは、初級レベルに重点を置くものが中心で、中・上級者が求める、いわゆる文法の後半部分を詳しく解説する書籍は限られていました。そのような事情もあり、今回、イタリア語を磨きたい、ステップアップしたいと望む方に、難度の高い文法をできるだけわかりやすく学習していただくことを目的に、文法の後半部分にも重点をおく文法書を執筆することとなりました。

　本書を最初からお読みいただければ、イタリア語文法の面白さ、奥深さを実感し、きっと新しい発見があるはずです。イタリア語を始めたばかりの方、始めはしたけれど文法に行き詰まって挫折しそうな方、中級レベルまで到達したものの、今一度文法をきちんと復習して確実なものにし

たいと考えている方、そして繰り返しになりますが、もっと先まで勉強したいのに自分に合った教材がなかなか見つからなくてお困りの方、さらにはイタリア語検定試験や通訳案内士試験にチャレンジされる方。本書は、そういった方々のそれぞれのニーズを満たす、まさにかゆいところに手が届く、目からウロコの落ちるような、懇切丁寧な文法書です。

　本書の執筆にあたっては、ご多忙にもかかわらず、白崎容子先生より、数多くの貴重なアドバイスを頂戴いたしました。この場を借りて心よりお礼申し上げます。また、本書の膨大な用例をひとつひとつ丁寧にチェックしてくださったディエーゴ・ペレッキアさんにも心よりお礼申し上げます。

［本書の特徴と使い方］

● 本書の構成について

　本書は、中・上級者はもとより、初級学習者も含め、幅広いイタリア語学習者の文法理解の向上を目的にしています。解説は、全部で27の章（Capitolo）に分かれます。Capitolo1【文の基本的要素】からスタートし、しだいにレベルを上げていきます。条件法、接続法、仮定文、受動態、不定法へと進み、最後が、Capitolo26【直接話法と間接話法】、Capitolo27【前置詞】です。各章の内容は、もちろん他の章と関連しますから、関連箇所については参照すべき章や項などを該当ページとともに→マークで表示しています。

　構成にあたっては、まず中級以上の学習者への配慮として、文法をより深く体系的に理解できるよう、数多くの例文を用いながら、従来の文法書ではあまり触れられなかった論点や、限界事例なども含め、すべての章にわたって詳しい説明を加えています。これにより、各章の輪郭がかなり明確につかめるようになるはずです。

　一方、初級学習者に対しては、前の項で学習したことを前提にして次の項へと進めるよう、できるだけCapitolo1の項目設定に工夫を施しています。これにより、文法の基礎が段階的にしっかりと身につくようになります。それ以降の章においても、もちろん同様の配慮がなされています。

　このように、本書は文法の基礎はもちろんのこと、難度の高い文法後半部分をもその解説の対象とし、学習者が往々にして誤る要注意ポイントなども取り上げながら丁寧な説明を加えるよう組み立てています。

　文法解説の流れから少し外れた関連事項については、★印（★1, ★2, ★3 …で表示）を付けて別途解説しています。息抜きとしても活用していただけるでしょう。

● 用例について

　本書の特徴の一つですが、文法事項をより一層理解していただくために、できるだけ多くの用例をあげました。その数は1300余りにのぼります。最初は単純なものから、次第に複雑なものも増やし、有益な単語やイディオムをその中に多く盛り込んで、会話や作文など総合的な学習にも役立つよう工夫しています。用例で登場する単語には、必要に応じてその基本的意味を添えています。

　本書は、現在のイタリア語を念頭におき、実際ほとんど使われなくなった表現や内容についてはできるだけ触れないようにしています。ただ、用例の中には、文法理解の補助のために、必ずしも日常的でない表現をときに含めています。その場合には「実際にはあまり使われない」旨の断り書きを入れました。

● 学習のしかたについて

　学習にあたっては、文法事項の解説を読んだ後、必ず用例に触れ、その使い方を理解してください。日本語訳を付けていますので参考にしてください。関連箇所が明示されている場合、それが先の章や項であればともかく、前の章や項の内容であるならば、必ずその箇所も参照し、総合的な理解を目指してください。行きつ戻りつしながらの学習は、まさに急がば回れのことわざどおり、大きな実を結んでくれることでしょう。皆さんのご要望に応えられると期待しています。

● CDについて

　本書では、◆をつけた文を付属のCDに収録しています。文法とともに、イタリア人の自然な発音もあわせて学習してください。

　◎ 1→01の場合、ディスク1のトラック01に収録されていることを示します。

INDICE
本気で学ぶ中・上級イタリア語

CAPITOLO 1 | 文の基本的要素

1. 名詞の性と数 ——— 19
2. 不定冠詞 ——— 20
3. 指示代名詞 questo, quello ——— 21
4. 形容詞の性と数 ——— 22
5. 主語としての人称代名詞と動詞 essere の直説法現在 ——— 24
6. 定冠詞 ——— 26
7. 指示形容詞 questo, quello ——— 27
   (1) questo……27　　　　(2) quello……28
8. 特殊な変化をする形容詞 bello, buono ——— 29
   (1) bello……29　　　　(2) buono……29
9. 所有形容詞 ——— 30
   (1) 所有形容詞の前には通常、定冠詞や不定冠詞がつく……30
   (2) 親族を表す名詞の前に所有形容詞が置かれた場合、定冠詞との間に次のような規則がある……31
   (3) 所有形容詞 proprio……32
10. 所有代名詞 ——— 32
11. 数形容詞 ——— 33
    (1) 基数形容詞……33　　　(2) 序数形容詞……36
12. 名詞と形容詞の特殊な複数形 ——— 37
    (1) 複数になっても変化しない単語……37
    (2) 男性単数 -co, -go, -io 女性単数 -ca, -ga, -cia, -gia で終わる単語……38
    (3) 複数形が不規則変化する単語……40
13. 前置詞と定冠詞の結合形(冠詞前置詞) ——— 41

14. 部分冠詞 —————————————————————————— 42
  (1)「いくらかの」という「量」を表現する場合……42
  (2)「いくつかの」「何人かの」という「数」を表現する場合……43

15. c'è と ci sono —————————————————————————— 44

16. essere 以外の動詞の直説法現在 —————————————————————————— 44
  (1) 動詞 avere……45
  (2) 規則変化をする動詞……45　　★1 直接目的語・間接目的語
  (3) 不規則変化をする動詞……48　　★2 曜日・月・季節
  (4) 補助動詞……52　　★3 neanche（〜すらなく）の用法　　★4 不定代名詞その1

17. 副詞 —————————————————————————— 56
  (1)「様態」を表す副詞……56　　　　　(2)「時」を表す副詞……56
  (3)「頻度」を表す副詞……57　　　　　(4)「場所」を表す副詞……57
  (5)「数量」を表す副詞……57　　　　　(6) 副詞句……58
  (7) 形容詞から作られる副詞……58　　(8) 形容詞がそのまま副詞として用いられる例……59

18. 疑問詞 —————————————————————————— 60
  (1) 疑問代名詞……60
  (2) 疑問形容詞……62　　★5 時刻　　★6 縮小辞と拡大辞
  (3) 疑問副詞……66

19. 感嘆文を作る言葉 —————————————————————————— 67
  (1) 形容詞として……67　　★7 蔑称辞
  (2) 副詞として……68

CAPITOLO 2 ｜ 目的語としての人称代名詞

1. 直接目的語人称代名詞 —————————————————————————— 70
  ★8 不定代名詞その2

2. 間接目的語人称代名詞 —————————————————————————— 73
  ★9 身体に関する名詞の性と数

3. 人称代名詞の強勢形 —————————————————————————— 75
  (1) 直接目的語人称代名詞の強勢形……76
  (2) 間接目的語人称代名詞の強勢形……76
  (3) 前置詞とともに……77
  (4) 主語人称代名詞の代用……78　　★10 トロンカメント　　★11 不定形容詞

4. 動詞 piacere と interessare ──────────── 81
    ★ 12 副詞の molto と形容詞の molto
5. 直接目的語、間接目的語を間違えやすいケース ──── 84
    (1) 直接目的語をとる動詞ではあるが、「〜を」という日本語にはならないもの……84
    (2) 間接目的語をとる動詞ではあるが、「〜に」という日本語にはならないもの……86
6. 間接目的語人称代名詞と直接目的語人称代名詞の結合形 ── 87
7. 命令形とともに目的語人称代名詞等を用いる場合 ───── 88

CAPITOLO 3 | 直説法近過去

1. 直説法近過去の概念 ─────────────────── 89
2. 自動詞と他動詞 ──────────────────── 90
3. 直説法近過去の作り方と活用形 ──────────── 90
    (1) 過去分詞の作り方……90
    (2) avere ＋過去分詞の場合……92   ★ 13 連結接続詞 né... né... の用法
    (3) essere ＋過去分詞の場合……94   ★ 14 日付の表し方
    (4) 副詞の位置……98
    (5) 注意事項……98
4. 補助動詞の直説法近過去 ──────────────── 101
    (1) 補助動詞の直説法近過去の作り方……101
    (2) 目的語人称代名詞・代名小詞の位置……102
5. 直接目的語人称代名詞と過去分詞の一致 ────────── 103
    (1) 直接目的語人称代名詞 lo, la, li, le と過去分詞の一致……103
    (2) 代名小詞 ne を直接目的語として用いる場合……104
    (3) 直接目的語人称代名詞と間接目的語人称代名詞が結合した場合……105
    (4) 直接目的語人称代名詞が 1 人称・2 人称 mi, ti, ci, vi の場合……105
    (5) 形式的再帰動詞の近過去の場合……106
6. 時間の長さを表す前置詞 da と per について ──────── 106
    (1) da（〜前から、〜以来、〜の間）……107   (2) per（〜の間）……108
7. fa について ───────────────────── 109

CAPITOLO 4 | 直説法半過去

1. 直説法半過去の概念 —————————————————— 110
2. 直説法半過去の活用形 ————————————————— 110
3. 直説法半過去の用法 —————————————————— 112

CAPITOLO 5 | 直説法大過去 ————————————— 122

CAPITOLO 6 | 直説法遠過去

1. 直説法遠過去の概念 —————————————————— 125
2. 直説法遠過去の活用形 ————————————————— 125
   (1) 規則変化および avere, essere の活用形……125　(2) 不規則変化……126
   (3) 全人称とも不規則に変化するもの……127
3. 直説法遠過去の用法 —————————————————— 128

CAPITOLO 7 | 直説法先立過去 ————————————— 130

CAPITOLO 8 | 直説法未来・直説法先立未来

1. 直説法未来の活用形 —————————————————— 131
2. 直説法未来の用法 ——————————————————— 133
   (1) これから起こること……133　(2) 現在の推量、憶測……134
3. 直説法先立未来 ———————————————————— 134
   (1) 作り方……134　(2) 直説法先立未来の用法……135

CAPITOLO 9 | 命令法

1. 命令法の活用形 ——————————————————— 137
2. 命令法での目的語人称代名詞の位置 ————————— 140
3. 否定命令 ———————————————————— 142

CAPITOLO 10 | 再帰動詞

1. 再帰動詞とは ———————————————————— 144
2. 再帰動詞の種類 ——————————————————— 145
   (1) 本質的再帰動詞……145　　(2) 形式的再帰動詞……146
   (3) 相互的再帰動詞……146　　(4) 代名動詞……147
3. 再帰動詞の直説法現在 ———————————————— 148
   ★ 15　命名動詞
4. 再帰動詞の直説法近過去 ——————————————— 152
5. 補助動詞をともなう再帰動詞の直説法現在 —————— 155
6. 補助動詞をともなう再帰動詞の直説法近過去 ————— 156
7. 再帰動詞の命令形 —————————————————— 156
8. 再帰動詞の否定命令形 ———————————————— 158
9. 再帰動詞の非人称表現 ———————————————— 158

CAPITOLO 11 | 代名小詞 ci, ne と中性代名詞 lo

1. 代名小詞 ci ————————————————————— 159
2. 代名小詞 ne ————————————————————— 164
   ★ 16　否定疑問に答えるときの Sì と No の使い方
3. 中性代名詞 lo ———————————————————— 172

11

CAPITOLO 12　｜　比較級と最上級

1. 優等・劣等比較級 ───────────────── 174
2. 同等比較級 ────────────────────── 178
   - (1)［così］〜 come... もしくは［tanto］〜 quanto... ……178
   - (2) 数量の同等比較……181
   - (3)［quanto］più (meno)〜［tanto］più (meno)〜……182
3. 形容詞と副詞の最上級 ───────────── 182
   - (1) 相対最上級……182　　　(2) 絶対最上級……184
4. 特殊な比較級・最上級 ───────────── 185
   - (1) 形容詞……185　　　　(2) 副詞……186

CAPITOLO 13　｜　関係代名詞

1. che ──────────────────────────── 187
2. cui ──────────────────────────── 189
3. quale ────────────────────────── 191
4. chi ──────────────────────────── 194
5. quanto ───────────────────────── 195

CAPITOLO 14　｜　関係副詞と関係形容詞

1. 関係副詞 ─────────────────────── 197
2. 関係形容詞 ───────────────────── 198

CAPITOLO 15　｜　条件法現在

1. 条件法現在とその活用形 ─────────── 199

2. 条件法現在の用法 ──────────────────── 202
　★17　形容詞の副詞的用法

CAPITOLO 16 ｜ 条件法過去

1. 条件法過去の作り方と活用形 ─────────── 206
2. 条件法過去の用法 ──────────────────── 207

CAPITOLO 17 ｜ 接続法現在・接続法過去

1. 接続法の世界 ──────────────────────── 212
2. 接続法現在の活用形 ─────────────────── 212
3. 接続法過去の作り方と活用形 ─────────── 214
4. 接続法現在・過去の用法 ──────────────── 215
5. 具体的な用法 ──────────────────────── 216
　(1) 名詞節での用法……216
　(2) 副詞節での用法……224
　(3) 関係節での用法……229
　(4) 独立節で用いられる例……230
　★18　連結動詞　　★19　非人称動詞 sembrare の用法　　★20　二重否定と部分否定

CAPITOLO 18 ｜ 接続法半過去・接続法大過去

1. 接続法半過去の活用形 ───────────────── 234
2. 接続法大過去の作り方と活用形 ─────────── 235
3. 接続法半過去・大過去の用法 ─────────── 236

13

CAPITOLO 19 ｜ 時制の一致

1. 時制の一致の基本 ──────────────── 243
   (1) 主節の動詞が従属節の動詞に接続法を要求しない場合の時制……243
   (2) 主節の動詞が従属節の動詞に接続法を要求する場合の時制……244
2. 時制の一致の基本から外れるケース ──────── 247
3. 節の中にもうひとつ別の節が入った文における法と時制 ──── 248

CAPITOLO 20 ｜ 仮定文

1. 現在・未来の現実的な仮定に基づいて、予測される結果を表現する場合 ── 251
2. 現在・未来の実現不確かな仮定に基づいて、予測される結果を表現する場合 ── 253
3. 現在の事実に反することを「ある」と仮定して、その結果を推量する場合 ── 254
4. 過去の事実に反することを「あった」と仮定して、その結果を推量する場合 ── 256
5. 直説法半過去を用いた仮定文 ────────────── 257
6. ジェルンディオを用いた仮定文 ───────────── 257
7. 条件節だけを用いた感嘆文、条件節のない仮定表現 ──── 258
8. come se について ────────────────── 258
9. 仮定文と話法 ───────────────────── 259

CAPITOLO 21 ｜ 受動態と受身の si、非人称の si

1. 動詞の形態 ───────────────────── 260
2. 受動態の種類 ──────────────────── 260
   (1) essere の活用形＋他動詞の過去分詞(語尾は主語の性・数に一致)＋［da＋動作主］……260
   (2) venire の活用形＋他動詞の過去分詞(語尾は主語の性・数に一致)＋［da＋動作主］……262
   (3) andare の活用形＋他動詞の過去分詞(語尾は主語の性・数に一致) ……264
   (4) 能動態を用いた受動表現……265
   (5) si を用いた受動態(受身の si) ……266

3. 非人称の si (狭義) ——————————————————— 268
4. 非人称的な代名詞としての uno と tu ——————————— 272
　　(1) uno……272　　　　　(2) tu……273

CAPITOLO 22 | ジェルンディオ

1. ジェルンディオの作り方 ——————————————— 274
　　(1) ジェルンディオ現在形……274　　(2) ジェルンディオ過去形……275
2. ジェルンディオの用法 ——————————————— 275
　　(1) 進行形……275　　　　(2) ジェルンディオ構文……277

CAPITOLO 23 | 過去分詞

　　(1) 過去分詞の作り方……284　　(2) 複合時制の中で用いられる過去分詞……284
　　(3) 受動態で用いられる過去分詞……284　(4) 過去分詞構文……284
　　(5) 形容詞としての過去分詞……288　(6) 名詞としての過去分詞……288

CAPITOLO 24 | 現在分詞

　　(1) 現在分詞の作り方……289　　(2) 形容詞としての現在分詞……289
　　(3) 名詞としての現在分詞……290

CAPITOLO 25 | 不定詞

1. 不定詞の現在形と過去形 —————————————— 291
2. 不定詞の用法 ——————————————————— 292
　★21 強調構文
3. 不定詞と目的語人称代名詞等の位置 ————————— 296
4. 使役動詞と結びつく不定詞の用法 ——————————— 300
　　(1) fare ＋不定詞……300　　(2) lasciare ＋不定詞……304

5. 感覚動詞と結びつく不定詞の用法 ——————————— 305
　　(1) 感覚動詞＋人・もの（感覚動詞の直接目的語であり同時に不定詞の動作主）
　　　＋不定詞（自動詞）……305
　　(2) 感覚動詞 ＋ 人・もの（感覚動詞の直接目的語であり同時に不定詞の動作主）
　　　＋不定詞（他動詞）＋不定詞の直接目的語（＋不定詞の間接目的語）……305
　　　★22 動物の鳴き声

6. ジェルンディオ、不定詞、過去分詞を用いた構文の対比（不定法のまとめ）—— 307
　　(1) 他動詞の場合……307　　　(2) 自動詞の場合……309

CAPITOLO 26　直接話法と間接話法

1. 品詞の変換 ——————————————————————— 310
　　(1) 代名詞……310
　　(2) 副詞……313
　　(3) 動詞……313　　★23　venire と andare

2. 時制と法の変換 ————————————————————— 316
　　(1) 主節の動詞が直説法現在（あるいは未来）、現在に近接する過去の場合……316
　　(2) 主節の動詞が過去（直説法近過去・半過去・大過去・遠過去）の場合……318

CAPITOLO 27　前置詞

1. a ———————————————————————————— 329
　　★24 所有形容詞と定冠詞の省略

2. da ——————————————————————————— 331

3. di ——————————————————————————— 333

4. in ——————————————————————————— 334

5. 場所（行き先、居場所）を表す in, a, da の守備範囲 ——————— 336

6. su ——————————————————————————— 338

7. con —————————————————————————— 338

8. per —————————————————————————— 339
　　★25 非人称構文

9. fra / tra ——————————————————————— 341
10. その他の前置詞 ——————————————————— 342
　　1) attraverso　2) contro　3) dentro　4) dietro　5) durante
　　6) entro　7) fuori　8) oltre　9) presso　10) secondo　11) senza
　　12) sopra　13) sotto　14) tramite　15) tranne　16) verso

CAPITOLO 1 文の基本的要素

|1| 名詞(**sostantivo**)の性(**genere**)と数(**numero**)

イタリア語の名詞は、単数(sing.)・複数(pl.)で形が変わるばかりか、すべての名詞に男性(m.)・女性(f.)という性の区別があります。「父」「母」など、生物名詞の性は、自然界の性と概ね一致しますが、「本」や「ドア」のような無生物名詞でも、すべて、男性・女性のいずれかに分類されます。

下の表に示したとおり、単数が e、複数が i で終わる名詞は、男性名詞にも女性名詞にもありますから注意しましょう。その名詞に冠詞が付いていれば、それを手がかりに男性・女性を判別することができます。

	単数(sing.)	複数(pl.)
男性 (m.)	libro fiore	libri fiori
女性 (f.)	porta nave	porte navi

	sing.		pl.
m.	-o	⇒	-i
	-e	⇒	-i
f.	-a	⇒	-e

➡ libro (m.)：本   fiore (m.)：花   porta (f.)：門、ドア   nave (f.)：船

◀ 男性(m.)は maschile の略、女性(f.)は femminile の略、
単数(sing.)は singolare の略、複数(pl.)は plurale の略です。
以後、この略語を用います。

2 | 不定冠詞(「1つの」) (articolo indeterminativo)

名詞に「1つの」という意味を付与する不定冠詞は次のように分類できます。

	不定冠詞	不定冠詞の次の語の最初の文字 (次の語は名詞とは限らない＊)	例	
男性名詞 (m.)	un	ほとんどの子音 母音	un libro un albergo	un fiore un orologio
	uno	s＋子音 z, gn, pn, ps, j, x, y	uno studente uno zaino	uno scherzo uno psicologo
女性名詞 (f.)	una	子音	una tavola una nave	una stella una chiave
	un'	母音	un'ora un'etichetta	un'isola un'aula

➡ albergo (m.)：ホテル　orologio (m.)：時計　studente (m.)：学生、生徒　scherzo (m.)：冗談　zaino (m.)：リュックサック　psicologo (m.)：心理学者　tavola (f.)：板　stella (f.)：星　chiave (f.)：カギ　ora (f.)：時間　isola (f.)：島　etichetta (f.)：ラベル　aula (f.)：教室

不定冠詞の種類は以上の4つですが、男性名詞の前か、女性名詞の前かによって、また、その不定冠詞の次に来る単語の最初の文字によっても形が変わってきます。

＊次に来る単語は名詞とは限らないので注意しましょう。4. 形容詞の性と数 [→ p22] を参照してから、次の例を見てください。

un bravo studente (優秀な生徒)

確かに、名詞 studente は男性名詞で、s＋子音で始まりますが、un の次の語は bravo (形容詞)で、最初の音は子音 b ですから、不定冠詞は uno ではなく un となります。

|3| 指示代名詞 (pronome dimostrativo)
questo (これ), quello (あれ)

指示代名詞は、「この本」「その写真」「あの花」といった表現を、「これ」「それ」「あれ」で代用する場合に用います。

指し示す名詞の性と数によって指示代名詞の語尾が変化します。

	questo (これ)		quello (あれ)	
指し示す名詞	単数(sing.)	複数(pl.)	単数(sing.)	複数(pl.)
男性名詞(m.)	questo	questi	quello	quelli
女性名詞(f.)	questa	queste	quella	quelle

[指し示す名詞が男性・単数の場合]

◆ Questo è un libro.　　これは(1冊の)本です。

[指し示す名詞が男性・複数の場合]

◆ Questi sono libri. *　　これらは(複数の)本です。

[指し示す名詞が女性・単数の場合]

◆ Questa è una rivista.　　これは(1冊の)雑誌です。

[指し示す名詞が女性・複数の場合]

◆ Queste sono riviste. *　　これらは(複数の)雑誌です。

[指し示す名詞が男性・単数の場合]

◆ Quello è uno studente.　　あれは(ひとりの)学生です。

[指し示す名詞が男性・複数の場合]

◆ Quelli sono studenti. *　　あれらは(複数の)学生です。

[指し示す名詞が女性・単数の場合]

◆ Quella è una chiave.　　あれは(1個の)カギです。

[指し示す名詞が女性・複数の場合]

◆ Quelle sono chiavi. *　　あれらは(複数の)カギです。

＊不定冠詞は「1つの」という意味ですから、複数名詞の前に不定冠詞は付きません。
"è" および "sono" については後述 5. [→ p24] を参照してください。

一般的に、話し手に近いものを指す場合が questo、遠い場合が quello となりますが、近い遠いの感覚は、話し手によって違いますから、注意が必要です。日本語の「それ」を意味する語は、話し手から近いか遠いか、あるいはその話し手の考え方次第で questo と表現する場合もあれば quello と表現する場合もあります。

|4| 形容詞（**aggettivo**）の性と数

形容詞はその修飾する名詞の性と数にしたがって語尾変化します。

ここでいう男性・女性、単数・複数は、その形容詞が修飾する名詞の性と数の意味です。

	男性（m.）		女性（f.）		
	単数(sing.)	複数(pl.)	単数(sing.)	複数(pl.)	
形容詞	comodo	comodi	comoda	comode	o, i, a, e 型
	italiano	italiani	italiana	italiane	
	speciale	speciali	speciale	speciali	e, i, e, i 型
	giapponese	giapponesi	giapponese	giapponesi	

▶ comodo：快適な　italiano：イタリアの、イタリア人の、イタリア語の
　speciale：特別の　giapponese：日本の、日本人の、日本語の

上の2段は、**o, i, a, e 型**といいます。男性単数形が o で終わる形容詞はこの変化になります。

下の2段は、**e, i, e, i 型**といいます。男性単数形が e で終わる形容詞はこの変化になります。

辞書においては、形容詞はすべて男性単数形で掲載されています(これを「形容詞の原形」と呼ぶことがあります)。

(注) italiano は名詞でもあり、その場合には「イタリア人」「イタリア語」という意味になります。giapponese も同様で、「日本人」「日本語」という意味になります。

● 名詞と形容詞の語順

形容詞は、名詞を修飾する場合、原則として修飾する名詞の後に置きます。語尾の母音が必ずしも一致しませんから、その点に気をつけてください。

un treno comodo	→	treni comodi	快適な(便利な)電車(m.)
una macchina comoda	→	macchine comode	快適な車(f.)
un ragazzo giapponese	→	ragazzi giapponesi	日本人の男の子(m.)
una ragazza giapponese	→	ragazze giapponesi	日本人の女の子(f.)
un giornale italiano	→	giornali italiani	イタリアの新聞(m.)
un'ospite italiana	→	ospiti italiane	イタリア人の女性客(f.)＊
un giornale speciale	→	giornali speciali	特別な新聞
un'ospite speciale	→	ospiti speciali	特別な女性客＊

＊ ospite は「男性客」「女性客」両方の意味があります。その前に付く冠詞で男女を区別します。このケースでは、女性名詞として扱っています。

名詞の前に形容詞を置くこともありますが、後ろに置く場合と意味が異なるケース(下の例)や、bello や buono のように名詞の前では特殊な変化をするケースがあります(→ 8. [p29])。

montagna alta	高い山	alto funzionario	高級官僚(身分・地位の高い)
prova certa	確かな証拠	certa informazione	ある情報
amico vecchio	年老いた友人	vecchio amico	古い友人
uomo grande	大柄な人	grande uomo	偉大な人
studente povero	貧乏な学生	povero studente	哀れな学生

5 | 主語としての人称代名詞(pronome personale)と動詞essereの直説法(modo indicativo)現在(presente)

イタリア語において基本となる動詞(verbo)は、英語のhave動詞にあたるavere(「持つ」)とbe動詞にあたるessere(「～である」)です。avere, essereは、その動詞としての本来の意味以外に、助動詞(verbo ausiliare)として、過去分詞とともに複合時制(→3章4.(1)[p102])を形成します。

イタリア語の場合、主語(soggetto)の人称によって動詞の形が変化し、その変化を活用(coniugazione)と呼びます。

主語としての人称代名詞(**主語人称代名詞**)とそれに対応する動詞essereの組み合わせ、直説法現在形の活用は以下のとおりです。

avereやその他の動詞の活用については後述します(→16.[p44])。

なお、「直説法」とは、事柄を主観を入れず客観的に述べる方法で、最も一般的な叙法です。

[essereの直説法現在形]

単　　数		複　　数	
私は	io　　　sono	私たちは	noi　　siamo
君は	tu　　　sei	君たちは あなた方は(敬称)	voi　　siete
彼は 彼女は あなたは(敬称)	lui (egli)　è lei (ella)　è Lei　　　　è	彼らは 彼女たちは	loro　　sono loro　　sono

Leiは、丁寧な表現で、あまり親しくない相手、敬意を表したい相手に対して用います。人間以外のものは3人称として扱いますから、それが単数ならèを、複数ならsonoを用いることになります。egli, ellaは今日の話し言葉ではあまり用いません。通常はlui, leiです。

あなた方(敬称)を表す語に Loro がありますが、今日ではほとんど用いません。voi を用います。

- ◆ 私は日本人です。　**Io sono** giapponese.
- ◆ 君はイタリア人です。　**Tu sei** italiano.
- ◆ 彼はフランス人です。　**Lui è** francese.
- ◆ 彼女はドイツ人です。　**Lei è** tedesca.
- ◆ ジョーンズさん、あなたはアメリカ人ですか？
  Signor Jones, **Lei è** americano?　　◀この Lei は敬称の「あなた」です。

  ─ いいえ、私はアメリカ人ではありません。
  ─ No, **io** non **sono** americano.
    ◀否定文です。non の位置は通常は動詞の前です。
    ただし、2章 1. [→ p70] 2. [→ p73]参照。

- ◆ 私たちは学生です。　**Noi siamo** studenti.
- ◆ 君たちは女学生です。　**Voi siete** studentesse.

  ➡ studentessa (f.)：女学生

- ◆ 彼女たちはイタリア人です。　**Loro sono** italiane.
  ◀italiane となっていることから loro が「彼女たち(複数の女性)」であるとわかります。

3人称単数形 è と 3人称複数形 sono は、人だけでなく、「これ」「それ」など、ものを主語とすることがあります。

- ◆ これは1冊の本です。　Questo è un libro. （→ 3. [p21]）
- ◆ あれらは(複数の)本です。　Quelli sono libri. （→ 3. [p21]）

イタリア語の場合、動詞の形で人称が判断できますから、主語が頻繁に省略されます。

- ◆ 私は日本人です。　**Sono** giapponese.
- ◆ 君はイタリア人です。　**Sei** italiano.

- ◆ 彼(彼女)はフランス人です。　**È** francese.
- ◆ 私たちはイギリス人です。　**Siamo** inglesi.
- ◆ 君たちは若い。　**Siete** giovani.　　　　　　▶ giovane：若い
- ◆ 彼らはイタリア人です。　**Sono** italiani.

イタリア語における noi, voi, loro は、その中に 1 人でも男性が含まれていれば男性扱いです。italiane とするにはすべてが女性でなければなりませんが、italiani はすべてが男性の場合、男女混合の場合の両方を含むわけです。

6 定冠詞(articolo determinativo)

定冠詞は、すでに話題に上った名詞を指す場合、特定・限定されたものを示す場合、一般論的に「〜というもの」という場合などに、名詞に付与します。

定冠詞には、単数形のほかに複数形もあります。

下の表では、定冠詞と比較できるよう、対応する不定冠詞を( )に表示しています。

		単数(sing.)	複数(pl.)	定冠詞の次に来る語の最初の文字
男性名詞(m.)	(un)	**il** libro	**i** libri	ほとんどの子音
	(uno)	**lo** studente	**gli** studenti	s＋子音, z, gn, pn, ps, j, x, y ＊＊
		lo zaino	**gli** zaini	
	(un)	**l'** albergo	**gli** alberghi	母音
女性名詞(f.)	(una)	**la** matita	**le** matite	子音
	(un')	**l'** isola	**le** isole ＊	母音

▶ matita (f.)：鉛筆

＊複数の場合、定冠詞との間で母音が重なっても母音は省略されずどちらも残します。

＊＊外来語などは文字ではなく、たとえば次の「シャ」のように、音から判断すべきです。
　　lo Champagne（シャンパーニュ、シャンパン）
　　　◀ Cha の音を s＋子音(c)で始まる音と考えます。

│7│ 指示形容詞（**aggettivo dimostrativo**） **questo**（この〜），**quello**（あの〜）

questo と quello は指示代名詞としてだけでなく、指示形容詞としても用います。「この〜」「その〜」「あの〜」というように、後に続く名詞を限定する形容詞です。「その」の概念については、3. 指示代名詞 [→ p21]での説明を参照してください。

指示形容詞は、後続の名詞の性と数によって次のように語尾変化します。

(1) questo

questo（この）		
名詞	単数(sing.)	複数(pl.)
男性(m.)	**questo**	**questi**
女性(f.)	**questa**	**queste**

-o,-i,-a,-e 型の形容詞と同じ語尾変化です。ただし、必ず名詞の前に置きます。

　　questo cane　この犬　　queste lettere　これらの手紙
　　　　　　　　　　➡ cane (m.)：犬　　◀ lettere は lettera (f.)の pl.

questo, questa の後に母音で始まる語が来る場合は questo, questa が quest' となることがあります。

　　quest'albero　この木　　quest'aranciata　このオレンジジュース

指示形容詞の使い方に関しては、あわせて 18. (1) 2) [→ p60]の questo を用いた例も参照してください。

男性名詞　◆ Questo studente è bravo.　この学生は優秀だ。
　　　　　◆ Questi studenti sono bravi.　これらの学生たちは優秀だ。
　　　　　◆ Questo fiore è rosso.　この花は赤い。
　　　　　◆ Questi fiori sono rossi.　これらの花は赤い。
女性名詞　◆ Questa macchina è cara.　この車は高価だ。
　　　　　◆ Queste macchine sono care.　これらの車は高価だ。
　　　　　◆ Questa chiave è pesante.　このカギは重い。
　　　　　◆ Queste chiavi sono pesanti.　これらのカギは重い。

(2) quello

名詞		quello（あの）	
	単数(sing.)	複数(pl.)	quello の次に来る語の最初の文字
男性(m.)	quel	quei	ほとんどの子音
	quello	quegli	s＋子音, z, gn, pn, ps, j, x, y
	quell'	quegli	母音
女性(f.)	quella	quelle	子音
	quell'	quelle	母音

定冠詞の変化と酷似しています。語尾が定冠詞とほとんど同じになります。

　　quel libro　あの本　　　　　　quei libri　あれらの本
　　quello studente　あの学生　　 quegli studenti　あれらの学生
　　quell'albergo　あのホテル　　 quegli alberghi ＊あれらのホテル
　　quella sedia　あの椅子　　　　quelle sedie　あれらの椅子
　　quell'isola　あの島　　　　　 quelle isole　あれらの島

　　＊ albergo の複数形が alberghi となることについては、12.(2)②[→ p39]参照のこと。

8 特殊な変化をする形容詞 bello, buono

(1) bello (美しい、すばらしい)

形容詞 bello は名詞の前に置かれることが多く、その場合、指示形容詞 quello (→ 7. [p28])と同じ変化をします(定冠詞型変化で、語尾が定冠詞とほとんど同じ)。

名詞	単数(sing.)	複数(pl.)
男性(m.)	**bel** paese **bello** studente **bell'** anello	**bei** paesi **begli** studenti **begli** anelli
女性(f.)	**bella** ragazza **bell'** isola	**belle** ragazze **belle** isole

➡ paese (m.):国、村　anello (m.):指輪　ragazza (f.):少女、ガールフレンド

(2) buono (よい、善良な、美味しい)

形容詞 buono は名詞の前に置かれることが多く、その場合、単数形において不定冠詞(→ 2. [p20])と同じ変化をします。

buono の単数形と比較できるよう、対応する不定冠詞を ( ) に表示しています。

名詞	単数(sing.)		複数(pl.)
男性(m.)	(un)	**buon** piatto	**buoni** piatti
	(un)	**buon** albergo	**buoni** alberghi
	(uno)	**buono** studente	**buoni** studenti
女性(f.)	(una)	**buona** parola	**buone** parole
	(un')	**buon'** amica *	**buone** amiche

buon piatto　美味しい料理
buon albergo　よい(良質の)ホテル
buono studente　よい(善良な)学生
buona parola　親切な言葉
buon'amica　よい(善良な)女友達

　＊ただし buon' を buona とすることもしばしばあります。　例) buona amica

│9│ 所有形容詞（**aggettivo possessivo**）

「私の〜」「君の〜」「彼(彼女)の〜」「彼ら(彼女たち)の〜」などの所有形容詞も、一般の形容詞と同様、その修飾する名詞(つまり所有されるもの)の性と数に一致します。

所有されるもの＼所有者	冠詞	io	tu	lui, lei, (Lei)	noi	voi	loro
男性単数	(un)　(il)	mio	tuo	suo　(Suo)	nostro	vostro	loro
男性複数	(i)	miei	tuoi	suoi　(Suoi)	nostri	vostri	loro
女性単数	(una) (la)	mia	tua	sua　(Sua)	nostra	vostra	loro
女性複数	(le)	mie	tue	sue　(Sue)	nostre	vostre	loro

「彼ら(彼女たち)の」だけは常に loro であることに注意してください。

(1) 所有形容詞の前には通常、定冠詞や不定冠詞がつく

　　il mio (tuo, suo, ..., loro) vestito　私の服
　　un mio (tuo, suo, ..., loro) amico　私の男友達のひとり
　　i miei (tuoi, suoi, ..., loro) libri　私の(複数の)本
　　la mia (tua, sua, ..., loro) macchina　私の車
　　una mia (tua, sua, ..., loro) amica　私の女友達のひとり
　　le mie (tue, sue, ..., loro) borse　私の(複数の)バッグ

　　　　　　　　　　　　　　　　　　◀ borse は borsa (f.) の pl.

il tuo ombrello　君のかさ　　la sua ragazza　彼の彼女
il suo ragazzo　彼女の彼氏　　il nostro maestro　私たちの先生
la Sua famiglia　あなた(敬称)のご家族
le vostre biciclette　君たちの自転車　　◀ biciclette は bicicletta (f.) の pl.

il loro scopo　彼ら(彼女たち)の目標
la loro squadra　彼ら(彼女たち)のチーム
i loro posti　彼ら(彼女たち)の座席

　所有形容詞の前に置く定冠詞は il, i, la, le の4種類だけです。lo, l', gli は用いません。たとえば lo studente というからといって *lo mio* studente とはならず、il mio studente となります。同様に、*gli vostri* studenti もありません。i vostri studenti です。先の例の il tuo ombrello も要注意です。
　また、所有形容詞の前に置く不定冠詞も un, una の2種類だけです。

(2) 親族を表す名詞(以下、親族名詞とします)の前に所有形容詞が置かれた場合、定冠詞との間に次のような規則がある

1) 親族名詞には原則として定冠詞を付けません。

　　mio padre　私の父　mia madre　私の母　tuo nonno　君のおじいさん
　　mio fratello　私の兄(弟)　tuo figlio　君の息子　sua figlia　彼(彼女)の娘

2) 以下の場合は例外として定冠詞が必要です。

① 親族名詞に loro が付くとき
　　il loro padre　彼らの父親

② 親族名詞が複数のとき
　　i miei genitori *　私の両親　　le mie sorelle　私の姉妹
　　＊ i miei だけで「私の両親(家族)」の意味として使われることがあります。
　　　10. 所有代名詞 [→ p32] を参照してください。

③ 親族名詞が単数でもそれに形容詞が付くとき
　　la mia cara nonna　私の親愛なるおばあちゃん

④ 親族名詞に縮小辞や拡大辞が付くとき
　　il mio nipotino　　私の甥っ子　(→縮小辞・拡大辞については★6［p65］参照)

⑤ 所有形容詞が名詞の後に来るとき(ただしこういうケースはあまり多くはありません)
　　il padre mio　　私の父

(3) 所有形容詞 proprio

proprio は所有形容詞として、「自分自身の」という意味を表します。これについては、16.(4)の例文の中［→ p53］で説明します。

◎ 1 → 04

|10| 所有代名詞 (pronome possessivo)

所有代名詞は、《定冠詞＋所有形容詞》の形式で、「〜のもの」という意味を表します。

所有代名詞の形は、以下の表のとおり、所有されるものの性と数で決まります。同一の名詞が繰り返し使われることを避ける働きがあります。

所有者＼所有されるもの	io	tu	lui, lei, (Lei)	noi	voi	loro
男性単数	il mio	il tuo	il suo (il Suo)	il nostro	il vostro	il loro
男性複数	i miei	i tuoi	i suoi (i Suoi)	i nostri	i vostri	i loro
女性単数	la mia	la tua	la sua (la Sua)	la nostra	la vostra	la loro
女性複数	le mie	le tue	le sue (le Sue)	le nostre	le vostre	le loro

◆ Questo libro è il mio.　この本は私のです。　　◁ il mio = il mio libro
◆ La mia macchina è vecchia, ma la tua è nuova.
　私の車は古いが、君のは新しい。　　◁ la tua = la tua macchina

◆ Quei biscotti sono i vostri e queste caramelle sono le nostre.
それらのビスケットは君たちので、これらのキャンディは私たちのです。

◀ i vostri = i vostri biscotti   le nostre = le nostre caramelle

なお、i miei, i tuoi, i suoi だけで両親や家族を意味することがあります。

◆ I miei sono un po' anziani.　私の両親は少し年をとっている。

➡ un po'：少し

|11| 数形容詞（aggettivo numerale）

数字を表す形容詞を数形容詞といいます。

(1) 基数形容詞 (aggettivo numerale cardinale)

1	uno (un, una, un') ①	16	sedici
2	due	17	diciassette
3	tre	18	diciotto
4	quattro	19	diciannove
5	cinque	20	venti
6	sei	21	ventuno ②
7	sette	22	ventidue
8	otto	23	ventitré ③
9	nove	24	ventiquattro
10	dieci	25	venticinque
11	undici	26	ventisei
12	dodici	27	ventisette
13	tredici	28	ventotto ②
14	quattordici	29	ventinove
15	quindici	30	trenta

31	trentuno ②	200	duecento
40	quaranta	510	cinquecentodieci
50	cinquanta	647	seicentoquarantasette
60	sessanta	1.000	mille ⑤
70	settanta	1.001	milleuno ⑥
80	ottanta	2.000	duemila ⑤
90	novanta	3.000	tremila
100	cento	4.028	quattromilaventotto
101	centouno ④	7.100	settemilacento
108	centootto ④	8.020	ottomilaventi
111	centoundici ④	9.211	novemiladuecentoundici
180	centottanta ④		

10.000（1万）diecimila

20.000（2万）ventimila

100.000（10万）centomila

450.000（45万）quattrocentocinquantamila

1.000.000（100万）un milione ⑦

5.000.000（500万）cinque milioni ⑦

10.000.000（1000万）dieci milioni ⑦

100.000.000（1億）cento milioni ⑦

200.000.000（2億）duecento milioni ⑦

1.000.000.000（10億）un miliardo ⑦

10.000.000.000（100億）dieci miliardi ⑦

① 基数形容詞では uno（ひとつの）だけが不定冠詞と同じ変化をし、それ以外（2～）は全く変化しません。

  uno studente un libro una penna un'ora due camere
  dieci giorni   ➡ penna (f.)：ペン camera (f.)：部屋、寝室

② 21 から 99 までの数は、10 の位の数に 1 の位の数を付けますが、uno と otto については 10 の位の数の最後の母音を省略します。

③ 23 以上の 3 で終わる数については、文字表記の場合、最後の e にアクセント記号を付けます。

④ cento が uno, otto, undici とくっつくときは、cento の o は省略しませんが、ottanta とくっつくときは、cento の o は必ず省略します。

  cent<u>o</u>otto cent<u>o</u>ttanta

⑤ mille は複数になると mila となります。

⑥ mille に uno や otto がくっついても母音の省略は起きません。

⑦ milione と miliardo は形容詞ではなく名詞なので、頭に数形容詞を付け、複数のときは語尾を複数形にしなければなりません。一語にするのではなく、数形容詞と切り離して表記します。

  したがって、2 千ユーロ（人）という場合は、duemila euro (persone) ですが、200 万ユーロ（人）という場合は、due milioni di euro (persone) と前置詞 di を補います。

⑧ 小数は日本語の場合と異なり、小数点をコンマ（virgola）で表記します。たとえば 3.54 なら 3,54 と表記し、tre virgola cinquantaquattro と、また、0,02 なら zero virgola zero due、14,3 なら quattordici virgola tre と読みます。20,34 euro（20 ユーロ 34 セント）は、venti euro e trentaquattro (centesimi) と読むのが一般的です。centesimi は省略することが多いです。

⑨ 分数については次の(2)「序数形容詞」を見てください。

なお、基数形容詞は名詞としても用います。(→ 27 章 4.8) [p335] 8.13) [p340])

(2) 序数形容詞 (aggettivo numerale ordinale)

1°	primo ①②	11°	undicesimo ①
2°	secondo	12°	dodicesimo
3°	terzo	20°	ventesimo
4°	quarto	21°	ventunesimo
5°	quinto	30°	trentesimo
6°	sesto	100°	centesimo
7°	settimo	105°	centocinquesimo
8°	ottavo	847°	ottocentoquarantasettesimo
9°	nono	1000°	millesimo
10°	decimo	2000°	duemillesimo

① 序数(順番を表す数)は、1番目から10番目までは不規則ですが、11番目以降は、原則として、基数形容詞の最後の母音を落として -esimo を付けます。

② 序数を数字で表す場合は、右肩に、男性単数形なら °、女性単数形なら ª を付けます。

③ 序数は通常の形容詞と同様、次に来る名詞の性と数に呼応して語尾変化します。

 primo (m. sing.) prima (f. sing.) primi (m. pl.) prime (f. pl.)
 primo piatto プリモピアット(ひと皿目の料理)
 prima donna プリマドンナ
 terza parte 第3部 nono secolo 9世紀

④ 分数をつくるには、分子を基数、分母を序数にします。分子が複数の場合は分母も複数にします。

  1/3 un terzo 2/3 due terzi 5/27 cinque ventisettesimi
  1 と 3/5 uno e tre quinti

なお、序数形容詞は名詞化することがあります。
  il primo (m.) 最初の人(女性の場合は la prima (f.))、
        プリモピアット(ひと皿目の料理)
  terzo (m.) 3分の1、第三者

12 名詞と形容詞の特殊な複数形

名詞、形容詞によっては不規則な変化をするものがあります。

(1) 複数になっても変化しない単語

① 最後の音節にアクセントがある名詞
 il caffè → i caffè (コーヒー) l'università (f.) → le università (大学)
 la città → le città (都市、町) la società → le società (社会、会社)

② 1音節の名詞
 la gru → le gru (鶴)   il re → i re (王)

③ -i で終わる名詞
 la tesi → le tesi (論文)   la crisi → le crisi (危機)
 il brindisi → i brindisi (乾杯)

④ -ie で終わる女性名詞
　　　la serie → le serie（シリーズ）　　la specie → le specie（種類）
　　　［例外］　la moglie → le mogli（妻）
　　　　　　　　la superficie → le superfici（表面、面積）

⑤ 子音で終わる名詞（外来語を含みます）
　　　il film → i film（映画）　　l'autobus (m.) → gli autobus（バス）
　　　il bar → i bar（バー）　　la hall → le hall（広間）
　　　la e-mail → le e-mail（E メール）

　　外来語は男性名詞として扱うものが多いですが，hall, e-mail, reception（フロント、受付），boutique（ブティック）のように女性名詞も少なくありません。

⑥ 略語
　　　il cinema［il cinematografo］→ i cinema（映画館、映画）
　　　la radio［la radiofonia］→ le radio（ラジオ）
　　　l'auto (f.)［l'automobile］→ le auto（自動車）
　　　la bici［la bicicletta］→ le bici（自転車）
　　　la moto［la motocicletta］→ le moto（バイク）
　　　il frigo［il frigorifero］→ i frigo（冷蔵庫）
　　　la foto［la fotografia］→ le foto（写真）

(2) 男性単数 -co, -go, -io 女性単数 -ca, -ga, -cia, -gia で終わる単語

以下、＊を付けた名詞は形容詞にもなります。それが形容詞である場合も同様の変化をします。

① -co で終わる名詞で最後から 2 番目の音節にアクセントがあるもの　→ -chi
　　　cuoco → cuochi（料理人）　　elenco → elenchi（一覧表）
　　　ricco → ricchi（金持ち(男性)）＊
　　　［例外］　amico → amici　（男の友達）＊

-co で終わる名詞で最後から 3 番目の音節にアクセントがあるもの → -ci
medico → medici（医者）*　simpatico → simpatici（感じのよい）*
maniaco → maniaci（マニア）*

◀ simpatico には名詞もありますが、ほとんどの場合形容詞として用います。
［例外］　incarico → incarichi（任務）

② -go で終わる名詞で最後から 2 番目の音節にアクセントがあるもの → -ghi
albergo → alberghi（ホテル）　luogo → luoghi（場所）
chirurgo → chirurghi（外科医）

-go で終わる名詞で最後から 3 番目の音節にアクセントがあるもの → -gi
asparago → asparagi（アスパラガス）　psicologo → psicologi（心理学者）
biologo → biologi（生物学者）

ただし、dialogo → dialoghi（対話、セリフ）, catalogo → cataloghi（目録、カタログ）, profugo → profughi＊（難民）など -ghi で終わるものもあります。

③ -io で終わる名詞 で -io の i にアクセントがないもの → -i
negozio → negozi（店）　orario → orari（時間割）
vecchio → vecchi（老人(男性)）*
salario → salari（賃金）　edificio → edifici（建物）

-io で終わる名詞 で -io の i にアクセントがあるもの［少ない］→ -ii
zio → zii（おじ）

④ -ca で終わる名詞 → -che
amica → amiche（女性の友達）*　mucca → mucche（乳牛）
marca → marche（ブランド）

⑤ -ga で終わる名詞 → -ghe
strega → streghe（魔女）　targa → targhe（車のナンバープレート）

⑥ -cia で終わる名詞で cia の前が子音の場合 → -ce
arancia → arance（オレンジ）　traccia → tracce（跡）

-cia で終わる名詞で cia の前が母音の場合 → -cie
  cami<u>c</u>ia → camicie（ブラウス）

上記にかかわらず、-cia で終わる名詞で cia の i にアクセントがあれば → -cie
  farmac<u>i</u>a → farmacie（薬局）

⑦ -gia で終わる名詞で gia の前が子音の場合 → -ge
  spia<u>gg</u>ia → spiagge（海辺）

-gia で終わる名詞で gia の前が母音の場合 → -gie
  vali<u>g</u>ia → valigie（スーツケース）
  ただし valige もしばしば用います。

上記にかかわらず、-gia で終わる名詞で gia の i にアクセントがあれば → -gie
  bug<u>i</u>a → bugie（うそ）　energ<u>i</u>a → energie（エネルギー）

（3）複数形が不規則変化する単語

以下、＊を付けた名詞は形容詞にもなります。それが形容詞である場合も同様の変化をします。

《-a → -i》
  il problema → i problemi（問題）　il sistema → i sistemi（システム）
  il dramma → i drammi（演劇）
  il panorama → i panorami（眺め、パノラマ）

《-ista → -isti (iste)》
  il (la) pianista → i pianisti (le pianiste)（ピアニスト）
  l' artista → gli artisti (le artiste)（芸術家）
  il (la) giornalista → i giornalisti (le giornaliste)（新聞記者）

《-ga → -gi / ghi (ghe)》
  il (la) belga → i belgi (le belghe)（ベルギー人）＊
  il (la) collega → i colleghi (le colleghe)（同僚）

《その他》
　　il tempio → i templi（寺院）　l'uomo → gli uomini（人、男）
　　il dio (la dea) → <u>gli</u> dei (le dee)（異教の神（女神））
　　　（注）dei の定冠詞は i ではなく gli です。
　　l'uovo → le uova（卵）　il dito → le dita（指）
　　la mano → le mani（手）　　　　　　　　　　　（→★9［p75］）

13 前置詞と定冠詞の結合形（冠詞前置詞）（preposizione articolata）

　頻繁に登場する次の5つの前置詞は、それに続く定冠詞と結合して以下のように一語となります。6.定冠詞の表［→ p26］も参照してください。

定冠詞 前置詞	il	lo	l'	la	i	gli	le
a	al	allo	all'	alla	ai	agli	alle
da	dal	dallo	dall'	dalla	dai	dagli	dalle
di	del	dello	dell'	della	dei	degli	delle
in	nel	nello	nell'	nella	nei	negli	nelle
su	sul	sullo	sull'	sulla	sui	sugli	sulle

　a［〜に（へ）、〜で、〜まで］, da［〜から、〜によって、〜のもとへ］, di［〜の］, in［〜の中に（へ）］, su［〜の上に、〜について］以外の前置詞は定冠詞と結合しません。
　たとえば、前置詞 per［〜のために］は per il, per la のように、また、con［〜と一緒に、〜の付いた］は con il, con la のように定冠詞と分離します。ただ、con il の結合形 col は、話し言葉では使うことがあります。

前置詞の種類およびその意味は、これら以外にもたくさんあり、非常に複雑です。

主な前置詞の具体的意味と用法については 27 章 前置詞 [→ p329] および 3 章 6. [→ p106] 25 章 2. [→ p292] を参照してください。

| 14 |　部分冠詞（partitivo）

「いくらかの」という数量を表す冠詞を部分冠詞といい、《di ＋定冠詞》の形式をとります。英語の some を連想してください。漠然とした数や量を表します。

$$\boxed{\text{di ＋定冠詞}}$$

(1)「いくらかの」という「量」を表現する場合

1 つ 2 つと数えられない名詞の前に《di ＋ 定冠詞の単数形》を付けて、単数形で表します。参考までに対応する定冠詞を（　）に表示しておきます。

	(il)	del vino
m.	(lo)	dello zucchero
	(l')	dell' olio
f.	(la)	della carne
	(l')	dell' acqua

➡ vino (m.)：ワイン　　zucchero (m.)：砂糖
olio (m.)：油　　carne (f.)：肉
acqua (f.)：水

数えられない名詞の概念は英語ほど厳格ではありません。たとえば pesce（魚）などは数えられない名詞とされていますが、un pesce や due pesci など数的表現を用いることもあります。

また、数えられない名詞であっても、その範疇に属する種類の異なるものの集まりは複数表現になじみます。たとえば、ブドウ糖、果糖、ショ糖など糖類を列挙する場合は zuccheri となりますし、様々な種類のワイン名を並べたワインリストには carta dei vini と複数で表記されることになります。

(2)「いくつかの」「何人かの」という「数」を表現する場合

1つ2つと数えられる名詞の前に《di + 定冠詞の複数形》を付けて、複数形で表します。参考までに対応する定冠詞を( )に表示しておきます。

m.	(i)	dei libri
	(gli)	degli studenti
	(gli)	degli alberghi
f.	(le)	delle pizze
	(le)	delle isole

定冠詞は名詞の単数形にも複数形にも付きますが、不定冠詞は名詞の単数形にしか付きません。特定せずに名詞の複数形を用いたいときは、この部分冠詞を名詞の前に付けることになります。つまり部分冠詞は不定冠詞の複数形の役割を果たします。

　［定冠詞］**la** mela (sing.)「そのりんご」
　　　→ **le** mele (pl.)「それらのりんご」
　［不定冠詞］**una** mela (sing.)「1個のりんご」
　　　→ **delle** mele (pl.)「いくつかのりんご」

1つ2つと数えられる名詞の場合には、《di + 定冠詞》の代わりに《不定形容詞 alcuni（男性複数の場合），alcune（女性複数の場合）》を使うこともできます。不定形容詞については後述します（→ ★11［p79］）。

　alcuni libri　数冊の本　　alcune macchine　何台かの自動車

15　c'è と ci sono

　英語の there is, there are にあたる「～がある」「～がいる」という表現は、c'è と ci sono を用います。「存在する」ものが単数なら c'è、複数なら ci sono になります。

　c'è は ci è を省略したものです。辞書では「esserci ＋ 名詞」で掲載されています。
ci の代わりに vi (v'è, vi sono)が使われることもまれにあります。

(→ 11 章 1.3)① [p162])

◆ C'è un cucchiaio.　スプーンが 1 つある。
◆ C'è Mario.　マーリオがいる。
◆ Ci sono due portafogli.　2 つ財布がある。　◁ portafogli は portafoglio (m.) の pl.
◆ C'è una camera?　– Sì, c'è.
　1 つ部屋はありますか？　– はい、あります。
◆ Ci sono delle camere?　– No, non ci sono.　　◁この delle は部分冠詞です。
　部屋はいくつかありますか？　– いいえ、ありません。

16　essere 以外の動詞の直説法現在

　動詞 essere の直説法現在形については先に触れましたので、ここではもう 1 つの重要な動詞 avere (「持つ」)とそれ以外の動詞について、その活用を類型化して説明します。

(1) 動詞 avere

[avere の直説法現在形]

単　　数			複　　数		
私は	io	ho	私たちは	noi	abbiamo
君は	tu	hai	君たちは あなた方は(敬称)	voi	avete
彼は 彼女は あなたは(敬称)	lui (egli) lei (ella) Lei	ha ha ha	彼らは 彼女たちは	loro loro	hanno hanno

◆ Io ho una matita.　私は鉛筆を1本持っている。

= Ho una matita.

◂先にも触れましたが、イタリア語では人称ごとに動詞の形が変わるので、主語を省略することが頻繁に起こります。したがって、主たる動詞の活用はしっかり覚えておく必要があります。

◆ Hai un ombrello?　君はかさを持っていますか？
◆ Marco ha una bella casa.　マルコは素敵な家を1軒持っている。
◆ Abbiamo due figli.　私たちには息子が2人いる。
◆ Avete fame?　皆さん、お腹がすいていますか？　　▶ fame (f.)：空腹
◆ Non hanno tanti soldi.　彼らはあまりお金を持っていない。　▶ tanto：多くの

(2) 規則変化をする動詞

　動詞の語尾が -are になるもの(**-are 動詞**)、-ere になるもの(**-ere 動詞**)、-ire になるもの(**-ire 動詞**)の3種類に分類されます。さらに -ire 動詞は、便宜的にですが、a 型と b 型(-isco 型)に分かれます。また -are 動詞であっても、-iare, -care, -gare で終わるものは、発音の関係で、通常の -are 動詞と語尾変化が多少異なります。

	-are 動詞	-ere 動詞 ＊＊	-ire 動詞 ＊＊＊ a 型	b 型
	lavorare 働く	vedere 見る	aprire 開く	capire 理解する
io	lavoro	vedo	apro	capisco
tu	lavori	vedi	apri	capisci
lui / lei / Lei	lavora	vede	apre	capisce
noi	lavoriamo	vediamo	apriamo	capiamo
voi	lavorate	vedete	aprite	capite
loro	lavorano	vedono	aprono	capiscono

	-are 動詞 ＊		
	-iare 型	-care 型	-gare 型
	mangiare 食べる	cercare 探す	pagare 支払う
io	mangio	cerco	pago
tu	mangi	cerchi	paghi
lui / lei / Lei	mangia	cerca	paga
noi	mangiamo	cerchiamo	paghiamo
voi	mangiate	cercate	pagate
loro	mangiano	cercano	pagano

語尾の変化には規則性がありますから、それに注目してください。
母音の下の単線はアクセントの位置です。

* -iare 型には、他に cominciare（始める、始まる）や studiare（勉強する）などがあります。通常の -are 動詞と異なるのは tu と noi の活用形です。tu では mangii とならず i が 1 つ落ちて mangi、noi では mangiiamo とならず i が 1 つ落ちて mangiamo となることに注意してください。
-care 型、-gare 型も、通常の -are 動詞との違いは tu と noi の活用形に見られます。ci, gi ではなく、音を統一するために h を補い chi, ghi とします。

** -ere 動詞の場合は、vincere（勝つ）や leggere（読む）などのように、-cere, -gere で終わっても、h を補わず、-ere 動詞の原則どおりの語尾変化となります。したがって、音の上では「コ」「ゴ」のような硬い音と「チ」「ジ」のようなやわらかい音が混在することになります。

　　〈vincere〉 vinco vinci vince vinciamo vincete vincono
　　〈leggere〉 leggo leggi legge leggiamo leggete leggono

*** -ire 動詞の a 型と b 型の区別は、ire の前に子音が 2 つ以上連続して並ぶ場合が a 型、そうでない場合が b 型というのが 1 つの目安です。
たとえば、aprire は ire の前に pr と子音が 2 つ連続して並んでいます。offrire, partire, dormire なども、それぞれ ire の前に ffr, rt, rm と、子音が 2 つ以上連続して並んでいますから a 型。一方、capire, finire, preferire などは ire の前に子音が 1 つあるだけで、2 つ以上連続していませんから b 型になります。
しかし、この法則にあてはまらない -ire 動詞も実際にはかなりあります。seguire（後を追う）のように ire の前が母音で a 型になる動詞、distribuire（配る）, contribuire（貢献する）のように ire の前が母音で b 型になる動詞、apparire（現れる）のように 2 通りの活用形があるもの、approfondire（掘り下げる）, colpire（打つ）, dimagrire（やせる）, fallire（倒産する）, fornire（供給する）のように ire の前に子音が 2 つ並んでいても b 型というものもあります。

◆ Lavoro anche la domenica.　私は日曜日も働く。　　　▶ anche：〜も
　　◁ la domenica あるいは di domenica のように、曜日の前に定冠詞または di を付けると、「毎〜曜日」という意味になります。　例) il (di) sabato　毎土曜日

◆ Lui non lavora. 彼は働かない。

◆ Mangiamo la pizza insieme.　私たちは一緒にピッツァを食べる。
　　◁ 通常、動詞の目的語 (la pizza) はその動詞の後ろに置きます。
　　　　▶ insieme：一緒に　　　（→★1・直接目的語・間接目的語 [→ p48]）

◆ Diego paga sempre.　ディエーゴがいつも支払う。

◆ Vedo un uccello dalla mia finestra.　私は窓から鳥を見る。

◆ Maria apre la porta.　マリーアはドアを開ける。

◆ Taro e Hiroko capiscono l'italiano.　太郎とひろこはイタリア語がわかる。

> **★1** 直接目的語（complemento diretto）・間接目的語（complemento indiretto）
>
> Mangiamo la pizza insieme.
>
> 　この場合、目的語 la pizza は、前置詞を間に介することなく、直接、動詞 mangiare と結びついていますから、これを**直接目的語**といいます。一方、後述しますが、a などの前置詞を用いて動詞と結びつく目的語を**間接目的語**といいます。一般的には、直接目的語は「〜を」、前置詞 a をともなう間接目的語は「〜に」という訳語になりますが、そのようにはならないことも多いので注意しましょう。（→ 2 章 [p70]）
>
> 　complemento は「補語」という意味ですが、本書では、その働きをわかりやすくするために、「目的語」という言葉をあてることにします。

(3) 不規則変化をする動詞

頻繁に登場する重要な動詞の多くは不規則変化をします。
以下の動詞の活用は、そのまま覚えるようにしてください。
avere, essere を含め、一覧表にしてみると次のとおりです。
およその不規則動詞はこの表のパターンにあてはまります。
各段の主語は順に、[io] [tu] [lui / lei / Lei] [noi] [voi] [loro]です。

avere	essere
ho	sono
hai	sei
ha	è
abbiamo	siamo
avete	siete
hanno	sono

andare	fare	dare	sapere	potere
行く	する、作る、〜させる	与える、渡す、貸す	知る、知っている、〜できる（能力）	〜できる（可能性）、〜してもよい（許可）
vado	faccio	do	so	posso
vai	fai	dai	sai	puoi
va	fa	dà	sa	può
andiamo	facciamo	diamo	sappiamo	possiamo
andate	fate	date	sapete	potete
vanno	fanno	danno	sanno	possono

volere	venire	stare	dovere	uscire
〜したい、ほしい	来る（行く）	いる、ある、〜の状態でいる	〜しなければならない、〜にちがいない	出る、出かける
voglio *	vengo	sto	devo	esco
vuoi	vieni	stai	devi	esci
vuole	viene	sta	deve	esce
vogliamo	veniamo	stiamo	dobbiamo	usciamo
volete	venite	state	dovete	uscite
vogliono	vengono	stanno	devono	escono

dire	bere	salire	tenere	rimanere
言う	飲む	上る、登る	(手で)持つ、保つ	とどまる、〜のままである
dico	bevo	salgo	tengo	rimango
dici	bevi	sali	tieni	rimani
dice	beve	sale	tiene	rimane
diciamo	beviamo	saliamo	teniamo	rimaniamo
dite	bevete	salite	tenete	rimanete
dicono	bevono	salgono	tengono	rimangono

CAPITOLO 1 文の基本的要素

49

trarre ＊＊	porre ＊＊	condurre ＊＊
引く	置く	導く、連れて行く
traggo	pongo	conduco
trai	poni	conduci
trae	pone	conduce
traiamo	poniamo	conduciamo
traete	ponete	conducete
traggono	pongono	conducono

＊ volere の 1 人称単数は voglio ですが、voglio を用いると「私は〜がしたい、ほしい」と、相手に対してストレートに願望を伝えることになり、かなり強い表現になります。io の場合には、語調を穏やかにする vorrei の使用が無難でしょう。vorrei は後述の 15 章 条件法現在［→ p199］に出てきます。

＊＊ trarre, porre, condurre のように、語尾が -arre, -orre, -urre で終わる動詞があります。

◆ **Vado** in Italia a maggio.　私は 5 月にイタリアに行く。

◀ in maggio も OK です。

◆ Signora, Lei **fa** sport?　奥様、あなたはスポーツをなさいますか？

■▶ sport（m. 無変）：スポーツ

◆ Loro **sanno** il tuo segreto.　彼らは君の秘密を知っている。

◆ Giovanni **viene** a casa mia giovedì.　（→★ 2・曜日・月・季節［p51］）
ジョヴァンニは(今度の)木曜日、私の家に来る。

◀ casa mia については★ 24［→ p331］参照。

◆ **Stai** bene?　君、調子はいいかい？

◆ Oggi **usciamo**.　今日私たちは出かけます。

◆ Luigi **dice** di sì.　ルイージははいと言う。

◆ Lei **beve** vino.　彼女はワインを飲む。

◆ **Salite** per le scale?　あなたたちは階段を上るのですか？

◀ salire については 3 章 3. (3) 1)［→ p94］参照。scale は scala (f.) の pl. です。

◆ **Voglio** questo computer.　私はこのコンピュータが(とても)ほしい。

◆ **Vorrei** un caffè.　コーヒーがいただきたいのですが。

★2 曜日・月・季節

◎ 1→07

(1) 曜日

日曜日は女性名詞ですが、それ以外は男性名詞です。

lunedì　月曜日　　martedì　火曜日　　mercoledì　水曜日
giovedì　木曜日　　venerdì　金曜日　　sabato　土曜日
domenica　日曜日

1) 曜日名だけを示すときは定冠詞を付けません。

◆ Oggi è **domenica**.
今日は日曜日だ。

2)「○曜日に」という場合も前置詞なし、定冠詞なしで用います。

◆ Giovanni viene a casa mia **giovedì**.
ジョヴァンニは(今度の)木曜日、私の家に来る。

3)「毎○曜日に」という場合には、曜日の前に《定冠詞》または《di》を付けます。

◆ Quel ristorante è chiuso **il lunedì**.
あのレストランは毎月曜日が休みだ。

◆ **Di martedì** c'è la lezione del professor Ballini.
毎火曜日、バッリーニ先生の授業がある。

✏ professore (m.)：先生、教授

◀ professore が professor となることについては★10 [→ p78]参照。

(2) 月

月は男性名詞です。

gennaio　1月　　febbraio　2月　　marzo　3月
aprile　4月　　maggio　5月　　giugno　6月
luglio　7月　　agosto　8月　　settembre　9月
ottobre　10月　　novembre　11月　　dicembre　12月

「◯月に」という場合は、月の前に《in》または《a》を付けます。（→★ 14［p97］）

- ◆ Pietro si sposa **in giugno**.
  ピエートロは6月に結婚する。■➡ sposarsi：結婚する（→ 10章［p144］）
- ◆ **A luglio** vado in vacanza in Sardegna.
  7月、私はサルデーニャにバカンスに出かける。

(3) 季節

春と夏は女性名詞、秋と冬は男性名詞です。

primavera (f.)　春　　　　estate (f.)　夏
autunno (m.)　秋　　　　inverno (m.)　冬

「～（季節）に」という場合は、季節の前に《in》または《di》を付けます。

- ◆ Gennaro torna a Napoli **in autunno**.
  ジェンナーロは秋にナポリに帰る。

◎ 1 → 08

(4) 補助動詞（verbo servile）

potere, dovere, volere, sapere の各動詞は、他の動詞の不定詞をしたがえ、補助動詞と呼ばれています。ただし、sapere は前項(3)の例［→ p50］のように「知る」という使い方が一般的ですし、volere も(3)の例［→ p50］のように「～がほしい（のですが）」という使い方をよくします。

1) potere ＋不定詞：～できる
　　　　　　　　～してもよい（否定の場合：～してはいけない）
　　　　　　　　～するかもしれない（否定の場合：～するはずがない）

2) dovere ＋不定詞：～しなければならない
　　　　　　　　（否定の場合：～してはいけない、～する必要はない）
　　　　　　　　　　　　　　　　　　（→ 17.(2)の例［p56］）
　　　　　　　　～であるにちがいない、～なはずだ
　　　　　　　　（否定の場合：～のはずはない）
　　　　　　　　～することになっている

3) volere ＋不定詞：〜したい

4) sapere ＋不定詞：〜できる

　　sapere は potere と異なり、経験や学習、訓練に裏打ちされた能力を持っているかどうかを問題にします。

◆ **Posso** uscire subito.　僕はすぐに外出できる。　　　　➡ subito：すぐに

◆ **Posso** andare al cinema con Claudia?
クラウディアと映画を観に行ってもいいですか？

◆ Luca **vuole** studiare seriamente.
ルーカはまじめに勉強したい。　　◀ seriamente は副詞です（→ 17. [p56]）。

◆ Non **voglio** mangiare gli spaghetti. － Neanch'io.
スパゲッティは食べたくない。－ 僕も（食べたくない）。

　　　◀ neanch'io = neanche io 　（→★ 3・neanche の用法［p54］）

◆ Ognuno **deve** presentare la propria tesi.　（→★ 4 不定代名詞その 1 [p55]）
皆がそれぞれ自分の論文を提出しなければならない。

　　　　　　　　　　➡ proprio：自分自身の（所有形容詞）　tesi (f.)：論文

　所有形容詞 proprio は「自分自身の」という意味を表し、修飾する名詞の性と数により、proprio, propri, propria, proprie と変化します。

　本文の例のように、主語が不定代名詞の場合や、非人称構文の場合（→★ 25［p340］）に用いるのが一般的です。

　そのほか、文中の主語が 3 人称単数か複数の場合にも proprio を所有形容詞として用いることができますが、proprio を使うと「自分の」といったニュアンスが強調されるので、むしろ通常の所有形容詞 suo などを用いるほうがいいでしょう。

◆ Gino **deve** risolvere il proprio problema.
ジーノは自分自身の問題を解決しなければならない。

　　　◀実際には proprio でなく suo を使うのが一般的です。　➡ problema (m.)：問題

　また proprio は、所有形容詞とセットで所有の意味を強調する働きもします。

- **Devi** vedere con i tuoi propri occhi.
  君自身の目で見なければならない。
  - ◁ ただ、これも con i tuoi stessi occhi (「まさに君の目で」)と表現するのが一般的です。
    - ▣ stesso：まさに、まさしく

- Quel romanzo **deve** essere proprio interessante!
  その小説は本当に面白いにちがいない。
  - ▣ romanzo：小説　　proprio：本当に　　interessante：面白い
  - ◁ proprio には、副詞としての用法もあり、「本当に、まさに」と、意味を強めるために使います。

- Lui non **sa** pattinare.　彼はスケートができない。(滑り方を知らない)

★3 neanche (〜すらなく)の用法　　🄯 1→09

(1) 例文で挙げた "Neanch'io." ように、neanche が文頭に置かれる場合は、non 無しで否定文を構成します。

- Neanche oggi viene Sofia.　今日もソフィーアは来ない。
  - ◁ イタリア語ではこの例のように主語(Sofia)が動詞(viene)の後ろに来ることもよくあります。

(2) neanche が文頭に置かれない場合は、non... neanche の形をとって否定文を構成します(これは二重否定(→ ★ 20 [p233])ではありません)。

- Non so neanche il nome della sua fidanzata.
  私は彼の婚約者の名前すら知らない。　　　　▣ nome (m.)：名前

nemmeno, neppure も同じように使います。

- Nemmeno tu conosci la verità.　君も真相を知らない。
- Non so neppure l'età della sua fidanzata.
  私は彼の婚約者の年齢さえ知らない。　　　　▣ età (f.)：年齢

★4 不定代名詞 (pronome indefinito) その1　　◎ 1→10

(1) ognuno（各人）, ciascuno（各人）, qualcuno（誰か、ある人）, qualcosa（何か）などの不定代名詞は単数形しかありません。

- Ognuno deve accettare questo risultato.
  各人がこの結果を受け入れなければならない。

  ➡ accettare：受け入れる　risultato (m.)：結果

- C'è qualcuno in ufficio?　オフィスには誰かいますか？
- C'è qualcosa di bello in tv?　テレビ、何かいいの（番組）やってる？

  ➡ qualcosa di ＋形容詞男性単数形：何か〜なこと（もの）

  ◀ tv（あるいは TV）は televisione の略で女性名詞です。

(2) 一方、不定代名詞 alcuno は、通常、複数形で用い（その性により alcuni, alcune と変化）、「ある人々」「いくつかのもの」という意味になります（→例は(3)参照）。

否定文で用いる場合は単数形 alcuno, alcuna となり、「誰一人〜ない」「何も〜ない」という意味になります。ただ、nessuno を使うほうが一般的です。

(3) 不定代名詞 altro（ほかの人、ほかのもの）は、単数・複数どちらでも用います。

- Alcuni rimangono qui, altri tornano a casa.
  ある者たちはここにとどまり、ほかの者たちは家に帰っていく。
  （ここに残る者もいれば、家に帰る者もいる）

  ➡ qui：ここに　tornano ＜ tornare：帰る

★8・不定代名詞その2も参照のこと。nessuno, niente, nulla について説明します［→ p72］。

17 | 副詞 (avverbio)

🔊 1 → 11

副詞は、動詞、形容詞、ほかの副詞、文や節全体を修飾する働きをします。副詞は、形容詞のように語尾変化することはありません(ただし、★17・形容詞の副詞的用法 [→ p205]参照)。

(1)「様態」を表す副詞

bene (良く), male (悪く), velocemente (速く), lentamente (ゆっくりと), piano (ゆっくりと、静かに), meglio (より良く), peggio (より悪く), appena (ようやく), così (このように)など多数。

◆ La signora Bianchi cammina lentamente.　ビアンキ夫人はゆっくり歩く。
　◀副詞 lentamente が動詞 camminare (歩く)を修飾しています。

　　la signora Bianchi のように、姓や名の前に肩書きがともなう場合、定冠詞を付けます。
　　　　il signor Ferrari フェッラーリ氏　il professor Necchi ネッキ先生

　ただし、その人自身に呼びかけるときは定冠詞を付けません。
　◆ Buongiorno signor Ferrari, come sta?
　　こんにちはフェッラーリさん、ごきげんいかがですか?

(2)「時」を表す副詞

oggi (今日), ieri (昨日), domani (明日), ora (今), prima (先に), dopo (後に), presto (早く), tardi (遅く), già (すでに), ancora (まだ)など多数。

◆ Domani non devi fare tardi.
　君、明日は時間に遅れてはいけませんよ。
　　　　　　　　　　　　　　　◀副詞 domani が文全体を修飾しています。

(3)「頻度」を表す副詞

sempre（いつも），mai（一度もない）＊，spesso（しばしば），raramente（まれに）など。

> ＊否定の意味の mai は、動詞の前に置かれると non は不要ですが、動詞の後に置かれるときは動詞の前に non や nessuno など否定を表す言葉が必要になります。
> 5 章(直説法大過去)の一番最後の例を参照してください(→ Non ho mai visto il Colosseo.) [→ p124]。

◆ Rita va spesso a Parigi.　リータはしばしばパリに行く。

　　　　　　　　　　　　◀副詞 spesso が動詞 andare を修飾しています。

(4)「場所」を表す副詞

qui, qua（ここに），lì, là（そこに），davanti（前に），dietro（後ろに），dentro（中に）、fuori（外に），vicino（近くに），lontano（遠くに），sopra（上に），sotto（下に）など多数。

◆ C'è una chiave qui dentro.　この中にカギが入っています。
◆ La mia casa sta lì vicino.　私の家はその近くにあります。

(5)「数量」を表す副詞

molto, tanto（非常に、大いに），poco（あまり〜ない），troppo（あまりに），più（より多く），meno（より少なく），abbastanza（十分に）など多数。

◆ Il Monte Fuji è molto bello.　富士山はとても美しい。
　　◀副詞 molto が形容詞 bello を修飾しています。

　　山の名前には monte を使います(男性名詞)。一方、montagna（山）は女性名詞です。
　　なお、il Monte Fuji のように、山や川、湖、海などの固有名詞には通常、定冠詞を付けます。

il Monte Bianco (m.) モンブラン　l'Etna (m.)　エトナ山
il Tevere (m.)　テヴェレ川　l'Arno (m.)　アルノ川
il Lago di Garda (m.)　ガルダ湖
il Mediterraneo (m.)　地中海　l' Adriatico (m.)　アドリア海

(6) 副詞句

　副詞句とは、主語、動詞以外の2語以上の単語で形成された、副詞の働きをするフレーズ(句)です。副詞句は数え切れないほどありますが、例をいくつか示しておきます。

　di solito（通常は），qualche volta（時々），a lungo（長く），a sinistra（左に），a destra（右に），in fretta（急いで）など。

　◆ Qualche volta scrivo una lettera.　私は時々手紙を書く。

(7) 形容詞から作られる副詞

様態を表す副詞には形容詞から作られるものがたくさんあります。
(1)［→ p56］であげた velocemente と lentamente はまさにその例です。形容詞から副詞を作る方法は次のとおりです。

　1) 形容詞を女性単数形にして、その後に -mente を付けます。
　　-o で終わる形容詞の場合
　　　○ lento［遅い］
　　　　⇒ lenta(f.) ⇒ lenta ＋ mente ⇒ lentamente［ゆっくりと］
　　　○ serio［まじめな］
　　　　⇒ seria(f.) ⇒ seria ＋ mente ⇒ seriamente［まじめに］
　　　○ vero［本当の］
　　　　⇒ vera(f.) ⇒ vera ＋ mente ⇒ veramente［本当に］

-e で終わる形容詞の場合
- veloce [速い]
  ⇒ veloce(f.) ⇒ veloce ＋ mente ⇒ velocemente [速く]
- apparente [表面上の]
  ⇒ apparente(f.) ⇒ apparente ＋ mente ⇒ apparentemente [見かけは]

2) ただし、**-le, -re で終わる形容詞の場合**は、語末 e を落としてその後に mente を付けます。
- speciale [特別の]
  ⇒ special ⇒ special ＋ mente ⇒ specialmente [特に、とりわけ]
- regolare [規則的な]
  ⇒ regolar ⇒ regolar ＋ mente ⇒ regolarmente [規則的に]

(8) 形容詞がそのまま副詞として用いられる例

　forte (強い；強く), piano (平らな、静かな；静かに、ゆっくりと), vicino (近い；近くに), lontano (遠い；遠くに)のように、形容詞がそのまま副詞として使われるものもあります。副詞は語尾変化しませんから、この場合、形容詞の男性単数形が副詞として用いられます。

　また、(5)に挙げた molto, tanto, poco, troppo なども形容詞がそのまま副詞として用いられている例です。副詞として使われる場合は、意味を強調することが主体であるのに対し、形容詞の場合は、単純に数量の多寡を表現します (→詳しくは★12 [p83]参照)。

18 | 疑問詞 (interrogativo)

疑問詞の使い方について以下に例をあげてみましょう。前置詞をともなった少しむずかしい表現も含まれていますが、便宜的にここで扱うこととします。

(1) 疑問代名詞 (pronome interrogativo)

1) **che cosa**（何が、何を）

    che あるいは cosa が省略されて用いられることも多いです。

    ◆ Che cosa è questo?（Cos'è questo?）　これは何ですか？
    ◆ Che cosa sono questi?　これらは何ですか？
    　　　　　　　　　◀対象が複数であっても che cosa は変化しません。
    ◆ Che cosa vuoi?（Cosa vuoi?）　何がほしいですか？
    ◆ Che cosa significa la parola "sciopero"?
    　（Che significa la parola "sciopero"?）
    　「sciopero」という言葉は何を意味しますか？　　➡ sciopero (m.)：ストライキ

2) **chi**（誰が、誰を）

    chi は「人」だけを表し、変化しません。

    ［主語］
    ◆ Chi è quella ragazza?　あの女の子は誰ですか？
    ◆ Chi compra i nostri biglietti?　私たちのチケットは誰が買うのですか？
    　　　　　　　　　◀ biglietti は biglietto (m.) の pl.
    ［目的語］
    ◆ Chi accompagni alla stazione?　君は誰を駅まで送るのですか？
    　　　　　　　　　➡ accompagnare：同伴する、同行する
    ［前置詞 di を補って所有格］
    ◆ Di chi è questo bel maglione?　– È mio.
    　このきれいなセーターは誰のですか？　– 私のです。

◀このように指示形容詞 questo や quello と名詞の間に形容詞が来ることもあります。答えの部分は、È il mio. と所有代名詞を用いてもかまいませんが、例のように所有形容詞 mio にすることもできます。(→9.[p30] 10.[p32])

3) **quale**（[いくつかあるものの中の]どちらが、どれが、どちらを、どれを、どんなもの）

主語にも目的語にもなります。

◆ Qual è tuo fratello, Andrea o Francesco?
アンドレーアとフランチェスコ、どちらが君の兄弟ですか？

　　◀動詞 è の前で quale の e が切断されています。
　　Andrea は男子の名前です。

◆ Quale compri?　君はどちらを買うんですか？
◆ Quali sono i vantaggi di questo programma?
この計画の利点はどのようなところですか？

　　　　　　　　▤ vantaggi (vantaggio の pl.)：利点　programma (m.)：計画

4) **quanto**（どれくらい）

◆ Quanti di noi devono aspettare qui il suo ritorno?
私たちのうちの何人がここで彼の帰りを待たなければならないのですか？

　　◀この場合 quanti di noi になると 1 人称複数ではなく 3 人称複数化します。

　　　　　　　　　　　　　　　　　　　　　　▤ ritorno (m.)：帰り

◆ Quanto costa questa collana?　− Costa 50 euro.
このネックレスはいくらですか？　−50 ユーロです。

値段の対象が複数形の名詞なら、たとえば

　　◆ Quanto costano questi orecchini?
　　（これらのイヤリングはいくらですか？）

となり、答えは、たとえば

　　◆ Costano 70 euro. (70 ユーロです)　となります。

　　　　◀イヤリングは左右で対になっているので、ひと組でも複数形です。

◎ 1 → 13

(2) 疑問形容詞 (aggettivo interrogativo)

1) che（どんな、何の）

後ろに来る名詞の性と数にかかわりなく、che は形を変えません。

◆ Che tempo fa oggi? – Fa bel（brutto）tempo.

今日はどんな天気ですか？ – いい（悪い）天気です。

ここでは動詞 fare が非人称的に用いられています。主語は明示されません。同様に Fa caldo (freddo) oggi.（「今日は暑い（寒い）」）も非人称的表現です。

◁ 非人称表現については 3 章 3. (3) 4)［→ p95］(5) 1)［→ p98］17 章 5. (1) 1)［→ p217］7)［→ p222］★ 19［→ p231］21 章 3.［→ p268］4.［→ p272］★ 25［→ p340］参照。

◆ Che giorno è oggi?   – Oggi è lunedì.

今日は何曜日ですか？ – 今日は月曜日です。　　　　　　　　（→★ 2［p51］）

◆ Che ora è ? / Che ore sono? – Sono le quattro.

何時ですか？ – 4 時です。　　　　　　　　　　　　　（→★ 5・時刻［p64］）

◆ Che tipo di città è Kyoto?

京都はどのようなタイプの町ですか？

◆ Lei, che lavoro fa? – Faccio l'impiegato.

あなたはどんな仕事をされていますか？ – 私はサラリーマンです。

◁ この場合 Sono impiegato. と答えてもかまいません。fare を用いる場合は職業の前に定冠詞を置き、essere の場合は冠詞を置かないことに注意しましょう。

◆ Di che colore è la tua macchina? – È di colore bianco.

君の車は何色ですか？ – 白色です。

◁ 形容詞 bianco は colore (m.sing.) を修飾していますから男性単数形です。質問内容は「何色をしていますか」ということですから、「白い色をした（白い色の）」と答えるべきですね。したがって di が加わることになります。しかし di colore を省略して、– È bianca. と答えるのが一般的です。この場合は形容詞の語尾は主語の性と数に一致させます。主語の la tua macchina が女性名詞単数形ですから bianca となるわけです。

◆ Di che marca è questa borsetta? – È di Biocco.

このハンドバッグはどこのブランドのものですか？ – ビオッコ（の）です。

◁ 答えは、「ビオッコの」と di を加えなければなりません。borsetta は borsa（カバン）の縮小形です。　（→★ 6・縮小辞と拡大辞［p65］）

◆ In che senso dici?　君はどういう意味で言っているのですか？

                                      ▶ senso（m.）：意味

2)　quale（どの、［いくつかあるものの中の］どちらの）

◆ Quale rivista leggete?　君たちはどの雑誌を読んでいるのですか？
◆ Quali fiori desidera?　どの花がお望みですか？
    ◁ quale は quali のように複数形で登場することもあります。
◆ Per quale motivo lui viene a casa mia?
　どういう理由で彼は私の家に来るのか？
    ◁ motivo は「動機、理由」という意味ですから、per quale motivo で「いくつか考えられる中のどの理由のために」というニュアンスになります。口語的な言い回しとしては Per che motivo lui viene a casa mia? で十分です。

　quale には「どのような」という意味もあるとされていますが、実際に quale を使って「どのような」と聞くときは quale genere di ～としたほうがいいでしょう。

◆ Quale genere di lavoro vuoi fare?　君はどのような仕事がしたいの？

                                      ▶ genere（m.）：種類

3)　quanto（いくつの、どれくらいの）

◆ Quanti anni hai?　君は何歳ですか？
◆ Quanto tempo ci vuole per andare all'ufficio immigrazione?
　入国管理事務所に行くにはどれくらいの時間がかかりますか？
                ▶ ci vuole（volerci の 3 人称単数形）：必要である、要する
                              （→ 11 章 1. 3)② ［p162］）
◆ Quante ore ci vogliono per andare a Osaka?
　大阪に行くには何時間かかりますか？
              ▶ ci vogliono（volerci の 3 人称複数形）：必要である、要する
    ◁ quanto は後に続く名詞の性と数により quanti, quanta, quante と変化します。

★5 時刻　　　　　　　　　　　　　　　　　　　　　1 → 14

◆ Che ora è？/ Che ore sono?
　何時ですか？　　　　　　　　　　◁どちらを使ってもかまいません。
　– È l'una.　1 時です。
　– È l'una e un quarto.　1 時 15 分です。
　　　◁ 1 時台は、動詞は È です。un quarto は 1 時間の 4 分の 1 という意味ですから 15 分です。(→ 11.(2)④ [p37])
　– Sono le due.　2 時です。　　　　◁ 2 時以降は動詞は sono です。
　– Sono le cinque e venti.　5 時 20 分です。
　– Sono le sette e mezza(o).　7 時半です。
　　　◁ mezza, mezzo ともに OK です。
　– Sono le otto e tre quarti.　8 時 45 分です。
　　　◁ tre quarti は 1 時間の 4 分の 3 という意味ですから 45 分です。
　　　　　　　　　　　　　　　　　　　　　(→ 11.(2)④ [p37])
　– Sono le undici meno un quarto.　11 時 15 分前です(10 時 45 分です)。
　– Sono le dodici meno dieci.　12 時 10 分前です(11 時 50 分です)。
　– È mezzogiorno.　（昼の）12 時です。
　　　◁ Sono le dodici. でも OK です。
　– È mezzanotte.　（夜の）12 時です(24 時です)。

◆ A che ora comincia la partita?
　何時に試合が始まりますか？　　　　　　　➡ partita (f.)：試合
　– Comincia alle nove di mattina.　午前 9 時に始まります。
　　　◁ di mattina / di pomeriggio / di sera を入れて、「午前」「午後」を区別します。

◆ Da che ora possiamo fare il check-in?
　私たちは何時からチェックインできますか？
　　　◁ホテルのチェックインです。
　– Dalle tre.　3 時からです。

[参考] 話し言葉ですが次のような表現もあります。

- Che ore sono? 今何時ですか？
  - Manca dieci alle tre. 3時10分前です。
    ◀ Mancano dieci minuti alle tre. と同じ意味です。
    ➡ mancare：不足する　minuto (m.)：分
  - Sono le tre passate. 3時過ぎです。

★6 縮小辞（diminutivo）と拡大辞（accrescitivo）

　名詞（あるいは形容詞）の語尾に付けることによって、「小さめの」「大きめの」などの意味を添えます。代表的なものをいくつか紹介します。

(1) 縮小辞：男性名詞には -ino, -ello, -etto、女性名詞には -ina, -ella, -etta を語尾に付けて、「より小さいこと」や「かわいらしさ」を表現します。

　　gambero（海老）→ gamberetto（小海老）
　　lago（湖）→ laghetto（池）
　　lampada（電灯）→ lampadina（電球）
　　ragazza（少女）→ ragazzina（小娘、小柄な少女）
　　pesce（魚）→ pesciolino（かわいい小魚）　◀語尾に注意
　　cane（犬）→ cagnolino（かわいい小犬）　◀語尾に注意
　　finestra (f.)（窓）→ finestrino (m.)（小窓）　◀性が変化

(2) 拡大辞：男性名詞には -one、女性名詞には -ona を語尾に付けて、より大きいことを表現します。

　　ragazzo（少年）→ ragazzone（大柄な少年）
　　gambero（海老）→ gamberone（大きな海老、車海老）
　　chiacchiera（饒舌）→ chiacchierona（おしゃべりな女性）
　　macchina (f.)（自動車）→ macchinone (m.)（大型自動車）◀性が変化
　　palla (f.)（ボール）→ pallone (m.)（大きなボール）　◀性が変化

(3) 疑問副詞(avverbio interrogativo)

1) **come**（どのように）

- Come stai? – Bene, grazie.　ごきげんいかが？　– 元気ですよ、ありがとう。
- Com'è questo caffè?　このコーヒーはどうですか？
    ◀動詞èの前でcomeのeが省略され、apostrofo［'］（省略符合）が付いています。comeèでもかまいません。
- Come si chiama Lei?　– Mi chiamo Carlo Bianchi.
  お名前は何とおっしゃいますか？（あなたは自分をどのように呼びますか？）　– カルロ・ビアンキと申します。　　　　（→ 10章3.［p148］）
- Come posso spiegare?　どのように説明したらいいかな？

2) **dove**（どこ、どこに）

- Dove vai stasera?　今夜、君はどこへ行くの？
- Dov'è il bagno?　トイレはどこですか？
    ◀動詞èの前でdoveのeが省略され、アポストロフォが付いています。doveèでもかまいません。　　　▶ bagno (m.)：風呂、トイレ
- Di dov'è Antonio?　– È di Padova.
  アントーニオはどこの出身ですか？　– 彼はパードヴァ出身です。

3) **perché**（なぜ）

- Perché non mangiate niente?　なぜみんな何も食べないんだ？
  (= Come mai non mangiate niente?)　▶ come mai：いったいなぜ、どうして

4) **quando**（いつ）

- Quando tornano in Giappone?
  彼らはいつ日本に帰って来るのですか？
- Di quand'è quell'articolo di giornale?
  その新聞記事はいつの(もの)ですか？　　▶ articolo (m.)：記事、品物

◀ 動詞èの前でquandoのoが省略され、アポストロフォが付いています。quando èでもかまいません。

5) **quanto**（どれほど）

- Quanto è alto quel giocatore di pallacanestro? – È alto due metri.
  あのバスケットボール選手の身長はどれくらいですか？
  – 彼は身長2メートルです。
  ➡ giocatore（m.）：選手　pallacanestro（f.）：バスケットボール

◎ 1 → 16

|19| 感嘆文（**forma esclamativa**）を作る言葉

疑問詞の中のいくつかは、感嘆文を作るときにも用いられます。

（1）形容詞として

1) **che**
   修飾する名詞がどうであろうと形を変えません。

- Che tempaccio!　なんてひどい天気なんだ！
  ◀ tempaccioはtempo（天気）の蔑称語（表現）といわれるものです。
  （→★7・蔑称辞［p68］）

- Che bel palazzo!　なんて美しい宮殿なんだろう！　➡ palazzo（m.）：大邸宅、宮殿

2) **quanto**
   修飾する名詞の性と数によって変化します。疑問形容詞quantoを参照してください（→ 18.(2) 3)［p63］）。

- Quanta gente!　なんてたくさんの人だ！
  ◀ gente（f.）：人（genteは複数の人々を女性単数形で示す集合名詞）

◆ Quanti animali ci sono in questo zoo!
なんとたくさんの動物がこの動物園にはいることか！　　➡ zoo (m.)：動物園

3) quale

修飾する名詞が複数の場合 quali と変化しますが、感嘆詞としては今日あまり使いません。

◆ Quale fedeltà!　なんたる忠誠心！

★7 蔑称辞 (peggiorativo, dispregiativo)

　tempaccio は tempo（天気）の蔑称語（表現）です。「ひどい天気、いやな天気」という意味になります。
　-accio (-accia), -astro (-astra) などの蔑称辞は、このように名詞の語尾に付くことで、その名詞自体をさげすんだ意味に変える働きをします。

cappello（帽子）→ cappellaccio（汚れた帽子）
parola（言葉）→ parolaccia（汚い言葉）
erba（草）→ erbaccia（雑草）
barca（舟）→ barcaccia（ぼろ舟）
giovane（若者）→ giovinastro（不良少年）

(2) 副詞として

1) come

◆ Come sei cattivo!　あなたはなんて意地悪なの！　◀「あなた」は男性です。
　　　　　　　　　　　　　　　　　　　　　　➡ cattivo：悪い、意地悪な、まずい
◆ Come nuota bene!　彼はなんと上手に泳ぐことか！　➡ nuotare：泳ぐ

2) **quanto**

   副詞の quanto は変化しません。

   ◆ Quanto è bella, quanto è carina!
   (彼女は)なんて美しいのだろう、なんてかわいいのだろう！

CAPITOLO 2 目的語としての人称代名詞

　★1 [→ p48]でも触れましたが、本書では、一般に用いられる「補語」という用語に代えて「目的語」という用語を使用します。「目的語」という言葉のほうが文法的にイメージしやすいからです。したがって、ここでいう「目的語としての人称代名詞(**目的語人称代名詞**)」は一般に用いられる「補語人称代名詞」を指すことになります。以後本書では、「補語人称代名詞」に代えて「目的語人称代名詞」という用語を用いることとします。

◎ 1 → 17

| 1 | 直接目的語人称代名詞(「〜を」)

1) 直接目的語人称代名詞とは動詞の直接目的語(**complemento diretto**)の働きをする人称代名詞です。動詞と目的語の間に前置詞を必要としないので「直接」目的語といいます。直接目的語は一般的には「〜を」という意味になります(→ただし5.(1)[p84])。
   なお、直接目的語をともなう動詞を他動詞、ともなわない動詞を自動詞といいますが、これについての詳細は3章2.[→ p90]を参照してください。

2) 通常は、動詞の活用形の直前に置きます。

3) 否定文の場合、non は目的語人称代名詞の前に置きます。

Paola (non)	mi	私を	conosce. * (知っている)
	ti	君を	
	lo	彼を、それを (m.sing.)	
	la / La	彼女を、それを (f.sing.) / あなたを	
	ci	私たちを	
	vi	君たちを、あなた方を	
	li	彼らを、それらを (m.pl.)	
	le	彼女たちを、それらを (f.pl.)	

* conosce は動詞 conoscere (知っている) の直説法現在・3 人称単数形です。

◆ Inviti Anna alla festa? – Sì, la invito.
君はアンナをパーティーに招待しますか？ – はい、私は(彼女を)招待します。

   ➡ invitare：招待する

◆ Nessuno mi protegge.　誰も私を守ってくれない。

   ◀ nessuno は不定代名詞の 1 つです (→★8・不定代名詞その 2 [p72])。

次は「もの」を受ける例です。

◆ Mangi lo yogurt?　– Sì, lo mangio volentieri.
ヨーグルト食べますか？ – はい、(それを)よろこんで食べます。

   ➡ volentieri：よろこんで

◆ Devo comprare la pasta.
私はパスタを買わなければならない。

   = La devo comprare. ①　私はそれを買わなければならない。
   = Devo comprarla. ②

　この例のように補助動詞の後の不定詞が目的語人称代名詞(直接でも間接でも)をともなう場合、その人称代名詞は、補助動詞の前に置くか、あるいは不定詞の後ろに付けます。

　不定詞の後ろに付ける場合は、不定詞の最後の母音 -e を落としたものに人称代名詞が接合して一体化しますが(②)、補助動詞の前に置くときは、人称代名詞は分離して独立した一語となります(①)。

- Questo cd è molto bello. <u>Lo</u> volete ascoltare? ①
  = Volete ascoltar<u>lo</u>? ②
  このCDはとてもいい。君たちは<u>それを</u>聴きたいですか？

[参考] 人称代名詞ではありませんが、場所を表すciなどの代名小詞(→ 11章 [p159])にも上のルールがあてはまります。後述する再帰代名詞も同様です(→ 10章 [p144])。

- Devi <u>andarci</u> subito. = <u>Ci</u> devi andare subito.
  君はすぐにそこへ行かなければならない。

- <u>Gli spaghetti al pomodoro</u>, <u>li</u> mangio volentieri.
  <u>トマトソースのスパゲッティ</u>、私はよろこんでいただきます。

  ◀このように、直接目的語を文頭に置いて、その後、代名詞を重複させるという表現方法があります。これで直接目的語が強調されます。 ➡ pomodoro (m.)：トマト

- Sai a che ora arriva l'autobus?　— No, non <u>lo</u> so.
  バスが何時に来るか知ってる？　— いいえ、(<u>そのことは</u>)知りません。

  ◀後述しますが、このloは、人称代名詞ではなく、中性代名詞と呼ばれるもので、性とは無関係に、前の文の内容を受けて「そのこと」という意味になります。
  11章 3. [→ p172]で詳しく説明します。

★8 不定代名詞(pronome indefinito) その2　　　◎ 1→ 18

　nessuno (誰も〜ない)；niente, nulla (何も〜ない)などの不定代名詞が動詞の前に置かれると、nonがなくてもそれだけで否定の意味を表します。しかし、動詞の後にそれらが来る場合は、動詞の前にnonを置く必要があります。

　nessuno, niente, nullaはすべて単数形で用いられます。

- <u>Nessuno</u> mi capisce.　誰も私を理解してくれない。
- <u>Niente</u> è normale.　何一つまともなものはない。
- <u>Non</u> mi protegge <u>nessuno</u>.　誰も私を守ってくれない。

- Non c'è niente di bello.　いいことは何もない。（→★4 (1)の例［p55］）
- Non c'è nulla da spiegare.　説明すべきことは何もない。
  ◀このdaは義務を意味する前置詞です。

🔘 1 → 19

2　間接目的語人称代名詞（「～に」）

1) 間接目的語人称代名詞とは、動詞の間接目的語（complemento indiretto）の働きをする人称代名詞で、前置詞 a ＋「人」（ときに動物）に置き換えることができ、一般的には「～に」という意味になります。

2) 通常は、動詞の前に置きます。

3) 否定文の場合、non は目的語人称代名詞の直前に置きます。

Paola (non)	mi	私に	telefona. * （電話する）
	ti	君に	
	gli	彼に	
	le / Le	彼女に / あなたに	
	ci	私たちに	
	vi	君たちに、あなた方に	
	gli ＊＊	彼らに、彼女たちに	

＊　telefonaは動詞telefonare（電話する）の直説法現在・3人称単数形です。
　　　　　　　　　　　　　　　　　　➡ telefonare a ＋人：(人)に電話する
＊＊　3人称複数形「彼らに、彼女たちに」には gli 以外に loro もありますが、最近の口語ではほとんど使いません。

- **Ti** do questo libro.　この本を君にあげるよ。
　　　　　　　　　　　　　　　　　　➡ dare ～ a ＋人：(人)に～をあげる
- Luciano non **ci** telefona.　ルチアーノは私たちに電話をかけてこない。
　　　　　　　　　　　　　　　　　　（→ 5. (1)［p84］）

- ◆ Dario **mi** dà sempre una mano.　ダーリオはいつも私に手を貸してくれる。
   - ◀ mano のような身体に関する名詞の性と数には注意が必要です。

(→★9・身体に関する名詞の性と数［p75］)

- ◆ Scrivo una lettera a Monica.　私はモーニカに手紙を書く。
   - = **Le** scrivo una lettera.　私は彼女に手紙を書く。

　　▶ scrivere a ＋人：(人)に手紙(メール)を書く

- ◆ Devo dire una cosa a Lauro.　私はラウロにひとこと言わなければならない。
   - = **Gli** devo dire una cosa.　私は彼にひとこと言わなければならない。
   - = Devo dir**gli** una cosa.

　　▶ dire ～ a ＋人：(人)に～を言う

　前述のとおり、補助動詞の後の不定詞が目的語人称代名詞(直接でも間接でも)をともなう場合、その人称代名詞は補助動詞の前に置くか、不定詞の後ろに付けます。不定詞の後ろに付ける場合は、不定詞と人称代名詞が一体化しますが、補助動詞の前に置く場合は、人称代名詞は分離して独立した一語となります。

- ◆ **Mi** può mostrare il Suo passaporto?
   - = Può mostrar**mi** il Suo passaporto?
   - あなたのパスポートを私に見せていただけませんか？
- ◆ A Giorgia, **le** mando un'e-mail.　ジョルジャには、Eメールを1通送ります。
   - ◀このように、間接目的語を文頭に置いて、その後、代名詞を重複させるという表現方法があります。これで間接目的語が強調されます。主として話し言葉で用いられます。

★9 身体に関する名詞の性と数

mano（手）は女性名詞(f.)ですが、単数は(una, la) mano、複数は(le) mani となります。

以下の身体に関する名詞の変化にも注意してください。

目（m.）（l'）occhio,（gli）occhi
耳（m.）（l'）orecchio,（gli）orecchi または（le）orecchie
腕（m.）（il）braccio,（le）braccia
指（m.）（il）dito,（le）dita
ひざ（m.）（il）ginocchio,（le）ginocchia

3 人称代名詞の強勢形

目的語人称代名詞を強調する場合には、人称代名詞の強勢形を用いることになります。

人称代名詞の強勢形は、このほか、前置詞をともなう場合にも用います。

me	私
te	君
lui	彼
lei / Lei	彼女 / あなた
noi	私たち
voi	君たち、あなた方
loro	彼ら、彼女たち、それら

(1) 直接目的語人称代名詞の強勢形

直接目的語人称代名詞の強勢形として用いる場合、原則として動詞よりも後に置きます。

- ◆ Dobbiamo rispettare **lui**, non **loro**.
  彼らではなく彼を私たちは尊敬しなければならない。

(2) 間接目的語人称代名詞の強勢形

間接目的語人称代名詞の強勢形として用いる場合は、《前置詞 a》とセットで用います。前掲 2.[→ p73] の間接目的語人称代名詞の表は強勢形を使うと以下のようになります。

	a me.	私に
	a te.	君に
	a lui.	彼に
Paola (non) telefona	a lei / Lei.	彼女に / あなたに
	a noi.	私たちに
	a voi.	君たちに、あなた方に
	a loro.	彼らに、彼女たちに、それらに

- ◆ **A me** puoi dire la verità?
  (または Puoi dire **a me** la verità? / Puoi dire la verità **a me**?)
  君、私には本当のことを言える？

a me をどこに置くか、語順にはある程度の自由がききます。
一方、強勢形でない普通の形 mi を使う場合には、**Mi** puoi dire la verità? または Puoi dirmi la verità? 以外の語順はありません。　　　　　(→ 2. [p74])

(3)前置詞とともに

　人称代名詞の強勢形は、《a》だけでなく、それ以外の前置詞とセットでも用います。しかし、この場合には、前置詞で表わされた事柄を強勢する意味合いはありません。

　それぞれの前置詞の意味や使い方については、1章13.[→ p41]および27章[→ p329]を参照してください。

- ◆ Puoi venire **da noi**.
  君、僕たちの所へ来てもいいよ。
- ◆ Non vuoi lavorare **con noi**?
  私たちと一緒に働きたくないですか？
- ◆ **Per me** non c'è nessun problema.
  私にとっては何の問題もありません。　　　　➡ problema（m.）：問題

  ◀ nessuno が nessun という形に変わります。（→★10・トロンカメント［p78］）
  　nessuno は否定の意味を表す不定形容詞です。（→★11・不定形容詞［p79］）

- ◆ Non possiamo realizzare quel progetto **senza di te**.
  我々は君なしでそのプロジェクトを実現できない。

  ◀ senza の後に di を挟みます。

- ◆ **Secondo me** Ursula ha torto.
  私に言わせればウルスラは間違っている。　　➡ torto（m.）：過ち、間違い

  ◀ essere sbagliato（間違った）は「事柄が間違っている」場合に用います。

- ◆ C'è un fraintendimento **fra（di）loro**.
  彼らの間には誤解がある。　　　　　　　　➡ fraintendimento（m.）：誤解

  ◀ di は入れても入れなくてもかまいません。
  　「私と君の間には対立がある」なら、C'è un contrasto **fra me e te**. です。

　そのほか su, sopra（〜の上に）は人称代名詞の強勢形との間に di を挟みますが（例 su di loro, sopra di me）、tranne（〜を除いて）は di を挟みません（例 tranne lui）。

(4) 主語人称代名詞の代用

主語人称代名詞の代用として強勢形を用いることがあります。この場合も強勢する意味合いはありません。

◆ Mangiate in quel ristorante elegante? Beati voi!
君たちはあのエレガントなレストランで食事するの？　君たちがうらやましいな！

> ◀beato は「幸多い」という意味の形容詞です。voi がその主語で複数ですから beato が beati になります。君たちがすべて女性なら、もちろん beate になります。

◆ Lucia, non puoi trovare lavoro? Povera te.
ルチーア、仕事見つからないの？　かわいそうに。

> ◀povero は「哀れな」という意味の形容詞です。このケースでは相手が女性なので povera となっていますが、相手が男性なら povero te です。

★10 トロンカメント（troncamento）

nessun は nessuno の o が切り取られた形です。l, n, r の後に来る語尾母音 e, o が、語調を整えるために切断されることがあります。これをトロンカメント（「切断」という意味）といいます。

signore（男性）→ signor　　Signor Galli　ガッリ氏
bene（良く、とても）→ ben　　ben presto　とても早く
maggiore（より大きい）→ maggior　　maggior parte　大部分
castello（城）→ castel　　Castel Sant'Angelo　サンタンジェロ城

> ◀語尾母音の前の l, n, r が重複している場合は、最後の音節全体を切断します。この場合だと castello の最後の音節 lo が切断されます。

★11 不定形容詞(aggettivo indefinito) 　　🔊 1→20

(1) nessuno は形容詞としての機能も果たし、否定を表します(前出の「不定代名詞 nessuno」(→★8 [p72])参照)。常に単数名詞を修飾し、non をともなっていても二重否定(→★20[p233])(「〜でないことはない」)ではありません。

一方、nessuno が文頭に来た場合は non は不要です。
nessuno は不定冠詞(uno)と同じ語尾変化をします。

- ◆ <u>Non</u> ho <u>nessuna</u> speranza.　私には何の希望もない。
- ◆ Marco <u>non</u> ha <u>nessun</u> <u>amico</u>.　マルコは誰ひとり友達がいない。
- ◆ <u>Nessun</u> ragazzo può rispondere alla domanda.
  どの子も質問に答えることができない。

(2) 不定形容詞 ogni (すべての), ciascuno (各々の), qualsiasi (どんな〜でも)も、常に単数名詞を修飾します。ogni と qualsiasi は不変化ですが、ciascuno は不定冠詞と同じ語尾変化をします。

- ◆ Lui deve lavorare <u>ogni</u> <u>giorno</u>.　彼は毎日働かなければならない。
  ◀ ogni の次が《数詞+複数名詞》の場合は「〜ごとに」という意味になります。
  - ◆ L'autobus viene ogni dieci minuti.　バスは 10 分ごとに来る。
- ◆ <u>Ciascun</u> <u>professore</u> deve esprimere la sua opinione.
  教授は各々自分の意見を述べなければならない。
- ◆ Possiamo trovare questo libro in <u>qualsiasi</u> <u>libreria</u>.
  この本はどこの本屋でも見つけることができる。

(3) 不定形容詞 alcuno は、否定文で用いるときは単数名詞を修飾しますが(「何一つ〜ない」)、それ以外では複数名詞を修飾します(「いくつかの」「何人かの」)。

語尾については、alcuno が単数名詞を修飾する場合は不定冠詞(uno)と同じ語尾変化をし、複数名詞を修飾する場合は通常の形容詞と同様、alcuni, alcune と変化します。

- ◆ Alcune persone approvano la sua decisione.
  何人かは彼の決断に賛成している。（彼の決断に賛成する人もいる）
  ◁ alcuno の複数形は数えられる名詞の部分冠詞的役割を果たします。
  （→ 1 章 14.（2）［→ p43］）
- ◆ Non c'è alcuna scelta.　選択の余地がない。

(4) qualche は、「いくらかの、何人かの」という若干数の複数を表す場合と、「何らかの、誰か」のような単数を表す場合の両方がありますが、常に単数名詞を修飾し、形は変化しません。

- ◆ Vado in Spagna fra qualche giorno.
  私は数日後にスペインに行く。
- ◆ Conosce qualche italiano a Nagoya?
  あなたは名古屋でどなたかイタリア人をご存じありませんか？

(5) 不定形容詞 altro（ほかの、もうひとつの；過ぎ去った）は、単数名詞も複数名詞も修飾します。

- ◆ Posso prendere un'altra tazza di caffè?
  もう一杯コーヒーを飲んでいいですか？　　➡ tazza (f.)：カップ
- ◆ Avete altre domande?
  皆さん、ほかに質問はありますか？
- ◆ L'altro giorno gli studenti hanno visitato il Museo Vaticano.
  先日、生徒たちはバチカン美術館を見学しました。

4 動詞 piacere（〜が好きである、気に入る）と interessare（〜に興味がある）

> piacere / interessare ＋ a ＋人

　piacere と interessare を用いて「誰々は〜が好きである、〜に興味がある」という文を作る場合、「好きなもの、興味の対象」が動詞の主語になり、「誰々」にあたる部分は、主語ではなく、a〜という間接目的語の形で表現されることになります。しかもその主語は piacere と interessare の活用形の後ろに置かれることが多いのが特徴です。

間接目的語人称代名詞		動詞	主語	
mi	（= a me）	piace interessa	il calcio. questo romanzo. l'opera lirica. mangiare.（不定詞）＊	単数
ti	（= a te）			
gli	（= a lui）			
le / Le	（= a lei / Lei）			
ci	（= a noi）	piacciono＊＊ interessano	i cani. questi fiori. le persone sincere.	複数
vi	（= a voi）			
gli	（= a loro）			

　　　　　　　　　　　　▶ calcio (m.)：サッカー　　sincero：誠実な、率直な

＊不定詞は男性単数名詞の扱いです。
＊＊ piacere の活用形は変則です。3 人称複数形は piacciono と c がダブることに注意してください。

◆ Mi piace l'opera lirica.　私はオペラが好きだ。
　　◀「好きなもの」は「オペラ」です。「オペラは私には好みである」という文と考えれば文法的にわかりやすいでしょう。「私には」にあたる部分が mi (= a me) です。piacere は「好みである」という意味で考えてみましょう。主語は l'opera lirica で 3 人称単数ですから、L'opera lirica piace a me. ということになりま

81

す。これを通常は主語の位置を変えて Mi piace l'opera lirica. とするのです。
強勢形 a me を文頭に置いて A me piace l'opera lirica. とすると、「(ほかの人のことはわからないが)私はオペラが好きです」というように、「私は」を強調するニュアンスが出ます。
ただし、文によっては、主語を文頭に置くほうが自然になる場合もあります。
(→ 12 章 1.1)［p175］)

◆ Mi piacciono gli spaghetti.　私はスパゲッティが好きだ。

◁今度は主語が gli spaghetti と 3 人称複数ですから、動詞 piacere は piacciono となります。これも Gli spaghetti piacciono a me.(「スパゲッティは私には好みである」)と理解するといいでしょう。

◆ Non ti piacciono i libri gialli.　君は推理小説が好きではない。

◁non は文頭に来ます。I libri gialli non piacciono a te. (「推理小説は君には好みでない」)ということです。　　　　　　　　➡ libro giallo (m.)：推理小説

◆ Ci interessa molto quell'azienda.　私たちはあの会社にとても興味がある。

◁interessare は「興味を抱かせる」という意味に考えましょう。あとは piacere と同様です。Quell'azienda interessa molto a noi. つまり、「あの会社は私たちにとても興味を抱かせる」ということです。
この molto は副詞です(「非常に」「大いに」という意味)。
(→★ 12・副詞の molto と形容詞の molto [p83])　　➡ azienda (f.)：企業、会社

◆ Gli piace mangiare e dormire.　彼は食べることと寝ることが好きだ。

◁主語は mangiare e dormire です。「食べること」と「寝ること」の 2 つのことをいっているので、これが 3 人称複数なのか単数なのかが問題になりますが、不定詞の場合は全体で単数と考えて、Gli piacciono でなく Gli piace とします。

◆ Mi piaci.　私は君が好きだ。

◁piacere, interessare の主語は、通常、3 人称単数か複数ですが、この文のように主語が 2 人称であったり次の例のように 1 人称であったりすることもあります。この例では、「君」が主語で、それに合わせて動詞が piaci と 2 人称単数になります。Tu piaci a me. (「君は私には好みだ」)ということです。

◆ Ti piaccio?　君は私が好きですか？

◁「私」が主語ですから動詞は piaccio です。Io piaccio a te? (「私は君には好みですか」)ということです。

★12 副詞の molto と形容詞の molto

"Ci interessa molto quell'azienda." の molto は動詞 interessare を修飾する副詞で、「とても(興味がある)」という意味です。副詞は動詞だけでなく形容詞やほかの副詞も修飾します。

しかし molto は、「たくさんの」という意味の形容詞として使われることもあります。形容詞の molto は、語尾変化のない副詞 molto と異なり、その修飾する名詞の性と数によって molto, molti, molta, molte と語尾が変化することに注意してください。

- ◆ Mi piace molto il latte. (副詞)
  私はとても牛乳が好きだ。
- ◆ C'è molta gente in questa chiesa. (形容詞)
  この教会にはたくさんの人がいる。

このような例は molto のほかに tanto, poco, troppo など数量とかかわりのある副詞に見られます。

- ◆ Lei è poco gentile.
  彼女はあまり親切ではない。

  ➡ poco：あまり〜でない、ほとんど〜でない(副詞)

- ◆ Ci sono pochi passeggeri sull'aereo.
  飛行機にはほとんど乗客が乗っていない。

  ➡ poco：少しの、ほとんどない(形容詞)

- ◆ Carlo, tu mangi troppo!
  カルロ、あなたは食べ過ぎよ！　　➡ troppo：あまりにも(副詞)

- ◆ Devo fare troppe cose.
  私はあまりにも多くのことを片づけなければならない。

  ➡ troppo：多過ぎる、過剰な(形容詞)

◎ 1 → 23

5 │ 直接目的語、間接目的語を間違えやすいケース

前述の piacere, interessare もそうですが、動詞によっては、その直接目的語が日本語の「〜を」にあたらない、間接目的語が「〜に」にあたらないというケースがしばしば発生します。（以下、直接目的語を一部「直目」と略します）

(1) 直接目的語をとる動詞ではあるが、「〜を」という日本語にはならないもの

1) sposare ＋ 直目 （〜と結婚する）
    - ◆ Sposo **la sorella** di Luigi.　私はルイージの姉(妹)と結婚します。
        ◀イタリアでは、sorella, fratello が、姉か妹か、兄か弟か、という年齢の上下は、日本のように重要ではありません。

2) incontrare ＋ 直目 （〜に会う）　vedere ＋ 直目　も同じです。
    - ◆ Oggi incontro **i miei amici**.　今日、私は友人たちに会う。

3) chiamare ＋ 直目 （〜に電話する、〜を呼ぶ）
    - ◆ Devo chiamare **Carla**.　カルラに電話しなければならない。
        (注) telefonare (電話する)は自動詞(→ 3 章 2. [p90])ですから、直接目的語をとりません。**Ti** (= a te) telefono. (君に電話をする)，**Le** (=a lei) telefono. (彼女に電話をする)，Telefono a Carla. (カルラに電話をする)となります。

4) ringraziare ＋ 直目 （〜に感謝する）
    - ◆ **La** ringrazio dei fiori.　お花をいただいてあなたに感謝いたします。
        ➡ ringraziare ＋ 人(直目) ＋ di (per) 〜：〜の件で人に感謝する
        ◀この La は敬称の La です。

5) raggiungere ＋ 直目 （〜に追いつく、〜に着く、〜に達する）
    - ◆ **Ti** raggiungo subito.　すぐに君に追いつきます。

    参考 raggiungere la cima （頂上に達する）
        (注) arrivare (giungere) (〜に着く)は自動詞(→ 3 章 2. [p90])ですから、直接目的語をともなわず、arrivare (giungere) a 〜となります。

84

6) avvertire（informare）＋ 直目　（〜に知らせる、通知する）
   ◆ Devo avvertire（informare）**gli amici** del mio arrivo.
   　私は友人たちに到着を知らせなければならない。

   　　　　　　　　➡ avvertire（informare）＋ 人（直目）＋ di 〜：人に〜を知らせる

   ◆ **Li** devo avvertire del mio arrivo.
   　＝ Devo avvertir**li** del mio arrivo.
   　　私は彼らに到着を知らせなければならない。

7) vincere ＋ 直目　（〜に勝つ、〜を克服する）
   　vincere il nemico（敵に勝つ）
   　vincere una gara（試合に勝つ）
   　反対語の perdere も同様です。　perdere la gara（試合に負ける）

8) frequentare ＋ 直目　（〜に通う、〜とつきあう）
   ◆ Mio nipote frequenta **la scuola**.　私の孫は学校に通っています。

9) seguire ＋ 直目　（〜に通う）
   　seguire un corso per principianti（初心者コースに通う）

10) pregare ＋ 直目　（〜に頼む）
    ◆ **La** prego di aiutarmi.　あなた、どうか私を助けてください。

    　　　　　　　　　　　　　　　　　◀ La は敬称の La です。

11) salutare ＋ 直目　（〜にあいさつする）
    ◆ **Ti** saluto.　それじゃあね。（私は君にあいさつする）

       ◀ この ti は、mi, ti, gli, le / Le, ci, vi, gli の ti、つまり a te と思いがちですが、そうではなく、mi, ti, lo, la / La, ci, vi, li, le の ti です。

    ◆ Lo saluto.　私は彼にあいさつする。　　　◀ *Gli* saluto ではありません。
    ◆ Salutami i tuoi.　皆さんによろしくと伝えてね。

       ◀ saluta は salutare の 2 人称単数の命令形（→ 9 章 [p137]）、mi（＝ a me）は「私のために」、i tuoi が直接目的語です。
       i tuoi は「君の両親（家族）」という意味です。（→ 1 章 10. [p33]）

- Mi saluti **Suo marito**.
  ご主人さまに(私から)よろしくお伝えください。　　　(→ 9 章 2. [p140])
  - ◀ mi は「私のために」、saluti は敬称の「あなた」に対する命令形、Suo marito が直接目的語。「私のために(私に代わって)ご主人にあいさつしてください」というのが直訳になります。
- **Salutamelo!** 　彼によろしく伝えておいてね。　　　(→ 9 章 2. [p140])
  - ◀ lo が直接目的語。saluta は salutare の 2 人称単数の命令形です。

(2) 間接目的語をとる動詞ではあるが、「〜に」という日本語にはならないもの

1) pensare a 〜 　(〜のことを考える)
   - **Penso a te**. 　君のことを思う。 = **Ti** penso.
   - **Penso sempre al lavoro**. 　いつも仕事のことを考えている。
     - ◀ 後述する Ci penso. の ci は、penso a 〜 の「a 〜」の部分にあたります。
     (→ 11 章 1.2) [p160])

2) credere a 〜 　(〜を信じる)
   - **Credo a lui**. 　彼を信じる。 = **Gli** credo.
     (注) credere には、credere ＋ 直目となるケースもあります。

3) volere bene a 〜 　(〜が好きである)
   - **Ti** voglio bene. 　僕は君が好きだ。
   - **Le** voglio bene. 　僕は彼女が好きだ。

6 | 間接目的語人称代名詞と直接目的語人称代名詞の結合形
（両者を一緒に用いて「〜に〜を」と表現したい場合）

結合形は以下のような表にまとめられます。覚えてください。

直接＼間接	mi 私に	ti 君に	gli, le (Le) 彼に、彼女に、彼らに、彼女たちに、(あなたに)	ci 私たちに	vi 君たちに、あなた方に
lo（それを、彼を）	me lo	te lo	glielo （Glielo）	ce lo	ve lo
la（それを、彼女を）	me la	te la	gliela （Gliela）	ce la	ve la
li（それらを、彼らを）	me li	te li	glieli （Glieli）	ce li	ve li
le（それらを、彼女たちを）	me le	te le	gliele （Gliele）	ce le	ve le
ne（それらについて）＊	me ne	te ne	gliene （Gliene）	ce ne	ve ne

＊ ne（代名小詞）についての詳細は11章2.［→ p164］、3章5.(2)［→ p104］）を参照してください。

◆ Noi diamo i fiori a Giorgio.　私たちはジョルジョに花をあげます。

直接目的語人称代名詞を使うと

◆ Noi **li** diamo a Giorgio.　　私たちはジョルジョにそれらをあげます。

間接目的語人称代名詞を使うと

◆ Noi **gli** diamo i fiori.　　　　私たちは彼に花をあげます。

両方使うと

◆ Noi **glieli** diamo.　　　　　　私たちは彼にそれらをあげます。

◆ Ci insegni la lingua tedesca?　私たちにドイツ語を教えてくれますか？
◆ **Ce la** insegni?　　　　　　　私たちにそれを教えてくれますか？
　　◀ insegni は insegnare（教える）の2人称単数形。

◆ Mi dai tutti i libri?　– **Te ne** do solo tre.
　私に本を全部くれるの？　–（本については）3冊だけあなたにあげます。

◆ Mi puoi presentare un tuo amico?
私に君の友人のひとりを紹介してもらえますか？
→ **Me lo** puoi presentare?　もしくは　Puoi presentar**melo**?

　1. で触れたとおり、通常の動詞が補助動詞をともなう場合における目的語人称代名詞、代名小詞 ci や ne、再帰代名詞の位置は、補助動詞の前に置くか、不定詞の後ろに付けるかの2通りがあるわけです。

　この場合 *Mi puoi presentarlo?* とはいえません。mi と lo は切り離せません。間接・直接目的語人称代名詞が結合できるときは切り離してはならないとされています。

7 命令形とともに目的語人称代名詞等を用いる場合

これについては、9章 命令法 [→ p137]を参照してください。

CAPITOLO 3 直説法近過去 (passato prossimo)

◎ 1 → 25

1 直説法近過去の概念

　イタリア語には直説法の過去が5種類(近過去、半過去、大過去、遠過去、先立過去)あります。その中で最も頻繁に用いるのが直説法近過去です。「〜した」「〜しました」という表現をとる場合には、通常、この近過去を用いることになります。

　直説法近過去(passato prossimo の "prossimo" とは「とても近い」という意味)は、①最近起こって完了した行為や状態、②現在においてもその結果が残るような過去に完了した行為や状態、そして、②とも関連しますが、③「私は〜したことがある」「〜したことがない」といった現在に至るまでの経験を表します。

(→ 4章 半過去 1.[p110])

以下の3例は、後述の文法解説を参照した上で読んでください。

①の例◆ L'altro ieri **ho comprato** un nuovo smartphone.
　　　　おととい、私は新機種のスマートフォンを買った。
　　　　　◀イタリア語では「ズマルトフォン」と発音します。

②の例◆ Lo Shinkansen **è nato** nel 1964.
　　　　新幹線は1964年に誕生した。
　　　　　◀今も走り続けています。(→ 6章 遠過去 1.[p125])

③の例◆ **Ho mangiato** la mozzarella di bufala solo una volta.
　　　　私は水牛のモッツァレッラチーズを一度だけ食べたことがある。
　　　　　◀過去に食べたことがあるという経験が現在まで生きています。

2 │ 自動詞と他動詞

近過去を使いこなすにあたっては、まず最初に、自動詞と他動詞の違いをしっかり認識し、両者を区別する必要があります。

自動詞(verbo intransitivo)：
　直接目的語を必要としない動詞、受動態が作れない動詞です。(→ 21 章[p260])
他動詞(verbo transitivo)：
　直接目的語を必要とする動詞。受動態を作りうる動詞です。(→ 21 章[p260])
　ただし、他動詞でも、文脈から直接目的語が推定できるようなときは、直接目的語が省略されることもあります(特に studiare, mangiare, imparare（習う），bere など)。このようなケースを他動詞の自動詞的用法（**valore intransitivo**）と呼びます。

なお、parlare, finire, cominciare, iniziare, passare, aumentare, diminuire, avanzare, cambiare などのように、自動詞としても他動詞としても用いられる動詞があります。(→ 3. (5) 2)［p99］)

3 │ 直説法近過去の作り方と活用形

助動詞 avere または essere の直説法現在 ＋ 過去分詞

(1) 過去分詞(participio passato) の作り方

(→過去分詞の用法については 23 章　過去分詞［p284］)

動詞の原形(辞書に載っている形)は、語尾に、大きく分けて -are, -ere, -ire の 3 種(＊)があり、それぞれを -are 動詞、-ere 動詞、-ire 動詞と呼びます。過去分詞はその 3 種に対応してそれぞれ次のような形になりますが、特に -ere 動

詞に例外がたくさんあります。よく用いる基本的な動詞には例外が多いので、しっかりと覚えてください。　　　　　(→ 1 章 16. (3) 動詞活用表 [p48 〜 50])

　　　＊ただし、その 3 種以外にも -arre, -orre, -urre を語尾とする動詞があります。

○ -are 動詞　→　-ato
　　　lavorare → lavorato　　　mangiare → mangiato
○ -ere 動詞　→　-uto
　　　avere → avuto　　　vendere（売る）→ venduto　　　potere → potuto
○ -ire 動詞　→　-ito
　　　sentire（聞く）→ sentito　　　capire → capito

例外は多数あります。主な動詞は以下のとおりです (abc 順)。

動詞の原形	過去分詞	動詞の原形	過去分詞
accendere（火をつける）	acceso	leggere（読む）	letto
aprire（開く）	aperto	mettere（置く）	messo
bere（飲む）	bevuto	morire（死ぬ）	morto
chiedere（尋ねる）	chiesto	nascere（生まれる）	nato
chiudere（閉める）	chiuso	nascondere（隠す）	nascosto
condurre（導く、連れて行く）	condotto	offrire（提供する）	offerto
correggere（直す）	corretto	perdere（失う）	perso (perduto)
correre（走る）	corso	piangere（泣く）	pianto
decidere（決心する）	deciso	porre（置く）	posto
difendere（防ぐ）	difeso	prendere（取る）	preso
dire（言う）	detto	raccogliere（集める）	raccolto
dividere（分ける）	diviso	rendere（返す）	reso
essere（〜である）	stato	rimanere（とどまる）	rimasto
fare（する、作る、させる）	fatto	rispondere（答える）	risposto
giungere（着く）	giunto	rompere（壊す）	rotto

scegliere（選ぶ）	scelto	togliere（取り去る）	tolto
scendere（降りる）	sceso	tradurre（翻訳する）	tradotto
scoprire（発見する）	scoperto	trarre（引く）	tratto
scrivere（書く）	scritto	vedere（見る）	visto (veduto)
spegnere（火を消す）	spento	venire（来る）	venuto
spendere（費やす）	speso	vincere（勝つ）	vinto
succedere（起こる）	successo	vivere（生きる）	vissuto

(2) avere + 過去分詞 の場合

[活用]

comprare（買う）		
io	ho	comprato
tu	hai	
lui / lei / Lei	ha	
noi	abbiamo	
voi	avete	
loro	hanno	

助動詞 avere をとるものとして、次のような動詞があげられます。

1) すべての他動詞
2) 一部の自動詞

　　parlare（話す）, telefonare（電話する）, pranzare（昼食をとる）, cenare（夕食をとる）, dormire（眠る）, viaggiare（旅行する）, nuotare（泳ぐ）, camminare（歩く）, rispondere（返事する）など

◆ **Ho comprato** un tavolo.　私はテーブルを買った。
　　◀ un tavolo（「テーブルを」）が他動詞 comprare の直接目的語になります。

- **Avete mangiato** gli spaghetti?　君たちはスパゲッティを食べましたか？
  ◀ gli spaghetti が他動詞 mangiare の直接目的語になります。

- <u>Né</u> io <u>né</u> mia moglie **abbiamo guidato** la macchina.
  私も妻も車を運転しなかった。（→★13・連結接続詞 né... né... の用法［p93］）
  ➠ né... né...：〜も〜もない
  ◀ la macchina が他動詞 guidare の直接目的語になります。

- L'anno scorso Matteo **ha viaggiato** molto.
  去年、マッテーオはたくさん旅行した。
  ◀ viaggiare は自動詞です。
  molto は直接目的語ではなく、動詞を修飾する副詞です。

★13 連結接続詞（congiunzione copulativa）né... né... の用法　　◎ 1 → 26

　né... né... が主語になる場合、複数扱いになるのが一般的です。本文のように né... né... が文頭に来ると、non を入れなくても否定の意味が表せます。そうでない場合は non が必要となります。

- <u>Né</u> il calcio <u>né</u> il baseball mi interessano.
  私はサッカーも野球も興味がない。

- <u>Non</u> abbiamo guidato la macchina <u>né</u> io <u>né</u> mia moglie.
  私も妻も車を運転しなかった。　◀本文の例と同じ意味です。

- <u>Non</u> ho visitato <u>né</u> Kanazawa <u>né</u> Takayama.
  私は金沢も高山も見物しなかった。

CAPITOLO 3　直説法近過去（passato prossimo）

(3) essere ＋ 過去分詞 の場合

[活用]

andare (行く)		
io	sono	andato (a)
tu	sei	
lui / lei / Lei	è	
noi	siamo	andati (e)
voi	siete	
loro	sono	

助動詞 essere をとる動詞の過去分詞の語尾は、<u>主語の性と数に一致</u>します。形容詞と同じように語尾変化します。

助動詞 essere をとるものとして、次のような動詞があげられます。

1) 発着、往来、移動を表す自動詞

andare (行く)，venire (来る)，tornare (帰る)，uscire (出る)，entrare (入る)，partire (出発する)，arrivare (到着する)，cadere (倒れる、落ちる)など

(注) salire (上がる、登る)，scendere (下がる、下りる)は、通常 essere をとる自動詞として扱いますが(→例として 11 章 1.1) [p160])、山や丘、谷、はしごなどを直接目的語として、上り下りを表現する場合は他動詞となり avere を用います。

◆ **Ho salito** i gradini a uno a uno.　私は一段ずつ階段を上った。

2) 存在、状態、推移を表す自動詞

essere (〜である)，stare (いる、ある)，restare (とどまる)，rimanere (とどまる)，diventare (〜になる)，piacere (〜が好きである)，nascere (生まれる)，morire (死ぬ)，costare (費用がかかる)，riuscire (うまくできる)，succedere (起こる)，accadere (起こる)，avvenire (起こる)など

◁ piacere の近過去については後述します。

3) 再帰動詞、代名動詞

alzarsi (起きる)，vestirsi (服を着る)，lavarsi (自分の体を洗う)，abituarsi (慣れる)，pentirsi (後悔する)など

◁再帰動詞、代名動詞については 10 章 [→ p144]を参照してください。

4) 非人称動詞

bisognare（必要である），bastare（十分である），sembrare（〜のように見える），occorrere（必要である），convenire（〜するほうがいい）など

◀非人称動詞とは、主語を特定せず、3人称単数形で使われる動詞です。（→ 17章 5.（1）1）［p217］ 7）［p222］）
天候を表す piovere（雨が降る），nevicare（雪が降る），tuonare（雷が鳴る）も非人称動詞ですが、これについては(5) 1)［→ p98］を参照してください。

◆ Sono andato a Sapporo la settimana scorsa.　僕は先週、札幌に行った。
◆ Anna e Donatella **sono partite** per Bari.
　アンナとドナテッラはバーリに出発した。
◆ Federico e le sue sorelle **sono venuti** a casa mia.
　フェデリーコと彼の姉妹が私の家に来た。

◀繰り返しになりますが、男女が主語の場合は、その中に一人でも男性が含まれている限りトータルで男性扱いです。

◆ Mia figlia **è nata** il 25 settembre 2010.
　私の娘は 2010 年 9 月 25 日に生まれた。　（→★ 14・日付の表し方［p97］）

● 《piacere a ＋人》（誰々は〜が好きである、〜が気に入る）の近過去について

piacere は、近過去において助動詞 essere をとる自動詞です。「好きなもの」が動詞の主語になり、「誰々」が間接目的語（a 〜）で表現されます（→ 2 章 4.［p81］。もちろん過去分詞の語尾は、主語の性と数に一致します。

mi	(= a me)			
ti	(= a te)	è piaciuto (a)	il giocatore di calcio.	単数
gli	(= a lui)		questo romanzo.	
le / Le	(= a lei / Lei)		Roma.	
			mangiare.（不定詞）＊	
ci	(= a noi)		quei cani.	
vi	(= a voi)	sono piaciuti (e)	quei musicisti.	複数
gli	(= a loro)		le statue di quel museo.	

＊不定詞は男性単数名詞の扱いです。

➡ musicista (m. f.)：音楽家（m. pl. は musicisti となります）

CAPITOLO 3　直説法近過去（passato prossimo）

- ◆ Mi **è piaciuto** quel giocatore di calcio.　私はあのサッカー選手が気に入った。
    - ◁主語の quel giocatore が男性単数形ですから、è piaciuto となります。
     Quel giocatore di calcio è piaciuto a me. という形で考えると理解しやすいでしょう。
- ◆ Mi **è piaciuta** Roma.　私はローマが良かった。
    - ◁主語の Roma は都市（città (f.)）で、女性単数形ですから、è piaciuta となります。
- ◆ Ti **sono piaciuti** gli spaghetti?　君はそのスパゲッティが気に入りましたか？
    - ◁主語の gli spaghetti が男性複数形ですから、動詞 piacere は sono piaciuti となります。Gli spaghetti sono piaciuti a te. と考えてみてください。
- ◆ Non gli **sono piaciute** le statue di quel museo.
     彼はあの博物館の彫像が気に入らなかった。　▶ museo (m.)：博物館、美術館
    - ◁non は文頭に来ます。主語 le statue di quel museo は女性複数形ですから、動詞 piacere は sono piaciute となります。
     Le statue di quel museo non sono piaciute a lui. です。

interessare の近過去も piacere の場合と同様です。

- ◆ Le **è interessato** molto studiare la cultura orientale.
     彼女は東洋文化を勉強することにとても興味があった。
    - ◁不定詞は男性単数形として扱います。
     Studiare la cultura orientale è interessato molto a lei. です。
     ▶ cultura (f.)：文化

あまり使わない例ですが、参考までに。

- ◆ Mi **sei piaciuta** subito.　私はすぐに君が好きになった。
    - ◁これは「君」が女性の場合です。Tu sei piaciuta subito a me. ということです。もし「君」が男性なら Mi sei piaciuto subito. です（「私はすぐにあなたが好きになった」）。
- ◆ Ti **sono piaciuto**?（君は私を気に入った？）→　僕、どうだった？
    - ◁たとえば舞台などで演技した後、見に来てくれた相手に「僕のパフォーマンス、君は気に入ってくれた？」の意味で使うフレーズです。
     演技をしたのが女性なら Ti sono piaciuta? になります。

★14 日付の表し方　　　◎ 1 → 28

日付の表し方は以下のようになります。

(1)「○日(に)」は《il (l') ＋ 基数》で表します。
　　ただし、1日(ついたち)に限っては序数を用います。
　　giorno を定冠詞と基数の間に挟んでもかまいませんが、省略されることが多いです。　　　　　　　　　　　　　　　　➡ giorno (m.)：日
　　　il 3 (tre)（3日）= **il giorno 3 (tre)**
　　　l' 8 (otto)（8日）= **il giorno 8 (otto)**
　　　il 1° (primo)（1日）= **il giorno 1° (primo)**

(2)「○月○日(に)」は《il (l') ＋ 基数＋月名》で表します。
　　　il 17 (diciassette) giugno（6月17日）
　　◆ Vado a Hiroshima **il 5 (cinque) aprile**.
　　　4月5日に広島に行きます。

(3)「○年○月○日(に)」は《il (l') ＋ 基数 ＋月名 ＋ 年》で表します。
　　　il 10 (dieci) febbraio 1985（1985年2月10日）
　　◆ Mia figlia è nata il 25 settembre 2010.
　　　私の娘は2010年9月25日に生まれた。

(4)「○月に」は、《in (または a) ＋月名》で表します。(→★2 [p51])
　　◆ **In (A) ottobre** raccogliamo le castagne.
　　　私たちは10月に栗を収穫します。　　➡ raccogliere：集める、収穫する

(5)「○年に」は、《nel (nell') ＋基数》で表します。
　　　　　　　　　　　　　(→ 1. [p89] 6章3. [p128] 27章4.3) [p334])
　　◆ Quella conferenza internazionale ha avuto luogo **nel 1974**.
　　　その国際会議は1974年に開催された。
　　　　　➡ conferenza (f.)：会議　internazionale：国際的な　aver luogo：
　　　　　　開催される(avereの最後のeが落ちます → ★10 [p78])

CAPITOLO 3　直説法近過去(passato prossimo)

(4) 副詞の位置

動詞を修飾する mai (これまでに), ancora (まだ), già (すでに), appena (ようやく) などの副詞は、通常、助動詞と過去分詞の間に置きます。

このような副詞が入ることで、近過去の特性がフルに発揮されることになります。

◆ Sei mai stato in America?　– No, non ci sono mai stato.
　君はこれまでにアメリカに行ったことがありますか？
　— いいえ、これまで一度もありません。
◁ ci は in America を指します (→詳細は 11 章 1. [p159] 参照)。
近過去が mai をともなって、現在に至るまでの経験を表すことになります。

◆ Non ho ancora telefonato a Lucia.　僕はまだルチーアに電話していない。
◁ これも ancora をともなって経験を表現しています。
日本語で「まだ〜していない」という場合、現在形を思い描きますが、イタリア語においては近過去表現を用いる点に注意してください。
なお、non... ancora を用いた文には行為への将来的な期待が感じられますが、non... mai を用いた文は否定の意味が強調され、将来的な期待が大きくは感じられません。

◆ Hai già preparato la valigia?　もう旅行の準備はできましたか？
◁ 近過去が già をともなうことで、行為が完了し、その結果が現在に続いていることを表現しています。

◆ Sono appena tornato a casa.　家に帰って来たところです。
◁ 近過去が appena をともなって、直近に発生した行為が完了したことを表しています。

(5) 注意事項

1) 天候を表す動詞 piovere (雨が降る), nevicare (雪が降る), tuonare (雷が鳴る) は非人称動詞ですが (→(3) 4) [p95])、助動詞は essere, avere のどちらも使えます。ただ、essere よりも avere をとるほうが一般的です。

◆ Ieri notte ha piovuto.　昨日の夜、雨が降った。

2) 1つの動詞で自動詞としても他動詞としても用いられるものがあります（→ 2.[p90]）。その中でも次の 2 通りの動詞があることに注意が必要です。

①自動詞の場合と他動詞の場合で、助動詞 essere, avere を使い分ける動詞
finire, cominciare, passare, trascorrere（過ぎる、過ごす）, cambiare, iniziare（始まる、始める）, aumentare（増える、増やす）, diminuire（減る、減らす）, avanzare（進む、残る、進める、残す）など

< finire >

○〜が終わる（自動詞）essere　　直接目的語を必要としません。

◆ La partita è finita.　試合が終わった。

○〜を終える（他動詞）avere　　直接目的語が必要になります。
finire の後に di ＋ 不定詞が来る場合も avere をとります。

(→ 11 章 2. 2)〔p169〕)

◆ Ho finito i compiti.　私は宿題を終えた。
◆ Avete già finito di mangiare?
皆さんもう食べ終わりましたか？

< cominciare >

○〜が始まる（自動詞）essere　　直接目的語を必要としません。

◆ Sono cominciate le vacanze.　バカンスが始まった。

○〜を始める（他動詞）avere　　直接目的語が必要になります。
cominciare の後に a ＋ 不定詞が来る場合も avere をとります。

◆ Ha cominciato un nuovo lavoro.　彼は新しい仕事を始めた。
◆ Gli studenti hanno cominciato a leggere i libri.
生徒たちは本を読み始めた。

< passare (trascorrere) >　(注)以下、直接目的語を直目と略しています。

○〜を通る（per）、〜に立ち寄る（da）（自動詞）essere〔直目なし〕

◆ Siamo passati per Bologna.　私たちはボローニャを通過した。
◆ Sono passato da Giovanni.　私はジョヴァンニの家に立ち寄った。
（注）per 〜 , da 〜 の部分は直接目的語ではなく、「場所の副詞」です。

○〜を越える、〜を手渡す、過ごす（他動詞）avere　［直目あり］
- ◆ **Ho passato** un anno a Parigi.　私は一年をパリで過ごした。

（注）trascorrere は「(時が)過ぎる」（自動詞の場合）、「(時を)過ごす」（他動詞の場合）という意味で、passare の意味とすべて重なるわけではありません。

< **cambiare** >
○変わる、変化する（自動詞）essere　［直目なし］
- ◆ La stagione **è cambiata**.　季節が変わった。

○(他のものと)取り替える、変える（他動詞）avere　［直目あり］
- ◆ **Ho cambiato** la batteria del cellulare.
  私は携帯電話のバッテリーを交換した。

②自動詞、他動詞どちらの場合も助動詞 avere をとる動詞（parlare など）
- ◆ **Ho parlato** con Mario di economia.（自動詞）［直目なし］
  私はマーリオと経済について話した。
  ◁ di economia (「経済について(関して)」という意味です) は直接目的語ではありません。

- ◆ Tatiana **ha parlato** qualche volta giapponese.（他動詞）［直目あり］
  タティアーナは時々日本語を話した。
  ◁「日本語」という表現は il giapponese と定冠詞付きでもかまいません。

🎧 1 → 30

4 補助動詞の直説法近過去

(1) 補助動詞の直説法近過去の作り方

> 助動詞 avere または essere の直説法現在 + 補助動詞の過去分詞 + 不定詞

助動詞 avere をとるか essere をとるかは、補助動詞(potere, dovere, volere, sapere)の後の主たる動詞(不定詞)が近過去を作るときにどちらをとるかで決まります。

助動詞が essere の場合、過去分詞の語尾は主語の性・数に一致します。

◆ Non **ho potuto** mangiare per il mal di stomaco.
   私は腹痛のために食べられなかった。
   ◀ mangiare は近過去の場合、助動詞 avere をとります。(Non ho mangiato...)

◆ **Siamo voluti andare** alle terme insieme a te.
   私たちは君と一緒に温泉へ行きたかった。(そして実際に行った)
   ◀ terme (f.) は複数形です。常にこの形で用います。 (→ 4 章 3.10) [p121]
   ◀ andare は近過去の場合、助動詞 essere をとります。(Siamo andati...)

   (注) しかし、この原則にしたがって、本来、助動詞 essere をとるべき場合であるにもかかわらず、話し言葉においても書き言葉においても avere を用いる事例がときに見受けられます。このような形式は、主たる動詞(不定詞)の内容よりむしろ、補助動詞の持つ義務性(dovere)、可能性(potere)、意欲(volere)を強調したい場合に用いられます。とりわけ volere の場合、意欲を強調したいときに avere を使うとそれがはっきりと表現できます。一方で、強調ということと無関係に、語調や音の流れのよさから avere を用いるイタリア人が多いのも事実です。

   本来、Siamo voluti tornare a casa. とすべきところ、
   Abbiamo voluto tornare a casa. 「私たちは(どうしても)家に帰りたかった」
   とするようなケースです。
   とはいえ、文法を学習する上では、冒頭の原則があることを覚えておいてください。

なお、補助動詞の複合時制(**tempo composto**)（直説法大過去(→ 5 章 [p122])、直説法先立過去(→ 7 章 [p130])、直説法先立未来(→ 8 章 3. [p134])、条件法過去(→ 16 章 [p206])、接続法過去(→ 17 章 3. [p214])、接続法大過去(→ 18 章 2. [p235]))はすべてこの直説法近過去のパターンに準じます。

◀ 複合時制とは、助動詞 avere または essere の変化形＋過去分詞で形成される時制をいいます。

(2) 目的語人称代名詞・代名小詞の位置

《目的語人称代名詞》や《場所を表す ci などの代名小詞》(→ 11 章 [p159])は、不定詞の後ろに付けるか、または助動詞の前に置きます。

- ◆ Ho voluto dar<u>ti</u> questo libro.　＝ <u>Ti</u> ho voluto dare questo libro.
  私はこの本を君にあげたかった。

- ◆ Ho voluto dar<u>lo</u> a te.　＝ <u>L'</u>ho voluto dare a te.（L' ＝ lo）
  私はそれを君にあげたかった。

- ◆ Ho voluto dar<u>telo</u>.　＝ <u>Te l'</u>ho voluto dare.（l' ＝ lo）
  私はそれを君にあげたかった。

- ◆ Non sei dovuto andar<u>ci</u> ieri.　＝ Non <u>ci</u> sei dovuto andare ieri.
  君は昨日そこへ行くべきでなかった。　　　　　　　　　▶ ci：そこへ

5 │ 直接目的語人称代名詞と過去分詞の一致

(1) 直接目的語人称代名詞 lo, la, li, le と過去分詞の一致

　すでに述べたとおり、助動詞 avere をとる動詞の過去分詞の語尾は、通常は変化しません。しかし、助動詞 avere をとる他動詞が、直接目的語人称代名詞の 3 人称単数・複数形 lo, la, li, le をともなうときは、過去分詞の語尾を直接目的語の性・数に一致させることになります。

[lo] ◆ Ho comprato il latte.　　　　私はミルクを買いました。
　　　→ L'ho comprato.　　　　　　私はそれを買いました。（L' = lo）
　　　　　　　　　　　　　　　　　　　　　　　▶ latte (m.)：牛乳
[la] ◆ Ho visto la Signora Neri.　　私はネーリ夫人に会いました。
　　　→ L'ho vista.　　　　　　　　私は彼女に会いました。（L' = la）
[li] ◆ Ho letto i libri.　　　　　　私は本を読みました。
　　　→ Li ho letti.　　　　　　　　私はそれらを読みました。
[le] ◆ Ho preso le medicine.　　　　私は薬を飲みました。
　　　→ Le ho prese.　　　　　　　　私はそれらを飲みました。
　　　　　　　　　　　　　　　　　　　　　　　▶ medicina (f.)：薬

◀複数形に関しては省略は起きませんから li および le はそのままの形になります。

◆ Hai cancellato le prenotazioni degli alberghi?　– Sì, le ho cancellate.
　あなたはホテルの予約を取り消しましたか？　– はい、それらを取り消しました。
　　　　　　　　　　　　　　　　　　　　　　　▶ cancellare：取り消す

◆ Marco ha visitato l'acquario nuovo?　– No, non l'ha ancora visitato.
　マルコは新しい水族館を見物しましたか？　– いいえ、彼はまだそこを見物していません。　▶ visitare：見物する　acquario (m.)：水族館

◆ Avete spedito la lettera?　– Sì, l'abbiamo spedita.
　君たちは手紙を送りましたか？　– はい、私たちはそれを送りました。

- Hanno fatto i compiti di grammatica? – Sì, li hanno fatti.
  彼らは文法の宿題をしましたか？ – はい、彼らはそれらをしました。

(2) 代名小詞 ne を直接目的語として用いる場合

代名小詞 ne を直接目的語として用いるときは、過去分詞の語尾はその内容(ne が示すもの)の性・数に一致します。ne については 11 章 2.[→ p164]を参照してください。

[ne]
- Quante castagne hai mangiato?　君はいくつ栗を食べましたか？
  – Ne ho mangiate molte.　たくさん食べました。
    ◀その内容とは、この場合 molte castagne です。女性複数形ですから過去分詞は mangiate となります。
  – Ne ho mangiate quattro.　4つ食べました。
    ◀その内容とは、この場合 quattro castagne です。
  – Ne ho mangiata solo una.　1つだけ食べました。
    ◀その内容とは、この場合 una castagna です。女性単数ですから過去分詞は mangiata となります。
  – Non ne ho mangiata nessuna.　1つも食べませんでした。
    ◀その内容とは、この場合 nessuna castagna です。女性単数ですから過去分詞は mangiata となります。

この場合、ne は di castagne（栗については）というニュアンスになります。

ちなみに、全てを指すときは ne を使いません。ne は全体の中の一部分を指す場合にのみ用います。

  – Le ho mangiate tutte.　全部食べました。

参考 11 章 2.[→ p164]であらためて説明しますが、代名小詞 ne を直接目的語として用いない場合は、過去分詞の語尾は変化しません。

- Avete parlato dei nuovi piatti al cameriere?
  – No, non gliene abbiamo parlato.
  君たちは新しい料理についてウエイターに話をしましたか？

－いいえ、それについては彼と話しませんでした。

　　◀ gli = al cameriere　　ne = dei nuovi piatti です。

(3) 直接目的語人称代名詞と間接目的語人称代名詞が結合した場合

　直接目的語人称代名詞 lo, la, li, le が間接目的語人称代名詞と結合した場合も、過去分詞の語尾は直接目的語の性・数に一致します。　　（→ 2 章 6. [p87]）

- Giulia ti ha regalato una scatola di cioccolatini?
  － No, non me l'ha regalata.
  ジューリアは君にチョコレートを 1 箱プレゼントしてくれた？
  － いや、（私にそれを）プレゼントしてくれなかった。　　▶ regalare：贈る

- Hai spedito i pacchi a tua madre?　－ Sì, glieli ho spediti.
  君は小包をお母さんに送りましたか？
  － はい、（彼女にそれらを）送りました。　　　　　　　▶ spedire：送る

- Gli hai dato tante banane?　－ No, gliene ho date poche.
  君は彼にたくさんのバナナをあげたの？
  － いえ、（彼にそれらを）少しだけあげました。
  　　◀ poche は「ほとんど（あげ）ない」と訳してもかまいません。

- La polizia ti ha dato delle informazioni?　－ Sì, me ne ha date tante.
  警察は君にいくらか情報を与えてくれましたか？
  － はい、（警察は私に）たくさんくれました。
  　　◀ delle informazioni の delle は部分冠詞。

(4) 直接目的語人称代名詞が 1 人称・2 人称 mi, ti, ci, vi の場合

　直接目的語人称代名詞が 1 人称・2 人称 mi, ti, ci, vi のとき、過去分詞の語尾はその目的語の性・数に一致するのが基本(特に書き言葉の場合)ですが、必ずしも義務ではありません。一致させずに -o のままにしてもかまいません。＊

- Giorgio mi ha sgridata.　　ジョルジョは私を叱った。　◀ mi が女性の場合
  　　　　　　　　　　　　　　　　　　　　　　▶ sgridare：叱る、どなる

- Ti ho incontrata.　私はあなたに会いました。　　　　◀ ti が女性の場合
- Vi ho incontrati.　私は皆さんに会いました。◀ vi が男性だけか男女混合の場合
  ＊以上 3 つの用例は、それぞれ、Giorgio mi ha sgridato. Ti ho incontrato.
  Vi ho incontrato. としても間違いではありません。

小説などの場合、過去分詞の語尾を直接目的語の性・数に一致させてはっきり表示しておかないと、登場人物の行為が読み手にわかりにくくなるわけです。

(5) 形式的再帰動詞の近過去の場合

形式的再帰動詞の近過去の場合、助動詞は avere でなく essere をとりますが、直接目的語人称代名詞 lo, la, li, le と過去分詞の語尾の性・数が一致します。詳細は再帰動詞(→ 10 章 4. [p153])の中で説明します。

(1)から(5)であげた直接目的語人称代名詞と過去分詞の一致のルールは、直説法近過去の場合だけでなく、それ以外の複合時制の場合、すなわち、直説法大過去(→ 5 章 [p122])、直説法先立過去(→ 7 章 [p130])、直説法先立未来(→ 8 章 3. [p134])、条件法過去(→ 16 章 [p206])、接続法過去(→ 17 章 3. [p214])、接続法大過去(→ 18 章 2. [p235])すべてに共通します。

1 → 32

6　時間の長さを表す前置詞 da と per について

近過去に関連して、前置詞 da と per の違いを明確にしておきましょう。あわせて 4 章 3. 6) 7) [→ p116, 117]も参照してください。

da と per は、ともに時間の長さを表す働きを持つ前置詞という点で似ていますが、その意味、用い方は全く異なります。

(1) da（～前から、～以来、～の間）

　da は時間の起点、時間の継続を表します。行為は完結しておらず、したがって、すでに完結した行為を対象にする近過去の表現にはなじみません。この場合 da の意味は、「～前から」「～以来」あるいは「～の間」となりますが、per との区別を明確にするために、意味としては、「～前から」「～以来」を基本において考えるべきでしょう。

（→ただし 4 章 3. 7）③ da と近過去［p118］参照。また、前置詞 da の用法については 27 章 2.［p331］参照。）

◆ **Da** quanto tempo studi l'italiano?
いつ(どれほど前)からイタリア語を勉強しているのですか？
(何年間イタリア語を勉強しているのですか)

◆ Lo studio **da** due anni.　2 年前から(イタリア語を)勉強しています。
(2 年間勉強しています)

◀ Lo (それ = イタリア語) については直接目的語人称代名詞(→ 2 章 1.［p70］)参照。

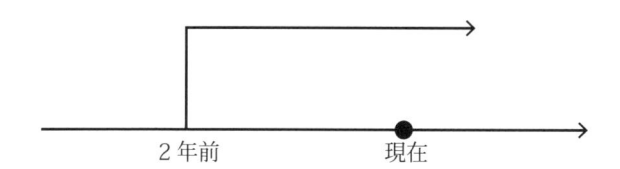

2 年前　　　現在

◆ **Da** quanto tempo siete in Giappone?
君たちはいつから日本にいるのですか？

◆ Siamo qui **da** martedì / **da** un mese.
火曜日から / 1 ヵ月前からここにいます。

(2) per（〜の間）

一方、per は期間を表しますから、近過去の表現になじみます。（→ 4 章 3. 6）[p116]参照。また、前置詞 per の用法については 27 章 8.[p339]参照。）

per は省略してもかまいませんが、入れるほうが望ましいでしょう。

- ◆ [**Per**] quanto tempo hai studiato l'italiano a scuola?
  どれくらいの間、学校でイタリア語を勉強しましたか？
- ◆ L'ho studiato [**per**] due anni.
  私はそれ（イタリア語）を 2 年間勉強しました。
  ◀今はイタリア語を勉強していないという状況です。2 年という期間は完結しています。da を使った場合との違いに注意してください。da の場合は今も継続しています。

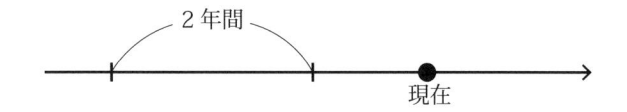

- ◆ [**Per**] quante ore lavori?　何時間働くのですか？

per は、da と同様、現在形の中でも用いられますが、da と異なり、単純に期間を表現するだけで、行為が継続しているのかどうかは問題にしていません。以下の 3 例も同じです。

- ◆ Lavoro [**per**] sette ore.　7 時間働きます。
- ◆ [**Per**] quanto (tempo) starai in Italia?
  イタリアにはどれくらいの間いる予定ですか？
  ◀ starai は stare の直説法未来形（2 人称単数形）（→ 8 章[p131]）。tempo は省略することがあります。
- ◆ Starò [**per**] un anno.　（イタリアには）1 年間いる予定です。
  ◀ starò は stare の直説法未来形（1 人称単数形）（→ 8 章[p131]）。

7 fa について

　〜fa は「(現在から見て) 〜前に」という意味です。現在を基準にしての「前」であって、過去のある時点を基準にしての「前」ではありません。後者においては、fa ではなく prima を用います。(→ 26 章 直接話法・間接話法 1. (2) [p313])
　したがって、近過去を使うケースで「〜前に」と表現する場合は必ず fa を用いることになります。近過去は現在に視点を置いているからです。

◆ Mio fratello è tornato un'ora fa.　私の弟は 1 時間前に戻ってきました。
　　　　　　　　　pochi giorni fa.　数日前に
　　　　　　　due settimane fa.　2 週間前に
　　　　　　　　　　un mese fa. ＝ il mese scorso　1 ヵ月前に
　　　　　　　　　　un anno fa. ＝ l'anno scorso　1 年前に

参考 ◆ Filippo era tornato due giorni **prima**.
　　　フィリッポは 2 日前に帰っていた。
　　　(現在ではなく過去のある時点から見ての 2 日前)
　　　◀ era tornato は直説法大過去です。(→ 5 章 [p122])

fra (= tra) と dopo の関係も同様です。
fra 〜 は「(現在から) 〜後に」という意味で、現在を基準にしての「後」であり、過去のある時点を基準にしての「後」ではありません。後者においては dopo を用います。
fra を用いた例については 27 章 9. [→ p341] を参照してください。

CAPITOLO 4 直説法半過去 (imperfetto)

|1| 直説法半過去の概念

　半過去は、過去における継続中の行為や状態、反復的な行為や状態、過去の回想を表します。その当時に視点をおいて時間的にその境界が曖昧な行為・状態を述べる場合に用います。一方、近過去は、すでに完了した過去の行為や状態を現在に視点をおいて述べる場合に用いられます。現在の視点から過去を眺めるので、時間的に幅のある事柄であっても、それを一時の出来事ととらえることになります。

　このように半過去と近過去では時間の概念が異なりますから、両者には時間的な前後関係というものは存在しません。

　「半」過去という言葉は、行為や状態がまだ完了していない、終わっていないので「不完全な」過去である、ということに由来しています。実際、イタリア語では半過去のことを imperfetto (「不完全な」あるいは「未完了の」時制) といいます。

|2| 直説法半過去の活用形

　直説法半過去の活用はかなり規則的です。
　基本となる avere, essere の活用は覚える必要がありますが、それ以外は、不定詞(原形)の語尾 -re の部分を、順に -vo, -vi, -va, -vamo, -vate, -vano と変化

させるだけです。

　ただし、fare, dire, bere については、古く用いられていた *facere, dicere, bevere* をそれぞれの原形と考えた上で、他の動詞と同様に変化させます。

avere	essere
avevo	ero
avevi	eri
aveva	era
avevamo	eravamo
avevate	eravate
avevano	erano

parlare	leggere	sentire	capire
parlavo	leggevo	sentivo	capivo
parlavi	leggevi	sentivi	capivi
parlava	leggeva	sentiva	capiva
parlavamo	leggevamo	sentivamo	capivamo
parlavate	leggevate	sentivate	capivate
parlavano	leggevano	sentivano	capivano

fare (< facere)	dire (< dicere)	bere (< bevere)
facevo	dicevo	bevevo
facevi	dicevi	bevevi
faceva	diceva	beveva
facevamo	dicevamo	bevevamo
facevate	dicevate	bevevate
facevano	dicevano	bevevano

trarre	porre	condurre
traevo	ponevo	conducevo
traevi	ponevi	conducevi
traeva	poneva	conduceva
traevamo	ponevamo	conducevamo
traevate	ponevate	conducevate
traevano	ponevano	conducevano

◎ 1 → 33

3 | 直説法半過去の用法

直説法半過去の使い方を項目に分けて説明しましょう。

1) 過去のある期間における継続的な行為・状態を表します。
   ここにいう継続的な期間とは始まりと終わりの境界のはっきりしない不特定な期間をいいます。

   ◆ In quel periodo Laura **studiava** in Cina.
     その頃ラウラは中国で勉強していた。
   ◆ Quando ero piccolo, non c'**era** il bagno a casa mia.
     私が子どもの頃、家にお風呂がなかった。
   ◆ Dieci anni fa **avevo** un cane.　10年前、私は犬を1匹飼っていた。

   しかし時間の幅、期限がはっきりしている場合には、半過去を使うことはできません。「不完全な」(「未了の」)過去とはいえないからです。(→ ただし後述3)＜ケース2＞[p114])

   ◆ Ieri ho lavorato fino alle undici.　昨日は11時まで仕事をした。
   ◆ Oggi ho lavorato dalle nove (fino) alle diciannove.
     今日は9時から19時まで働いた。

- **Ho ascoltato** la radio per mezz'ora.　私は30分間ラジオを聴いた。

  ▶ ascoltare：聴く

- In un solo anno quel pittore **ha dipinto** più di cento ritratti.
  あの画家はたった1年で100枚以上もの肖像画を描いた。

  ▶ pittore (m.)：画家　dipinto < dipingere：描く　ritratto (m.)：肖像画

2) 過去における同時並行的な行為・状態を表します。

```
行為A ━━━━━━━━━━━━━━━━━━━━━━━▶
              同時並行
行為B ━━━━━━━━━━━━━━━━━━━━━━━▶
```

      　　＜行為A＞　　　　　　　　＜行為B＞
- Mentre (Quando) **leggevo** la rivista, mio fratello **giocava** ai videogiochi.
  私が雑誌を読んでいる間（とき）、弟はテレビゲームをしていた。

  ◀ Mentre の代わりに Quando を用いることもできます。

- Mentre **ascoltavo** della musica, **parlavo** con Andrea.
  私は音楽を聴きながらアンドレーアと話をしていた。　◀ della は部分冠詞。

次の表現形式は半過去にはなじまず、近過去を用います。

- Prima **ho ascoltato** della musica, e poi **ho parlato** con Alessandro.
  私はまず音楽を聴き、その後アレッサンドロと話をした。

3) 過去における反復的・習慣的な行為・状態、過去の回想を表します。

- Ogni sera mio padre **tornava** tardi.
  父は毎晩遅くに帰宅していた。

- In passato mio marito **andava** a pescare spesso.
  昔、夫は頻繁に釣りに出かけていた。

- Da piccola Giulia **piangeva** spesso.
  ジューリアは子どもの頃、よく泣いていた。

◆ D'estate Giuliano **andava** in vacanza in Svizzera.
　夏になると、ジュリアーノはスイスへバカンスに出かけていた。

◀ in estate も OK（→★2 ［p51］）。

　同じことをいうのでも、半過去を使った場合と近過去を使った場合でニュアンスが変わります。

＜ケース１＞

◆ L'anno scorso Luigi **studiava** in biblioteca tutti i venerdì.
　去年ルイージは、毎金曜日、図書館で勉強していた。

◆ L'anno scorso Luigi **ha studiato** in biblioteca tutti i venerdì.
　去年ルイージは、毎金曜日、図書館で勉強した。

　半過去 studiava を使うと習慣的であることが強調されます。また、懐かしく思う感情を表すことができます。一方、近過去 ha studiato を用いると、過去のこうした事実が客観的に表現されるだけ、ということになります。例として２つを対比させてはみましたが、このようなケースで後者のように近過去を用いることはあまり多くはありません。

＜ケース２＞

◆ Ogni mattina mio nonno **faceva** una passeggiata dalle sei alle otto.
　私の祖父は毎朝６時から８時まで散歩していたものだ。

➡ passeggiata（f.）：散歩

◆ Ogni mattina mio nonno **ha fatto** una passeggiata dalle sei alle otto.
　私の祖父は毎朝６時から８時まで散歩した。

　《da ～ a ～》という期間を限定する語に着目すると、先に述べた原則にしたがって近過去を使った文にすべきところですが、その期間内の行動の習慣性を強調する場合には、前者の例のように半過去 faceva を用いることになります。

　一方、後者は、「散歩が６時から８時まで決められた時間になされた」点にウエイトをかけ、習慣性を強調していません。

4) 過去の特定時点での状態、継続的動作を表します。

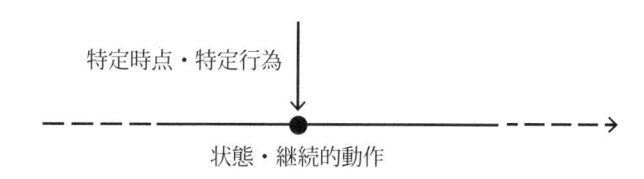

```
           特定時点・特定行為
                ↓
- - - - - - - - ● - - - - - - - →
           状態・継続的動作
```

- ◆ Quando sono uscito di casa, il cielo **era** sereno.
  私が家を出たとき、空は晴れていた。　　　　⇨ uscire di casa：外出する
- ◆ Quando ho telefonato a Romano, **faceva** la doccia.
  私がロマーノに電話したとき、彼はシャワーを浴びていた。
  ◁ 22 章 2. (1) 1)［→ p276］で説明しますが、このケースでは faceva la doccia よりも stava facendo la doccia（「シャワーを浴びているところだった」という ニュアンスになります）のほうが表現としては適切です。
- ◆ Ieri alle sette **scrivevo** una lettera.
  昨日の 7 時、私は手紙を書いていた。

以下の 3 例は、ある状態、継続的動作の中で特定行為が発生したケース です。ここにもやはり上の図があてはまります。

- ◆ Mentre **aspettavo** Silvio, ho fumato tre sigarette.
  シルヴィオを待っている間、私は 3 本タバコを吸った。
  ◁ 近過去を使うことで、3 本吸った行為全体がひとくくりで表現されます。
  　　　　　　　　　　　　　　　　　　　⇨ sigaretta（f.）：タバコ
- ◆ Proprio mentre **leggevo** il libro, è arrivata Sandra.
  私が本を読んでいたちょうどそのとき、サンドラが来た。
- ◆ Mentre mia madre **andava** al supermercato, ha incontrato una sua amica.
  母は、スーパーに行く途中、友人のひとりに出会った。

5) 人の身体的・精神的状態を描写する場合は半過去を使うのが一般的です。
- ◆ Da giovane Haruka **aveva** i capelli tinti di biondo.
  若い頃、はるかは髪の毛を金髪に染めていた。
  　　　　　　　　　　　⇨ capello（m.）：髪の毛　tinto：染められた

- ◆ In quel periodo Stefano **era** stanco della sua famiglia.
  その頃、ステーファノは家族にうんざりしていた。　　■▶ stanco：疲れた
- ◆ **Portavo** gli occhiali solo durante le lezioni.
  私は授業中だけメガネをかけていた。　　■▶ occhiali (m. pl.)：メガネ

以下の 6) 7) 8) では、近過去、半過去で用いる「時」に関する語句について説明します。

◎ 1 → 34

6) **近過去で用いる「時」に関する語句**として次のものがあげられます。

　① da... a 〜「…から〜まで」（→ ただし 3) <ケース 2 >［p114］）
　　◆ **Siamo stati** in Germania da settembre a dicembre.
　　　私たちは 9 月から 12 月までドイツにいた。
　　　　◀ この da は時間の起点を、a は終点を表し「…から〜まで」の意味になります。（→ 27 章 2. 5)［p332］）

　② fino a... 「…まで」
　　◆ Irene **ha parlato** al telefonino con il suo ragazzo fino a tarda notte.
　　　イレーネは夜遅くまで彼氏と携帯電話でしゃべった。

　③ tutto il giorno (il mese, l'anno) 「1 日（ひと月、1 年）中」
　　◆ Ieri non **ho fatto** quasi niente tutto il giorno.
　　　昨日は 1 日中ほとんど何もしなかった。

　④ per un anno (un mese, una settimana)
　　「1 年（1 ヵ月、1 週間）の間」（→ 3 章 6. (2)［p108］）
　　◆ Lucia **ha lavorato** per un anno in un ristorante francese.
　　　ルチーアは 1 年間フランスのレストランで働いた。
　　　　◀ per は単純に期間を表しています。

⑤ **molte volte** 「何度も」

- In quel periodo **sono andato** al cinema molte volte con mia moglie.
  あの頃私は妻と何度も映画を観に行った。

⑥ **in** 「～の間に」

- Il primo ministro **ha fatto** molte riforme economiche in breve tempo.
  首相は短期間に多くの経済改革を行った。　　　➡ breve：(時間が)短い

7) 半過去で用いる「時」に関する語句として次のものがあげられます。

① **mentre** 「～する間」

- Mentre **guardavo** la tv, facevo i compiti.
  私はテレビを見ながら宿題をしていた。

② **a quest'ora**（**a quell'ora**）「この(その)時刻に」

- L'altro ieri a quest'ora lui **era** già fuori.
  おとといのこの時間、彼はすでに外出していた。　　➡ l'altro ieri：おととい

③ **da ～ anni**（**mesi, settimane, giorni**）
  「～年(～ヵ月、～週間、～日)前から」（→ 3章6.(1)［p107］）

- Quando sono andato in Italia per la prima volta, **studiavo** già l'italiano da due anni.
  私が初めてイタリアに行ったとき、すでにその2年前から(2年間)イタリア語を勉強していた。

    ◀この da は時間の起点、時間の継続を表す da です。（→ 27章2.4）［p332］）

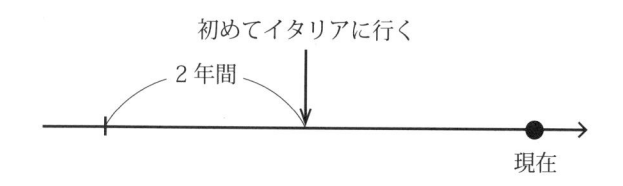

```
            初めてイタリアに行く
      2年間      ↓
   ├─────────┼──────────●────→
                        現在
```

- **Sedevo** al bar da due ore, quando è entrato Francesco.
  私がバールで2時間前から座っていたそのとき、フランチェスコが入って来た。

● da と近過去

　時間の起点、時間の継続を表す da は、通常、現在形（→ 3 章 6. (1)〔p107〕）、半過去形の文で用い、近過去形で用いることはありませんが、次のように近過去形と組み合わさることもあります。

◆ Le vacanze estive **sono finite** da pochi giorni.
　ほんの数日前に夏休みが終わった。（夏休みが終わって数日しか経っていない）

　　◁この表現は、終わったことが現在に至るまで継続している場合のみ使えます。したがって、「夏休みが終わって数日経つ」という訳も可能になるわけです。

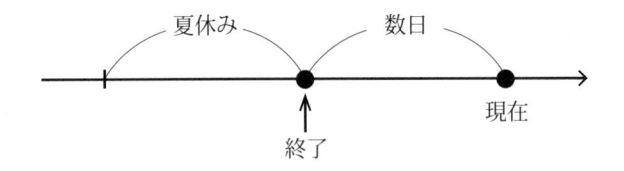

◆ Mia nonna **è morta** da un anno.
　祖母は 1 年前に亡くなった。（祖母が亡くなって 1 年になる）
　　◁亡くなった状態が現在も続いています。

◆ **Ho finito** di studiare l'italiano da due anni.
　私はイタリア語の勉強を 2 年前に終えた。
　（私はイタリア語の勉強を終えて 2 年経つ）

　　◁このケースにおいても、勉強し終えた状態が現在まで継続していることが da によって表されるわけです。ただ、「私はイタリア語の勉強を終えて 2 年になる」という内容をより明確に表現するには、È da due anni che ho finito di studiare l'italiano. と「強調構文」を使うのがベストでしょう。（→ ★ 21〔p295〕）

　　（注）*Ho studiato l'italiano da due settimane.* はいえません。
　　「勉強し終えた」という事実は継続しますが、「勉強した」ということはその時点で完結しており、da の表現にはなじまないからです。

④ **sempre, spesso**　「いつも、しばしば」
- ◆ Quando Mattia era giovane, **andava** sempre in un jazz bar.
  マッティーアは若い頃、いつもジャズバーに通っていた。
  - ◁ Mattia は男子の名前です。
- ◆ Da bambina Angelica **dormiva** spesso con sua nonna.
  アンジェリカは子どもの頃、よく祖母と寝ていた。

(注) sempre, spesso は近過去で使うこともありますが、頻度は少ないです。

⑤ **di solito**　「ふだん」
- ◆ Di solito **facevo** colazione con un cappuccino leggendo il giornale.
  私はふだん、新聞を読みながらカプチーノで朝食をとっていた。
  - ◁ leggendo については 22 章　ジェルンディオ［→ p274］を参照してください。
  - ➡ fare colazione：朝食をとる

8) 半過去、近過去のいずれにおいても用いられる語句

① **mai**　「一度も（決して）」
- ◆ Non **ho** mai **preso** l'aereo.
  私は一度も飛行機に乗ったことがない。（→ 3 章 3.(4)［p98］）
- ◆ In quel periodo non **bevevo** mai tanto vino.
  あの頃私はワインを多く飲むことは決してなかった。

② **tutti i giorni (i mesi, gli anni), tutte le volte**「毎日（毎月、毎年）、毎回」
- ◆ Il mese scorso Lucio **ha fatto** jogging tutti i giorni.
  先月ルーチョは毎日ジョギングをした。
- ◆ In quel periodo, per tenersi in forma mio padre **andava** in ufficio tutti i giorni a piedi.
  あの頃、父は健康のため毎日徒歩で出勤していた。
  - ◁ tutti i giorni（毎日）と tutto il giorno（1 日中）を混同しないように気をつけてください。
  - ➡ tenersi in forma：健康を保つ（tenersi は再帰動詞（→ 10 章［p144］））

③ quando 「〜したとき」

- Quando sono uscita di casa, **ha cominciato** a piovere.
  私が家を出ると、そのとき雨が降り出した。
- Quando Camilla giocava a tennis, **metteva** la crema protettiva sul viso.
  カミッラはテニスをするとき、顔に日焼け止めクリームを塗っていた。

➡ viso (m.)：顔、顔つき

④ ogni volta che 「〜するたびに」

- Ogni volta che sono andato in Italia, **ho comprato** una bottiglia di grappa.
  私はイタリアに行くたびにグラッパを 1 本買ってきた。
- Quando abitavo in Italia, ogni volta che tornavo a casa, **bevevo** il caffè.
  私はイタリアに住んでいたとき、家に帰るといつもコーヒーを飲んでいた。

[参考] 日本人の感覚からすると、ieri などは 24 時間明確に区切られた時間と考えることができるので、ieri と半過去はセットで使えないのではないかとの疑問も生じますが、近過去、半過去どちらも使えます。

- Ieri **ha piovuto**.　昨日は雨が降った。
- Ieri **ha piovuto** tutto il giorno.　昨日は 1 日中雨が降った。
- Ieri pomeriggio **ha piovuto**.　昨日の午後に雨が降った。

  ◀以上の3例は、いずれも「今日」「今」の観点から昨日を振り返っています。単なる事実の表現です。

- Ieri **pioveva**.　昨日は雨が降っていた。
- Ieri **nevicava**, ma oggi c'è il sole.
  昨日は雪が降っていたが、今日は太陽が出ている。
- Ieri **pioveva**, ma oggi nevica.　昨日は雨が降っていたが、今日は雪だ。

  ◀以上の3例は、自分自身を「昨日」の状態に置いて回想しています。状態の表現です。

9) 話し言葉に限定されますが、現在の行為を婉曲に表現するために半過去を用いることがあります。

- ◆ **Volevo** chiederti un favore.　君にひとつ頼みがあるんだけれど。

　これは後述する条件法現在（→ 15 章［p199］）を用いた Vorrei chiederti delle cose. と同じ意味になります。

10) 補助動詞の半過去を用いる場合、前後の文脈が不明確だとその行為が実現したのかどうかはっきりしないことになります。
例えば次の文です。

- ◆ Ieri **dovevo** telefonare a Roberta.
　昨日私はロベルタに電話をしなければならなかった。
　◀「するはずだった」「することになっていた」「するつもりだった」でも OK。

　この文脈だけでは、「私」が結局、「ロベルタに電話」したのか（①）、「ロベルタに電話」しなかったのか（②）、明らかではありません。
　補助動詞の半過去を用いる場合、具体的な文が補足されないと、
　① 最終的に実現した　　② 結局は実現しなかった
の 2 通りの場面が想定されてしまうわけです。
したがって、意味を明確にするために、①の場合であれば、
　Ieri dovevo telefonare a Roberta, quindi le ho telefonato verso le otto.
　（だから、8 時頃彼女に電話した）のような文を補うべきことになります。
また②の場合であれば、
　Ieri dovevo telefonare a Roberta, ma non ho potuto.
　（が、彼女に電話できなかった）のような文の補足が必要になるでしょう。
　（→ 16 章 条件法過去［p206］）

　一方、このケースで近過去を使うと、行為はそのとおり完了したことになります。

- ◆ Ieri **ho dovuto** telefonare a Roberta.
　昨日私はロベルタに電話しなければならなかった。（そして電話した）

CAPITOLO 5 直説法大過去 (trapassato prossimo)

🔊 1 → 35

　過去のある行為・状態(直説法近過去、直説法半過去、直説法遠過去(→ 6 章 [p125])のどれでもよい)よりもさらに前に起こった行為・状態を表す場合、直説法大過去を用います。

[作り方]

> 助動詞 avere または essere の 直説法半過去 ＋ 過去分詞

[活用]

comprare		andare	
avevo	comprato	ero	andato (a)
avevi	comprato	eri	andato (a)
aveva	comprato	era	andato (a)
avevamo	comprato	eravamo	andati (e)
avevate	comprato	eravate	andati (e)
avevano	comprato	erano	andati (e)

avere, essere の区別は近過去の場合と同じです。

参考までに再帰動詞の直説法大過去の活用もあげておきます。

(→ 10章 再帰動詞［p144］)

alzarsi　起きる
mi ero alzato (a)
ti eri alzato (a)
si era alzato (a)
ci eravamo alzati (e)
vi eravate alzati (e)
si erano alzati (e)

◆ Quando sono arrivato alla stazione, il rapido **era** già **partito**.
　私が駅に着いたときには特急列車はすでに出発してしまっていた。

　　　　　　大過去　　　　　　　過去
　　→　＜特急出発＞　→　＜私が駅到着＞　→　＜現在＞

◆ Ieri alle otto, **eravamo** già **tornati** a casa.
　昨日、私たちは8時にはすでに帰宅していた。
　　◀帰宅したのは、昨日の8時という過去の時点よりもさらに前なので大過去を用います。

　　　　　大過去　　　　　　　過去
　　→　＜我々が帰宅＞　→　＜昨日の8時＞　→　＜現在＞

参考　◆ Ieri alle otto, **siamo tornati** a casa.
　　　昨日、私たちは8時に帰宅した。
　　　　◀近過去による表現を大過去の場合と比較してみてください。

◆ Prima di viaggiare in Giappone **avevi** già **letto** dei romanzi di Yukio Mishima?
　君は日本を旅行する前に、すでに三島由紀夫の小説を何冊か読んでいましたか？

➡ prima di ＋不定詞：〜する前に

123

◀ 出発はすでに終わっている(あるいはもう帰国している)という状況下での会話です。以上の3例に見るように、大過去では多くの場合、副詞 già「すでに」を併用します。

     大過去   過去
→ ＜小説を読み終える＞ → ＜日本旅行＞ → ＜現在＞

◆ Abbiamo venduto la macchina che Giovanni **aveva comprato** due anni fa.
私たちはジョヴァンニが2年前に買った車を売りました。
  ◀ この文は、たとえばジョヴァンニの妻が話していると考えてください。
   che は関係代名詞です。(→ 13 章 関係代名詞［p187］)

    大過去   過去
→ ＜車を買った＞ → ＜車を売った＞ → ＜現在＞

◆ Dopo che **avevo finito** di mangiare il secondo, ho ordinato anche il dolce.
私はセコンドピアット(ふた皿目の料理)を食べ終えた後にデザートまで注文した。   ■▶ dopo che 〜：〜した後で

    大過去   過去
→ ＜セコンドピアット完食＞ → ＜デザート注文＞ → ＜現在＞

◆ Erano molto stanchi perché **avevano camminato** tutto il giorno.
彼らは1日中歩いたのでとても疲れていた。 ■▶ perché：なぜならば
  ◀ 歩いた結果、その後に疲れが出たということです。

◆ Non volevo ascoltare il cd che Chiara mi **aveva prestato**.
私はキアーラが貸してくれたCDを聴きたくなかった。
  ◀ che は関係代名詞です。(→ 13 章 関係代名詞［p187］)

◆ Non **avevo** mai **visto** il Colosseo.
私は一度もコロッセーオを見たことがなかった。
  ◀ Colosseo はローマの円形競技場の遺跡です。

このコメントをしている時点では「私」はすでにコロッセーオを見ていますので、大過去を用います。その時点でもまだ見ていなければ近過去になります。

  ◆ Non ho mai visto il Colosseo.
   私は一度もコロッセーオを見たことがない。(→ 3 章 3.(4)［p98］)

CAPITOLO 6 直説法遠過去 (passato remoto)

|1| 直説法遠過去の概念

　直説法遠過去は、直説法近過去と同様、過去に「完了」した事柄を述べる時制です。しかし、近過去を使うと、その結果が現在と何らかのかかわりを持つのに対し、遠過去においては、その結果は現在とかかわりを持ちません。遠過去はその結果から距離を置いて客観的に述べる場合に用いるからです。
　話し言葉では遠過去よりも近過去を使う傾向にあります。

|2| 直説法遠過去の活用形

　遠過去の活用は少しばかり複雑です。不規則変化するものが多く、覚える以外方法はありませんが、いくつかのパターンがあり、登場する動詞がどのパターンにあてはまるかはおよそ推測できるはずです。

(1) 規則変化および avere, essere の活用形

guardare	temere	sentire	avere	essere
guardai	temei (-etti)	sentii	ebbi	fui
guardasti	temesti	sentisti	avesti	fosti
guardò	temé (-ette)	sentì	ebbe	fu
guardammo	tememmo	sentimmo	avemmo	fummo
guardaste	temeste	sentiste	aveste	foste
guardarono	temerono (-ettero)	sentirono	ebbero	furono

125

◀ たとえば andare も遠過去になると規則変化となり、guardare と同様 -are 動詞としての変化をします。and**ai**, and**asti**, and**ò**...
avere は次項 (2) 1) のパターンで変化します。
essere は全く不規則な変化をします。

(2) 不規則変化

1） 1 人称単数および 3 人称単数・複数形の 3 つの形のみが不規則に変化するもの。
　　過去分詞と同様（→ 3 章 3. (1) [p90]）、圧倒的に -ere 動詞に多い不規則形です。

chiedere	correre	conoscere	leggere	mettere	nascere
chiesi	**corsi**	**conobbi**	**lessi**	**misi**	**nacqui**
chiedesti	corresti	conoscesti	leggesti	mettesti	nascesti
chiese	corse	conobbe	lesse	mise	nacque
chiedemmo	corremmo	conoscemmo	leggemmo	mettemmo	nascemmo
chiedeste	correste	conosceste	leggeste	metteste	nasceste
chiesero	corsero	conobbero	lessero	misero	nacquero

sapere	scrivere	tenere	vedere	venire	volere
seppi	**scrissi**	**tenni**	**vidi**	**venni**	**volli**
sapesti	scrivesti	tenesti	vedesti	venisti	volesti
seppe	scrisse	tenne	vide	venne	volle
sapemmo	scrivemmo	tenemmo	vedemmo	venimmo	volemmo
sapeste	scriveste	teneste	vedeste	veniste	voleste
seppero	scrissero	tennero	videro	vennero	vollero

◀ 2 人称単数形、1 人称複数形、2 人称複数形の語尾は、ほぼ (1) の規則変化と同じ活用をしています。
それ以外の活用形も、1 人称単数形を覚えると、あとはそれほどむずかしくはありません。
1 人称単数形の語尾が -i、3 人称単数形の語尾が -e、3 人称複数形の語尾が -ero となるのはすべての動詞に共通です。

(3) 全人称とも不規則に変化するもの

dare	dire	fare	stare
diedi (detti)	dissi	feci	stetti
desti	dicesti	facesti	stesti
diede (dette)	disse	fece	stette
demmo	dicemmo	facemmo	stemmo
deste	diceste	faceste	steste
diedero (dettero)	dissero	fecero	stettero

bere	trarre	porre	condurre
bevvi (bevetti)	trassi	posi	condussi
bevesti	traesti	ponesti	conducesti
bevve (bevette)	trasse	pose	condusse
bevemmo	traemmo	ponemmo	conducemmo
beveste	traeste	poneste	conduceste
bevvero (bevettero)	trassero	posero	condussero

◀ dare, bere のように、1人称単数、3人称単数・複数にそれぞれ2通りの活用形を持つ動詞があることに注意してください。

全人称とも不規則に変化するとはいっても、語尾を《1人称単数、3人称単数、3人称複数形》と《2人称単数、1人称複数、2人称複数形》の2つのグループに分けて考えると規則性は見いだせます。dire, fare, bere については、その古い形 *dicere, facere, bevere* を原形と考えればわかりやすいでしょう。

3 直説法遠過去の用法

1) 現在（発言の時点）と切り離された過去に完了した行為・状態を表します。

歴史的な事実の叙述などに多く用いられ、また、文学作品はもちろん、絵本、新聞雑誌にも頻繁に登場します。史跡などの観光ガイドの中でそれにまつわる歴史を語る場合、遠過去の使用は不可欠です。

なお、日常の話し言葉における遠過去の使用には、地域による差異が認められます。

◆ Gli arabi **portarono** il riso dall'Oriente in Italia.
アラビア人が米を東洋からイタリアにもたらした。　　　　riso (m.)：米

◆ Cristoforo Colombo **nacque** a Genova nel 1451, e **arrivò** in America nel 1492.
クリストファー・コロンブスは、1451年にジェノヴァで生まれ、1492年にアメリカに上陸した。　　　　arrivò < arrivare

◆ Vent' anni fa **scrissi** il mio primo libro.
20年前、私は自身最初の本を執筆した。

（注）かなり昔の内容であっても、それが今現在においても関係を有するような場合は、遠過去ではなく近過去を用います。（→3章1.[p89]）
たとえば、京都の清水寺にある「清水の舞台」。「清水の舞台から飛び降りる覚悟で」という言葉はここから生まれたのですが、江戸時代、「清水の舞台から飛び降りて命を失わなければその人の願いが叶う」という民間信仰が流行りました。実際、かなりの人がこの教えを信じて命をかけたという史料が残っています。皆さんが実際に清水の舞台に立ってその下を見ているときに現地のガイドさんからその話を直接聞いたとしたら、次の文の「飛び降りた」という部分の訳は、本来ならずっと昔の出来事ですが、現場を見ている私たちにはその当時が近い過去に感じられますから、近過去を使うべきことになります。

◆ Nel 17°e 18°secolo, in 150 anni, 234 persone si sono buttate da questa terrazza. A quel tempo c'era una strana credenza popolare. Secondo quella credenza,...
17、8世紀の150年の間に、234人もの人がこの舞台から飛び降りました。当時は奇妙な民間信仰があったのです。その信仰によると、云々。

　　　　buttarsi：身を投げる（→10章 再帰動詞[p144]）

2) 物語や小説の中で、状況や人物の描写は半過去で表しますが、起こった事柄や人物の動作・行為は遠過去で表します。

◆ Goethe **si fermò** a Firenze per appena 3 ore, e a Roma, nella Cappella Sistina, si annoiava e **si addormentò**.
ゲーテは、フィレンツェにわずか3時間しか滞在せず、そしてローマのシスティーナ礼拝堂では退屈して眠ってしまった。

◀「滞在した(si fermò)」「眠った(si addormentò)」は登場人物ゲーテの行為で遠過去、「退屈していた(si annoiava)」はゲーテの人物描写で半過去になります。

◆ C'era una volta un uccellino di nome Martino. Un bel giorno Martino **volò** sulla torre del villaggio, ma aveva tanta fame, quindi **scese** per cercare del cibo.
昔々あるところにマルティーノという名の小鳥がいました。ある日、マルティーノは村の搭の上に飛び移りましたが、とてもお腹が空いていたので、エサを探しに下に下りました。　　　　➡ volò < volare：飛ぶ

◀「いました(era)」「お腹が空いていた(aveva tanta fame)」は、物語が始まった時点でのマルティーノという小鳥の状態の描写で半過去、「飛び移った(volò su)」「下りた(scese)」はマルティーノの行為で遠過去になります。

CAPITOLO 7 | 直説法先立過去 (trapassato remoto)

🎧 1 → 37

　直説法遠過去で表現された事柄の直前に起こった行為・状態を表す場合、直説法先立過去を用います。しかし、遠過去そのものの使用範囲が限られていることもあり、特に口語においては、実際に使われることはまれです。「直前」に起こったことを表現する appena「〜するやいなや」、quando「〜したとき」、dopo che「〜した後で」などの接続詞に導かれる従属節の中で用います。

[作り方]

> 助動詞 avere または essere の 遠過去 ＋ 過去分詞

◆ Appena Matteo **ebbe appreso** le novità dal capo, corse a raccontarle ai colleghi.
マッテーオは上司から新情報を得るやいなや、急いでそれを同僚たちに話し聞かせた。

◀ appena のほか、dopo che (した後)、quando (したとき)を用いることもできます。
　➡ apprendere：習得する、聞き知る　　capo (m.)：上司
　　 correre a 〜：急いで〜する、〜するために急いで向かう

(注) poiché (〜なので)、siccome (〜なので)、perché (〜なので)など原因・理由を表す接続詞に導かれる従属節の中では、「新情報キャッチ」と「話し聞かせ」の間隔が近接していても、大過去を用い、先立過去は用いません。

◆ Siccome Matteo aveva appreso le novità dal capo, corse a raccontarle ai colleghi.
マッテーオは上司から新情報を得たので、急いでそれを同僚たちに話し聞かせた。

CAPITOLO 8 直説法未来(futuro)・直説法先立未来(futuro anteriore)

| 1 | 直説法未来の活用形

　直説法未来では、動詞の語尾が -rò, -rai, -rà, -remo, -rete, -ranno と変化します。

　特徴としては、すべての活用形に r が入ること、1 人称単数形と 3 人称単数形は最後の母音にアクセントがあること、不規則活用においても -rò, -rai, -rà, -remo, -rete, -ranno の部分がすべての動詞に共通であり覚えやすいということです。

> [参考] 後述の条件法現在(→ 15 章［p199］)では、語尾が -rei, -resti, -rebbe, -remmo, -reste, -rebbero と変化します。1 人称複数形が未来形と非常に似ていますので注意が必要です。

　イタリア語の活用は種類が多くて覚えるのがたいへんそうに見えますが、どの部分が変化してどの部分がそのままか、「時制」や「法」が異なっても変化の仕方などに共通性がないかなどを比較するうちに、法則性が見つかって、覚えるのにそれほど苦労は要しません。

amare	temere	partire	finire
amerò	temerò	partirò	finirò
amerai	temerai	partirai	finirai
amerà	temerà	partirà	finirà
ameremo	temeremo	partiremo	finiremo
amerete	temerete	partirete	finirete
ameranno	temeranno	partiranno	finiranno

avere ①	essere
avrò	sarò
avrai	sarai
avrà	sarà
avremo	saremo
avrete	sarete
avranno	saranno

potere ①	dovere ①	stare ②	andare ①	venire ③
potrò	dovrò	starò	andrò	verrò
potrai	dovrai	starai	andrai	verrai
potrà	dovrà	starà	andrà	verrà
potremo	dovremo	staremo	andremo	verremo
potrete	dovrete	starete	andrete	verrete
potranno	dovranno	staranno	andranno	verranno

不規則動詞はおよそ次の 3 タイプに類型化できます。

① 母音 e が落ちる動詞

avere → avrò　　andare → andrò　　cadere → cadrò

compiere（成し遂げる）→ compirò　　sapere → saprò

vedere → vedrò　　vivere → vivrò

② 母音 a が残って e にならない動詞

dare → darò　　fare → farò　　stare → starò

③ r が二重になる動詞

bere → berrò　　rimanere → rimarrò　　tenere → terrò

venire → verrò　　volere → vorrò

その他

dire → dirò（母音 i が残って e にならない。②に近い。）

trarre → trarrò　　porre → porrò　　condurre → condurrò
（何も落ちない。②に近い。）

2 │ 直説法未来の用法

(1) これから起こること

1) 直説法未来は、未来、将来の行為・状態を表現します。

2) 「〜だろう」「〜する予定だ」「〜するつもりだ」「〜する見通しだ」といった意味になります。また、日本語で未来を語る場合に断定的表現をとることがあるのと同様、イタリア語の未来形も「だ」と訳すことはできるでしょう。

3) 近い将来の行為・状態については、現在形で表現してしまう場合が多いですが、不確定的ニュアンスを含ませる必要があるときは、やはり未来形を用いることになります。

4) 遠い将来の行為・状態については、未来形が一般的に用いられます。

- ◆ Domani pioverà.
  明日は雨が降るだろう。(「明日」は「近い将来」ですから、自然な日本語にして、「明日は雨だ」と訳しても全く問題ありません)
- ◆ Nadia tornerà dalla Spagna fra tre anni.
  ナーディアは3年経ったらスペインから戻ってくるだろう。
- ◆ Fra due mesi andrò a Firenze.
  2ヵ月後、私はフィレンツェに行く予定です。
- ◆ Se tornerò in tempo, parteciperò alla festa senz'altro. (接続詞 se とともに)
  もし遅れずに帰れたら、もちろんパーティーに参加するつもりです。

  ➡ senz'altro：もちろん

- ◆ Quando andrete in Italia, che cosa comprerete come souvenir?
  (接続詞 quando とともに)
  皆さんがイタリアに行くときは、おみやげに何を買うつもりですか？

  ◀この come は「〜として」という意味です。　➡ souvenir (m.)：みやげ

(2) 現在の推量、憶測

現在のことではあっても推量、憶測の域を出ない場合には未来形を用います。

- Sai che ore sono? – Non ho l'orologio, ma saranno le quattro.
  君、今何時かわかる？ – 時計を持ってないけど、4 時ぐらいじゃないかな。
- È strano. Luca non risponde al telefono. – Dormirà ancora.
  おかしいな。ルーカが電話にでないよ。 – まだ寝ているんじゃないかな。
  ◀ Luca は男子の名前です。

3 直説法先立未来

直説法先立未来は、直説法未来で表された未来の行為・状態の時点よりも前に起こる行為・状態などを表します。

(1) 作り方

> 助動詞 avere または essere の直説法未来 ＋ 過去分詞

[活用]

comprare		andare	
avrò	comprato	sarò	andato (a)
avrai	comprato	sarai	andato (a)
avrà	comprato	sarà	andato (a)
avremo	comprato	saremo	andati (e)
avrete	comprato	sarete	andati (e)
avranno	comprato	saranno	andati (e)

avere, essere の区別は直説法近過去の場合と同じです。

(2) 直説法先立未来の用法

　本書では直説法先立未来を「直説法未来」の章で扱っていますが、次に述べる用法1)の内容を十分理解するために、5章の直説法大過去 [→ p122] や後述する25章6. [→ p307] も参照してください。

1) 2つの未来の行為の間に時間的な差を明確に表示したいときに用います。

　◆ Quando avrai finito di mangiare tutto, potrai guardare la televisione.
　　全部食べ終わったら、テレビを見てもいいよ。

　　　　　　　　　　　先立未来　　　　　　　未来
　　　＜現在＞　→　＜食事終了＞　→　＜テレビ視聴＞　→

　◆ Dopo che avrò accompagnato mia figlia all'asilo, farò la spesa in centro.
　　私は、娘を幼稚園に送り届けた後、街で買い物をするつもりだ。

　　　　　　　　　　　先立未来　　　　　　　　未来
　　　＜現在＞　→　＜幼稚園送り終了＞　→　＜買い物＞　→

　　　　　　　　　　　🔖 asilo (m.)：幼稚園　　spesa (f.)：買い物

　　◀ fare la spesa あるいは fare le spese は「(日常的な) 買い物をする」、fare spese は「ショッピングをする」というニュアンスを持ちます。

　◆ Quando arriverai al cinema, il film sarà già cominciato.
　　君が映画館に着くときには、すでに映画は始まっているだろう。

　　　　　　　　　　　先立未来　　　　　未来
　　　＜現在＞　→　＜上映開始＞　→　＜映画館到着＞　→

2) 過去の推量、憶測

　　過去の行為が推量、憶測の域を出ない場合には先立未来を用います。

　◆ Mio padre non c'è: sarà già andato a fare una passeggiata.
　　お父さんがいない。もう散歩に出かけたのだろう。

コロン(due punti)［：］は、前出の例のように前の言葉の内容を示したり、前の言葉の例示、あるいは直接話法(→ 26章［p310］)であることを示す役割を果たします。

　ちなみに、セミコロン(punto e virgola)［；］は、文中での休止を示すコンマ(virgola)［，］と、文の終止を示すピリオド(punto)［．］のちょうど中間的な長さの休止を示します。なお、ピリオドは略語を示す場合にも用いられます(Sig.(=Signor)「〜氏」　Sig.ra (=Signora)「〜夫人」)。

◆ Renato non ha superato l'esame: non avrà studiato seriamente.
　レナートは試験に合格しなかった。まじめに勉強しなかったのだろう。

CAPITOLO 9
命令法（modo imperativo）

命令法は、命令のほか、依頼や催促、勧誘などのニュアンスを表します。

命令の場合は、もちろん「〜しろ」「〜しなさい」「〜してください」という意味になりますが、依頼の場合は、per favore, per piacere（どうか、すみませんが）などの語句をともなって「どうか〜してください」「すみませんが〜してください」という意味を、勧誘の場合は、1人称複数形を用いて「〜しましょう」「〜しようじゃないか」という意味を表します。pure（どうぞ）をともなうと催促のニュアンスが出ます。

また、non をともなって、禁止（「〜するな」）を表現します。

◎ 1 → 39

1 命令法の活用形

頻繁に登場する動詞にかぎって不規則な変化をします。

● 最初の注意事項

3人称複数形で用いる命令形は、あなた方（敬称）を意味する Loro（voi の敬称）に対する命令ということになりますが、「あなた方」の意味での Loro 自体今日用いることは少なく、結局、あなた方（敬称）への命令は voi に対する命令の形をとることがほとんどです。ただ、後述のように、命令形の3人称複数形は接続法現在（→ 17章 ［p212］）の3人称複数形と同じ形になりますので、活用表の中には残しておきます。

tornare	chiedere	sentire	finire
——	——	——	——
torna	chiedi	senti	finisci
torni	chieda	senta	finisca
torniamo	chiediamo	sentiamo	finiamo
tornate	chiedete	sentite	finite
tornino	chiedano	sentano	finiscano

avere	essere
——	——
abbi	sii
abbia	sia
abbiamo	siamo
abbiate	siate
abbiano	siano

bere	venire	trarre	porre	condurre
——	——	——	——	——
bevi	vieni	trai	poni	conduci
beva	venga	tragga	ponga	conduca
beviamo	veniamo	traiamo	poniamo	conduciamo
bevete	venite	traete	ponete	conducete
bevano	vengano	traggano	pongano	conducano

- ◎ 1段目（1人称単数形）がないのは、自分自身（io）に対する命令は存在しないからです。
- ◎ 3人称単数形は Lei（敬称）への命令です。接続法現在の 1,2,3 人称単数と同じ形です。（→ 17 章［p212］）
- ◎ 1人称複数形は直説法現在と同じ形です。接続法現在の 1 人称複数形とも同じ形になります。

◎ 2人称複数形は、avere, essere, sapere, volere 以外、直説法現在と同じ形です。

　avere, essere, sapere, volere のみ abbiate, siate, sappiate, vogliate となります。後述しますが、これは、それぞれ接続法現在の2人称複数形と同形です。

◎ 3人称複数形は、Lei（敬称）への命令形の末尾に -no を付ければ OK。接続法現在の3人称複数形と同じ形です。

● 2人称単数形に注意が必要な動詞

以下の5つの動詞には2人称単数形が2通りあり、後者（　）の形は直説法現在の2人称単数形と同じ形になります。

andare	dare	dire	fare	stare
va'（vai）	da'（dai）	di'（dici）	fa'（fai）	sta'（stai）
vada	dia	dica	faccia	stia
andiamo	diamo	diciamo	facciamo	stiamo
andate	date	dite	fate	state
vadano	diano	dicano	facciano	stiano

◆ Lucio, torna presto a casa!　ルーチョ、早く家に帰りなさい！

◆ La mamma dorme, parlate piano!
　お母さんが寝てるんだ、静かに話しなさい！

◆ Senta! – Mi dica!
　ちょっとすみません。 – 私におっしゃってください。（何かご用ですか）
　　◀ mi は間接目的語人称代名詞です。その位置については次項 2. を参照のこと。

◆ Sta'（Stai）zitto!　　　黙れ！　　　　　　　　　▶ zitto：黙った
　　◀ 相手 tu が男性の場合です。zitto は形容詞ですから、相手 tu が女性であれば zitta となります。相手が voi なら State zitti. か State zitte. です。

◆ Scusi! Posso chiedere una cosa?
　すみません、ひとつお聞きしてもいいですか？　　　▶ scusare：許す

- ◆ Chiudi la finestra, per favore!
  すみませんが、窓を閉めてください。（依頼）
- ◆ Entri pure.　どうぞお入りください。（催促）
- ◆ Andiamo a mangiare!　食事に行こうじゃないか！（勧誘）
- ◆ Stasera beviamo qualcosa insieme!　今夜は一緒に一杯飲もう！（勧誘）
- ◆ Abbiate pazienza!　君たち、我慢しなさい！　　▶ pazienza：忍耐、我慢
- ◆ Scegli tu.　君が選べ！　　　　　　　　　　　　▶ scegliere：選ぶ

　　◀このように主語人称代名詞が補われることもあります。

3人称複数の命令形はほとんど用いないと言いましたが、venireの場合、市場などで店員が買い物に来た主婦たちに対し、次のように用いることがあります。

- ◆ Signore vengano!　奥さん方、いらっしゃいませ！

🄿 1 → 40

2 命令法での目的語人称代名詞の位置

mandare ＋ lo（それを）	mandare ＋ me lo（私にそれを）/ glielo（彼にそれを）
———————	———————
mandalo	mandamelo
lo mandi	me lo mandi
mandiamolo	mandiamoglielo
mandatelo	mandatemelo
lo mandino	me lo mandino

▶ mandare：送る

1) 1人称複数 noi、2人称単数 tu、2人称複数 voi では、目的語人称代名詞は動詞の後ろで結合され一語となります。
2) 3人称、すなわち敬称の Lei (Loro) では、目的語人称代名詞が動詞の前に来て動詞と結合しません。
3) 代名小詞 ci と ne、中性代名詞 lo、再帰代名詞の位置も目的語人称代名詞の場合と同様です。再帰動詞の命令形については、10章7. [→ p156]で詳しく説明します。

◆ Che bella questa sciarpa! Mostra<u>me</u><u>la</u>!（◆ <u>Me</u> <u>la</u> mostri!）
このストール、なんてステキなの！　私にそれを見せて！（私にそれを見せてください！）

➡ sciarpa (f.)：ストール、スカーフ　　mostrare：見せる、示す

◆ Pren<u>di</u><u>ne</u> ancora uno!（◆ <u>Ne</u> prenda ancora uno!）
もう1個取って！（もう1個取ってください！）

前項であげた「2人称単数形に注意が必要な動詞」を用いて、動詞の2人称単数形に目的語人称代名詞や代名小詞が結合する場合の例をいくつかあげておきましょう(カッコ内は敬称の場合です。訳は「～してください」に変わります)。

　結合すると、人称代名詞等の語頭の子音は、発音に合わせて以下のように二重に表記します(ただし、gli は除く)。

◆ Va<u>cc</u>i subito con l'autobus!（◆ <u>Ci</u> vada subito con l'autobus!）
バスですぐにそこへ行って！
◆ Da<u>mm</u>elo!（◆ <u>Me</u> <u>lo</u> dia!）　僕にそれ(男性単数のもの)をちょうだい！
◆ Da<u>cc</u>i dei dolci!（◆ <u>Ci</u> dia dei dolci!）　僕らにお菓子をちょうだい！
　上の例に関連して：◆ Da<u>cc</u>eli!（◆ <u>Ce</u> <u>li</u> dia!）
　　　　　　　　　　僕らにそれら(お菓子)をちょうだい！
　上の例に関連して：◆ Da<u>cc</u>ene molti!（◆ <u>Ce</u> <u>ne</u> dia molti!）
　　　　　　　　　　僕らにそれら(お菓子)をたくさんちょうだい！

- ◆ Dimmi la verità!（◆ Mi dica la verità!） 私に本当のことを言って！
  上の例に関連して：◆ Dilla solo a lui!（◆ La dica solo a lui!）
  　　　　　　　　　それ(真実)を彼だけに言え！

- ◆ Digli la verità!（◆ Gli dica la verità!） 彼に真実を言え！
  上の例に関連して：◆ Digliela !（◆ Gliela dica!）
  　　　　　　　　　彼(彼女、彼ら)にそれ(真実)を言え！

- ◆ Fammi vedere le foto!（◆ Mi faccia vedere le foto!）
  それらの写真を私に見せて！
  　　　　◀ fare ＋不定詞(使役)については 25 章 4.（1）［→ p300］参照。
  上の例に関連して：◆ Fammele vedere!（◆ Me le faccia vedere!）
  　　　　　　　　　私にそれらを見せて！

- ◆ Fagli pulire la camera!（◆ Gli faccia pulire la camera!）
  彼に寝室を掃除させなさい！

◎ 1 → 41

3 否定命令

否定命令形の作り方は以下のとおりです。

1) 命令形の前に non を付けて、禁止の意味を表します。
   ただし、2 人称単数（「君」）に対する命令の場合だけは non の後に動詞の原形(不定詞)が来ます。わかっているつもりでも、うっかり間違えることがありますので注意してください。

guardare
non guardare
non guardi
non guardiamo
non guardate
non guardino

2) 否定命令の場合の目的語人称代名詞や代名小詞 ci と ne、中性代名詞 lo の位置は次のようになります。

① 3人称(単数・複数) Lei, Loro では、動詞の前に置きます。
- Non me lo dica!
- Non me lo dicano!（→こちらは実際にはあまり使いません）
  私にそのことを言わないでください。
- Non ci vada!
- Non ci vadano!（→こちらは実際にはあまり使いません）
  そこへ行かないでください。

② 2人称単数形 tu と 1, 2人称複数形 noi, voi では、動詞の前後どちらに置くこともできます。
後ろに置く場合は、命令形の動詞と目的語人称代名詞などが合体して一語になります。

- Non portarlo via!　君、それを持ち去らないで！　［2人称単数］
  = Non lo portare via!
- Non portarmelo !
  君、僕にそれ(男性単数)を持って来ないで！　［2人称単数］
  = Non me lo portare!
- Non portiamoglielo !
  彼にそれを持って行かないでおこう！　［1人称複数］
  = Non glielo portiamo!
- Non portateglielo !
  君たち、彼にそれを持って行かないで！　［2人称複数］
  = Non glielo portate!
- Non andarci !　君、そこに行かないで！　［代名小詞］
  = Non ci andare!

③ 再帰動詞の否定命令については 10章 再帰動詞［→ p158］の中で説明します。

CAPITOLO 10 再帰動詞 (verbo riflessivo)

1 再帰動詞とは

　再帰動詞とは、主語が自分自身をその動作の目的語にする動詞をいい、辞書には、alzarsi「起きる」、chiamarsi「～という名前である」、divertirsi「楽しむ」のように -rsi で終わる形で掲載されています。

　再帰代名詞 si (変化形：mi, ti, si, ci, vi, si) をともなうのが特徴です。3人称単数・複数形が、alzarsi のように辞書に掲載された形と同じ si であることに注意してください。

alzarsi　起きる
mi　alzo
ti　alzi
si　alza
ci　alziamo
vi　alzate
si　alzano

　これは、再帰動詞 alzarsi「起きる」の直説法現在の活用形です。alzarsi を alzare ＋ si と分解して考えてみましょう。alzare の活用形は通常の -are 動詞と同じです。その活用形の前に、再帰代名詞 si の変化形をそれぞれ付ければ alzarsi の活用形は出来上がります。再帰動詞の直説法現在の活用についてはあらためて説明します。(→ 3. [p148])

144

再帰代名詞は、直接目的語の機能を持つのが一般的ですが(→ 2. (1)(3))、間接目的語の機能を持つ場合(→ 2. (2)(3))や、直接・間接目的語の機能を持たない場合(→ 2. (4))もあります(→ 2. (4)は再帰動詞と別扱いされることもあります)。

◎ 1 → 42

2 再帰動詞の種類

(1) 本質的再帰動詞 (verbo riflessivo)

(→具体例は 3. 4. を参照のこと [p148〜])

再帰代名詞が直接目的語の働きをし、それが主語自身である場合。
「自分自身を〜する」と考えることができます。

 alzarsi　起きる(自分自身を起こす = alzare sé stesso)
  ◀ sé stesso は「自分自身」という意味です。sé は si の強勢形です。 *
 nascondersi　隠れる(自分自身を隠す = nascondere sé stesso)
 presentarsi　出席する、自己紹介をする

    (自分自身を見せる、紹介する = presentare sé stesso)
 lavarsi　身体を洗う(自分自身を洗う = lavare sé stesso)
 vestirsi　服を着る(自分自身に服を着せる =vestire sé stesso)

 * sé について

2 章 3. 人称代名詞の強勢形 [→ p75]においては触れませんでしたが、強勢形 me, te, lui, lei, noi, voi, loro と並んで、「自分自身」を表す再帰代名詞 si の強勢形 sé があります。sé は形容詞 stesso をともなって、「自分自身」という強調的なニュアンスを持つことになります。

 ◆ Voglio coltivare me stesso. Anche voi dovreste coltivare voi stessi.
  私は自分自身を鍛えたい。君たちも自分自身を鍛えるべきではなかろうか。

       ■ coltivare：鍛える、耕す

  ◀ この例で主語がたとえば Maria (女性)なら sé stessa となります。
  dovreste は dovere の条件法現在形(2 人称複数形)です。(→ 15 章[p199])

(2) 形式的再帰動詞（verbo transitivo pronominale）

(→具体例は 3.4. を参照のこと［p148 ～］)

再帰代名詞が間接目的語の働き (a sé stesso (per sé stesso)「自分自身において」「自分自身のために」「自らの」)をし、直接目的語が別個に存在する場合。

comprarsi una macchina ＊
　（自分のために車を買う = comprare una macchina per sé stesso）
prendersi le vacanze ＊
　（自分のために休暇を取る = prendere le vacanze per sé stesso）
pulirsi i denti（自分の歯を磨く = pulire i propri denti）＊＊
lavarsi le mani（自分の手を洗う = lavare le proprie mani）＊＊
rompersi una gamba ＊＊
　（自分の足を骨折する = rompere una propria gamba）

形式的再帰動詞においては、そのニュアンスという点で、＊をつけた上の2例と、＊＊をつけた下の3例を区別して考える必要があります。

＊をつけた例文では、「自分自身において」「自分自身のために」という主語の感情や欲求がニュアンスとして出てきます。通常の動詞を用いて表現することで事足る内容を(つまり comprare una macchina, prendere le vacanze でもかまわない)、あえて形式的再帰動詞の形にすることで、主語の強い意思がそこに表れることになるのです。例については 3.［→ p148 ～］を参照してください。

一方、＊＊は、身体に備わっているものに関し、単に「自らの（歯、手、足）を〜する」というニュアンスしか持ちません。

(3) 相互的再帰動詞（verbo riflessivo reciproco）

(→具体例は 3.4. を参照のこと［p148 ～］)

再帰代名詞が直接目的語の働きをし、それが主語自身ではあるものの、主語が複数で、主語同士がお互いにその動作を「〜し合う」という表現になる場合。したがって代名詞としては 複数形の ci, vi, si しか存在しません。

vedersi （お互いに）会う
incontrarsi （お互いに）会う
salutarsi （お互いに）あいさつを交わす
odiarsi （お互いに）憎しみ合う
sentirsi （お互いに）電話で話す

　再帰代名詞が間接目的語の働きをし、直接目的語は別個に存在して、主語同士がお互いにその動作を「〜し合う」という表現になる場合があります。これは、相互的再帰動詞の働きをしますが、実質的には形式的再帰動詞の構造にほかなりません。

scambiarsi i regali （お互いに）プレゼントを交換する

◂主語同士がお互いに「交換する」わけですから、代名詞は複数形の ci, vi, si しか存在しませんが、「お互い」自身を交換するのではなく、「お互いのために」「プレゼント」を交換することになります。ci, vi, si は間接目的語であり、i regali が直接目的語ということです。

(4) 代名動詞（verbo intransitivo pronominale）

（→具体例は 3. 4. を参照のこと［p148〜］）

　再帰動詞と形は同じですが、この場合の再帰代名詞 mi, ti, si,... は特にこれという機能を持たず、動詞の一部となっています。直接目的語、間接目的語の役割を果たしていないのです。したがって、代名動詞は再帰動詞と区別して論ぜられることもあります。

1) 前置詞 di や a をともなうことが多い、という特徴があります。

accorgersi di（〜に気づく） dimenticarsi di（〜を忘れる）
pentirsi di（〜を後悔する） vergognarsi di（〜を恥ずかしがる）
ricordarsi di（〜を覚えている） sorprendersi di（〜に驚く）
decidersi a（〜を決意する） divertirsi a（〜を楽しむ）

2) イディオム的なものもあります。ne については 11 章 2. 5)［→ p170］を参照のこと。

andarsene（立ち去る） ritornarsene（引き返す）
starsene（じっとしている）

3 | 再帰動詞の直説法現在

alzarsi 起きる	chiamarsi (名前を〜と)呼ぶ	vedersi (お互いに)会う	andarsene 去る
mi alzo	mi chiamo 〜	———————	me ne vado
ti alzi	ti chiami 〜	———————	te ne vai
si alza	si chiama 〜	———————	se ne va
ci alziamo	ci chiamiamo 〜	ci vediamo	ce ne andiamo
vi alzate	vi chiamate 〜	vi vedete	ve ne andate
si alzano	si chiamano 〜	si vedono	se ne vanno

comprarsi una macchia　自分のために車を買う	
mi compro	una macchina
ti compri	una macchina
si compra	una macchina
ci compriamo	una macchina
vi comprate	una macchina
si comprano	una macchina

　una macchina が直接目的語人称代名詞 la に変わると次のような活用になります。

me	la	compro
te	la	compri
se	la	compra
ce	la	compriamo
ve	la	comprate
se	la	comprano

- Ogni mattina si alza tardi.　毎朝彼は遅く起きる。（朝寝坊する）
- Ti svegli di buon umore?　君は目覚め（寝起き）がいいですか？

  ➡ di buon umore：機嫌よく　　svegliarsi：目覚める

- Mi lavo sempre con il sapone.
  私はいつもせっけんで身体を洗う。　　　　　　　　　　< lavarsi

  ➡ sapone（m.）：せっけん

- Prima o poi quella città si svilupperà.
  遅かれ早かれあの町は発展するだろう。

  ➡ prima o poi：遅かれ早かれ　　svilupparsi：発展する

- Questa notizia non si diffonderà così rapidamente.
  この知らせはそれほど急速には広まらないだろう。

  ➡ diffondersi：普及する、広まる

- Quel bambino si addormenta subito.　あの赤ん坊はすぐに寝つく。

  ➡ addormentarsi：寝つく、眠る

- Mi sento stanco. Mi riposo un po'.　疲れを感じるので、少し休みます。

  ➡ sentirsi：〜の気分になる　　riposarsi：休む

- Lei come si chiama? – Mi chiamo Paolo Gatti.
  あなたのお名前は何とおっしゃいますか？　パオロ・ガッティと申します。

  ◀ chiamarsi は、動詞の後にいきなり名詞（人名）が来て、さながら essere のような働きをします。（→★15・命名動詞［p151］ ★18・連結動詞［p231］）

- Noi ci vediamo spesso al bar.　私たちはしょっちゅうバールで会っている。

  < vedersi 相互的再帰動詞

- Perché non ci scambiamo le e-mail?　メール交換をしませんか？

  < scambiarsi 相互的再帰動詞

- Mi lavo la faccia anche prima di andare a letto.　私は寝る前にも顔を洗う。
- Oggi mi mangio una pizza.　今日、僕は（よろこんで）ピッツァを食べます。

  < mangiarsi

2. (2)で触れたように、通常の動詞を、あえてこのような形式的再帰動詞の形にして用いる場合、感情や欲求を含んだ主語の強い意思が表れます。前述の例においても、「自ら」進んで「よろこんで」食べるという感情が表現されます。

また、たとえば leggere を使わずに leggersi を用いて Oggi mi leggo questo libro. と言うと、Oggi leggo questo libro. と言う場合より「今日はこの本をじっくり読むぞ」という強い気持ちが表れます。

prendere を使わずに prendersi を使って Mi prendo una vacanza. と表現すると、Prendo una vacanza. に比べて「取りたい休暇をぜったい取る」という感情、欲求が出てきます。

comprarsi una macchina も同様のニュアンスです。

◆ Mio padre si mette la giacca quando esce.
　私の父は外出するときジャケットを着る。　　　　　　　　　　< mettersi

参考 「着る」という意味の動詞はいくつかありますが、それぞれ使い方が異なります。

mettersi 〜は形式的再帰動詞で「自分のために〜を着る、身につける」という動作を表します。

一方、portare 〜は「〜を着ている」「〜を身につけている」という状態を表す動詞です。また、indossare 〜は「〜を着ている」という状態も、「〜を着る」という動作も両方表現できます。vestirsi は「何を着ている、着る」かではなく、「どのように」あるいは、「どういう状態、様式で服を着ている、着る」のかがポイントになる動詞です。vestirsi の後には名詞でなく副詞や副詞句が来ます。

　　◆ In questo ristorante dobbiamo portare la giacca.
　　　このレストランでは我々はジャケットを着用していなければならない。

　　◆ Ti vesti sempre molto bene!
　　　君はいつも着こなしがいいね！

◆ Monica si pente di aver detto bugie ai genitori.
　モーニカは両親に嘘をついたことを後悔している。　　　　　　< pentirsi
　　◀ aver detto については 25 章 1.1)［→ p291］参照のこと。

★15 命名動詞　　　◎ 1 → 43

chiamare（〜と名づける），denominare（〜と名づける），appellare（〜と呼ぶ），nominare（〜と名づける），soprannominare（〜とあだ名する）は、命名動詞（**verbo appellativo**）と呼ばれるもので、動詞の後ろには「呼ばれる対象」としての直接目的語が、さらにその後には何らの前置詞もともなわず名詞(呼称)が続きます。

- ◆ Gli amici chiamano Massimiliano "Massi".
   友人たちはマッシミリアーノを「マッシ」と呼んでいる。
- ⇒ Massimiliano が人称代名詞に変わると、
   Gli amici lo chiamano "Massi".
- ◆ Abbiamo denominato Napoli la "capitale della pizza".
   僕たちはナポリを「ピッツァの都」と名づけた。
- ⇒ Napoli が人称代名詞に変わると、
   L'abbiamo denominata la "capitale della pizza".
   　　　　　　　　　◀ Napoli は città (f.) ですから女性名詞です。

同様に、再帰動詞 chiamarsi 〜も命名動詞であり、「自分を〜と呼ぶ」の「〜と」の部分には、直接目的語でも間接目的語でもない名詞(呼称)が来ることになります。結果的に chiamarsi 自体は essere のような働きをするので、★18 の連結動詞 [→ p231] にも属することになります。

- ◆ Mi chiamo Giorgio Rossi.
   (直訳：私は自分をジョルジョ・ロッシと呼びます。)
   私はジョルジョ・ロッシです。　→ Sono Giorgio Rossi. と同じこと
   　　　　　　　　　◀ mi chiamo が sono と同じ働きをしています。

◎ 1 → 44

4 │ 再帰動詞の直説法近過去

助動詞は essere をとります。　　　　　　　(→ただし 6.[p156]参照)
過去分詞の語尾は主語の性・数に一致します。

[alzarsi]

alzarsi		
mi	sono	alzato (a)
ti	sei	alzato (a)
si	è	alzato (a)
ci	siamo	alzati (e)
vi	siete	alzati (e)
si	sono	alzati (e)

- ◆ Mi sono alzato presto.　私は早く起きた。
- ◆ Sandra si è alzata alle sei.　サンドラは6時に起きた。
- ◆ Ernesto e Angelo non si sono alzati entro le otto.
  エルネストとアンジェロは8時までに起きなかった。　　■ entro～:～までに
- ◆ La bambina si è addormentata subito.
  その女の子はすぐに寝ついた。　　　　　　　　　　< addormentarsi
- ◆ Ci siamo incontrati in centro.
  私たちは街で出会った。　　　　　　< incontrarsi 相互的再帰動詞
- ◆ Laura e Carla si sono salutate dopo le lezioni.
  ラウラとカルラは放課後(あいさつを交わした→)別れた。
  　　　　　　　　　　　　　　　　　< salutarsi 相互的再帰動詞
- ◆ I fidanzati si sono scambiati gli anelli.
  婚約者はお互いに指輪を交換した。　　< scambiarsi 相互的再帰動詞

- ◆ Mila si è accorta di aver lasciato il suo passaporto in albergo.
  ミーラはホテルにパスポートを忘れて来たことに気づいた。< accorgersi

- Mi sono sorpreso di vedere il suo viso abbattuto.
  私は彼の憔悴した表情を見て驚いた。　　　　　　　　　< sorprendersi
  ■ abbattuto：がっかりした
- Mi sono dimenticato dei compiti.
  私は宿題を忘れた。　　　　　　　　　　　　　　　　< dimenticarsi

  [参考]「〜を忘れる」という動詞には dimenticare 〜もあります。
  　代名動詞 dimenticarsi di 〜と dimenticare 〜では、使い方や意味するところがどのように違うのでしょうか。
  　dimenticare 〜は他動詞ですから直接目的語（〜を）をともないます。一方、代名動詞は自動詞としての扱いを受けますから、dimenticarsi の場合、「〜を」の部分に di をはさむ必要があります。
  　意味にも若干の違いがあります。
  　Mi sono dimenticato dei compiti. は、「宿題（のこと、をするの）を忘れた。」という意味ですが、Ho dimenticato i compiti. なら、「宿題（を持って来るの）を忘れた。」という意味になります。
  　また、Mi sono dimenticato di Gino. （「私はジーノのことを忘れた」）とは言えても、Ho dimenticato Gino. とは言えないでしょう。
  　dimenticare の後ろに動詞を置く場合は、《dimenticare di ＋不定詞》となって、《dimenticarsi di ＋不定詞》と同じ意味（「〜することを忘れる」）になります。

  - Ho dimenticato di portare il cappello.　帽子をかぶるのを忘れた。
    = Mi sono dimenticato di portare il cappello.

●形式的再帰動詞の近過去について

　形式的再帰動詞の場合、直接目的語が加わるので注意が必要です。また、これが代名詞に変わると、近過去の表現はさらに複雑になります。

　　comprarsi una macchina
　　＜左列＞は　comprarsi una macchina の近過去の活用形です。
　　＜右列＞は　una macchina が直接目的語人称代名詞 la に変化した場合の活用形です。直接目的語人称代名詞 lo, la, li, le と過去分詞の語尾の性・数が一致します。

<左列>				<右列>			
mi	sono	comprato(a)	una macchina	me	la	sono	comprata
ti	sei	comprato(a)	una macchina	te	la	sei	comprata
si	è	comprato(a)	una macchina	se	l'è		comprata
ci	siamo	comprati(e)	una macchina	ce	la	siamo	comprata
vi	siete	comprati(e)	una macchina	ve	la	siete	comprata
si	sono	comprati(e)	una macchina	se	la	sono	comprata

1) <左列>では過去分詞の語尾は主語の性と数に一致させます。
   したがって、
   　たとえば「私」が男性なら　Mi sono comprato una macchina.
   　　　　　「私」が女性なら　Mi sono comprata una macchina.
   　　　　　「私たち」が女性ばかりなら　Ci siamo comprate una macchina.
   です。（私たちは自分たちのために車を買った）
   直接目的語が dei libri であれば、
   　　　　　「私」が男性なら　Mi sono comprato dei libri.
   　　　　　「私」が女性なら　Mi sono comprata dei libri.　　となります。
   　　（私は自分のために何冊かの本を買った）
   　　(注) lavarsi la faccia は「自分の顔を洗う」という形式的再帰動詞ですが、その主語が複数になっても、たとえば Loro si sono lavati *le facce*. とはならず、Loro si sono lavati la faccia. が正解です。顔は各人ひとつしかないからです。足は各人2本ありますから Loro si sono lavati i piedi. は OK です。

2) <右列>では過去分詞の語尾は直接目的語の性と数に一致させます。
   したがって、過去分詞は、直接目的語 una macchina（女性単数）に呼応して comprata となります。直接目的語人称代名詞は助動詞 essere の前に置きます。l'è = la è です。語調から si は se に変わります。

直接目的語が dei libri（男性複数）であれば、これを代名詞にあらためると、
　　Me li sono comprati.　Te li sei comprati.　Se li è comprati.
　　Ce li siamo comprati.　Ve li siete comprati.　Se li sono comprati.
となります。
また、主語が Maria、直接目的語が vacanze で、形式的再帰動詞 prendersi（自分のために取る）を用いるなら、
　　Maria si è presa le vacanze. → Maria se le è prese.　となります。
　　（マリーアはバカンスを（自分のために、自ら）取った）

- ◆ Mi sono rotto una gamba. – Come te la sei rotta?　（te=ti）
　私は足を骨折した。– どんなふうに（それを）骨折したの？　　< rompersi

- ◆ Francesca si è comprata un set di trucchi. – Quando se l'è comprato?
　フランチェスカは化粧品のセットを自分のために買った。　　< comprarsi
　– いつ（それを）買ったの？　（se=si, l'=lo）

- ◆ Ieri ci siamo cucinati gli spaghetti. – Dove ve li siete cucinati?
　昨日僕たちは自分たちのためにスパゲッティを作った。　　< cucinarsi
　– どこで（それを）作ったの？　（ve=vi）

◎ 1 → 45

5│補助動詞（**dovere, potere, volere, sapere**）をともなう再帰動詞の直説法現在

　再帰代名詞の位置は、補助動詞の前に置くのでも、不定詞の語尾に付けるのでも、どちらでもかまいません。

- ◆ **Mi** devo alzare presto. = Devo alzar**mi** presto.
　私は早く起きなければならない。

- ◆ **Vi** potete accomodare. = Potete accomodar**vi**.
　皆さん楽にしていただいていいですよ。（お入りください、おかけください）
　　　　　　　　　　　　　➡ accomodarsi：くつろぐ、楽にする

- ◆ **Ci** vogliamo stendere sul divano. = Vogliamo stender**ci** sul divano.
　私たちはソファに寝そべりたい。　　➡ stendersi：横たわる、寝そべる

6 補助動詞（dovere, potere, volere, sapere）をともなう再帰動詞の直説法近過去

再帰代名詞の位置によって助動詞（avere, essere）が変わります。

再帰代名詞を不定詞の語尾に付けるときは avere、助動詞の前に置くときは essere になります。どちらの表現を用いてもかまいません。

ただし、essere をとる場合は、補助動詞の語尾が主語の性と数により変化することに注意してください。

Dobbiamo alzarci di mattina presto.　という形から近過去を作ると、
- ◆ Abbiamo dovuto alzarci di mattina presto.　となり、助動詞は avere です。

Ci dobbiamo alzare di mattina presto.　という形から近過去を作ると、
- ◆ Ci siamo dovuti alzare di mattina presto.　となり、助動詞は essere です。
私たちは朝早くに起きなければならなかった。

[参考] 前にも触れましたが、近過去を使うと、その行為が完了しますから、上の例では、私たちは実際に朝早く起きたことになります。一方、半過去を使うと、実際に早く起きたかどうかは明らかにはなりません。

- ◆ Dovevamo alzarci di mattina presto.
= Ci dovevamo alzare di mattina presto.

7 再帰動詞の命令形

再帰動詞の命令形は、目的語人称代名詞をともなった動詞の命令形と同様の変化をします（→ 9 章 2.［p140］）。目的語人称代名詞の部分が再帰代名詞になるだけで、再帰代名詞の位置は目的語人称代名詞の場合と同じです。

alzarsi 起きる	togliersi le scarpe 靴を脱ぐ	accomodarsi くつろぐ	andarsene 去る
alzati	togliti le scarpe	accomodati	vattene
si alzi	si tolga le scarpe	si accomodi	se ne vada
alziamoci	togliamoci le scarpe	accomodiamoci	andiamocene
alzatevi	toglietevi le scarpe	accomodatevi	andatevene
si alzino	si tolgano le scarpe	si accomodino	se ne vadano

（注）9章の命令法[→ p137]で述べたとおり、3人称複数の命令形はほとんど使いません。

◆ Riccardo, alzati subito!　リッカルド、すぐに起きなさい！
◆ Ragazzi, lavatevi bene le mani dopo essere tornati a casa!
　　諸君、家に帰ったらきちんと手を洗いなさい！
　　　◀ dopo essere tornati に関しては 25 章　不定詞 6. [→ p307]を参照してください。
◆ Signor Rossi, si accomodi.
　　ロッシ様、楽になさってください。（おかけください、お入りください）
◆ Non voglio vedere la tua faccia. Vattene!　　　　　< andarsene
　　お前の顔は見たくない。あっちへ行ってくれ！
◆ Carlo, togliti le scarpe! Toglitele!　カルロ、靴を脱ぎなさい！脱ぎなさい！
　　　◀ お母さんが子どもに「靴を脱ぎなさい」と繰り返し注意している状況です。
　　　le scarpe が直接目的語人称代名詞に変わると、Toglitele! となります。
　　　「それ(靴 le scarpe)を脱ぎなさい」と命令する場合の活用形は、
　　　toglitele, se le tolga, togliamocele, toglietevele, se le tolgano　となります。
　　　le の部分はもちろんその名詞（直接目的語）の性・数により lo, la, li, le と変わ
　　　ります。i sandali (サンダル m. pl.)なら li です。
◆ Si goda le sue vacanze.　休暇を大いに楽しまれよ。　　　< godersi
　　　◀ 形式的再帰動詞の代名詞 si は「自分自身のために」というニュアンスですから、その命
　　　令形には感情的ニュアンスが加わることになります(→ 2. (2)[p146] 3.[p150])。

| 8 | 再帰動詞の否定命令形　　　　　　　　　(→ 9章3. [p142])

1) 3人称では命令形の前に non を付けます。
    - ◆ Non si alzi!　起きないでください！
    - ◆ Non si preoccupi!　心配しないでください！

2) それ以外(2人称単数、1人称・2人称複数)では、下記のとおり、再帰代名詞の位置は動詞の前後どちらでもかまいませんが、2人称単数に限っては、一般的な動詞の否定命令形(→ 9章3. [p142])と同様、原形を用います。non はそれらの前に置きます。
    - ◆ Non sdraiar<u>ti</u>!　Non <u>ti</u> sdraiare!
      君、寝転ぶな！　　　　　　　　　　　　　📖 sdraiarsi：寝転ぶ

alzarsi		
non alzar**ti**	または	non **ti** alzare
non **si** alzi		
non alziamo**ci**	または	non **ci** alziamo
non alzate**vi**	または	non **vi** alzate
non **si** alzino		

| 9 | 再帰動詞の非人称表現

　再帰動詞を非人称の形で表現するときは、si の重複を避けるために非人称の si が ci に変化します。21章3. 非人称の si (狭義) [→ p268]であらためて説明します。

- ◆ Prima di andare a letto <u>ci</u> si lava i denti.　就寝前は歯を磨くものだ。
    - ◀ ci (= si) は uno (人) と考えてください。(→ 21章4. [p272])

📖 dente (m.)：歯

CAPITOLO 11 | 代名小詞 (particella pronominale) ci, ne と 中性代名詞 (pronome neutrale) lo

代名小詞 ci, ne、中性代名詞 lo の用法についてここでまとめて説明します。なお本書では、代名小詞 ci, ne、中性代名詞 lo をまとめて「**小詞**」と称することがあります。

🔊 1 → 46

1 代名小詞 ci

> 前置詞 a (in, su, con) ＋ 名詞・代名詞・不定詞

1）場所を表す ci

《a (in, su) ＋場所を表す言葉》の代わりをします。「そこに」「その場所に」という意味を表します。副詞としての機能を果たします。(ci の代わりに語調から vi を使うこともありますが、書き言葉やオペラの台本で用いられることが多く、やや堅い印象を与えます)

- ◆ Stasera andate al ristorante? – Sì, **ci** andiamo.
  皆さんは今夜レストランに行くのですか？ – はい、（そこに）行きます。
- ◆ È stata alle Hawaii due estati fa? – No, non **ci** sono stata.
  あなたは2年前の夏ハワイにいらっしゃいましたか？
  – いいえ、いませんでした。
  ◀ alle (isole) Hawaii ということです。ハワイは複数の島で形成されています。

- ◆ Vieni in Francia la primavera prossima? – Sì, **ci** vengo.
  来春フランスに来ますか？ – はい、行きます。
  ◀ venire と andare については★23 [→ p314]を参照のこと。
- ◆ Siete saliti sulla Torre di Pisa? – Sì, **ci** siamo saliti da giovani.
  君たちはピサの斜塔に上りましたか？ – はい、若い頃に上りました。

2) 場所とは関係なく、《a＋名詞・代名詞・不定詞》の代わりに ci を用いることで、すでに述べた「事柄」を一語で表現し、同じ言葉の繰り返しを避ける働きをします。
a のほか、in, su, con などについても同様です。

[**a**]

- ◆ Carla pensa ai suoi genitori malati? – Sì, **ci** pensa sempre.
  カルラは病気のご両親を気にかけていますか？
  – はい、彼女はいつも（そのことを）気にしています。
  ▶ pensare a ～：～のことを考える　malato：病気の
- ◆ Non crederai mica alle sue belle parole? – No, io non **ci** credo affatto.
  君は彼の美辞麗句を少しも信じてないよね？
  – ああ、僕は全く信じてないさ。
  ▶ credere a ～：～を信じる　non... mica, non... affatto：少しも～ない、全く～ない
- ◆ Riuscirai a superare questa crisi? – Sì, **ci** riuscirò!
  君はこの難局を乗り切ることができますか？ – はい、できます！
  ▶ riuscire a ～：～することができる　crisi (f.)：危機
- ◆ Hai provato a mangiare la pasta precotta?
  – Sì, **ci** ho provato, ma non era per niente buona.
  インスタントパスタを食べてみましたか？
  – はい、食べてはみましたが、全く美味しくなかったです。
  ▶ provare a ～：～してみる　per niente：全然～ない

◆ Ti sei abituata a praticare lo yoga, Sonia? – Sì, mi **ci** sono abituata.
君はヨガをするのに慣れましたか、ソーニア？ – はい、慣れました。

　　　　　　　　　　　　　　　　　　　▶ praticare：実践する

《cominciare a ＋不定詞》（〜し始める）、《continuare a ＋不定詞》（〜し続ける）のように、《a ＋不定詞》が ci に置き換わらないケースもあります。

◆ Hai cominciato a studiare?（君は勉強を始めましたか？）
との質問には、
Sì, ci ho cominciato. ではなく、
Sì, ho cominciato.（はい、始めました）　と答えます。

[**in**]

◆ Credi in Dio? – Non **ci** credo, sono ateo.
君は神の存在を信じますか？ – いいえ、信じません。私は無神論者です。

　　　　　　　　　　　▶ credere in 〜：〜の存在を信じる　　ateo：無神論者

◆ Mio padre non crede affatto nelle superstizioni, invece mia madre **ci** crede tanto.
父は迷信を全く信じないのに、母は逆にすごく信じるんだ。

　　　　　　　　　　　▶ invece：それに反して　　superstizione (f.)：迷信

[**su**]

◆ Posso contare sull'aiuto di Mario? – Sì, **ci** puoi contare sempre.
私はマーリオの援助をあてにしていいのですか？
– はい、いつでもあてにできます。

　　　　　　　　　　　▶ contare su 〜：〜をあてにする、〜を信頼する　　aiuto (m.)：助け

[**con**]

◆ Perché non parli con il professore?
– **Ci** parlerò fra un'ora.　Adesso è in riunione.
なぜ先生と話をしないの？ – 1時間後に話をします。先生は今、会議中です。

　　　　　　　　　　　　　　　　　　　▶ riunione (f.)：会合、会議

3) そのほか、ci に関しては以下のような扱い方があります。決まった語法として覚えておきましょう。

① esserci（c'è, ci sono）（ある、いる）（→ 1 章 15.[p44]）

c'è, ci sono の ci は本来「そこに」という場所を表す機能をはたしていますから、(1) の「場所を表す ci」の中に含めることもできますが、essere 以外の動詞とともに用いる ci とは異なりますので、ここで説明します。
c'è は ci è を省略したものです。単数名詞を主語とします。
複数名詞の場合は ci sono となります。

- ◆ È in ufficio tuo padre? – No, non c'è.
  君のお父さんはオフィスにいるの？ －いいえ、いません。
- ◆ **Ci** sono vari tipi di stilografiche in questa cartoleria.
  この文房具店にはたくさんの種類の万年筆がある。

➡ vario (m.)：いろいろな　stilografica (f.)：万年筆

② volerci（かかる、必要である）

- ◆ Quanto tempo **ci** vuole da Tokyo a Sendai con lo Shinkansen?　［単数］
  東京から仙台まで新幹線でどれくらい時間がかかりますか？
- ◆ Quante ore **ci** vogliono da Tokyo a Sendai con lo Shinkansen?　［複数］
  東京から仙台まで新幹線で何時間かかりますか？

近過去形は essere をとります。

- ◆ Ci sono volute due ore e mezza (o).　2 時間半かかりました。
  ◁ mezza でも mezzo でもかまいません。　（→★5［p64］）
- ◆ C'è voluta un'ora e mezza (o).　1 時間半かかりました。
  ◁「1 時間半」は単数扱いです。

- ◆ Quanti minuti **ci** vogliono per andare all'ufficio postale?
  – **Ci** vogliono solo cinque minuti in macchina.
  郵便局に行くには何分かかりますか？　－車でわずか 5 分です。

[参考] ◆ Quanti minuti (Quanto) **ci** metti per andare all'ufficio postale?
　　　　 – Io **ci** metto venti minuti a piedi.
　　　　 君は郵便局に行くのに何分(どれだけ)かかりますか？　［主語は tu］
　　　　 – 私は徒歩で 20 分かかります。　　　➡ metterci：時間をかける

③ capirci (わかる、理解できる)

　◆ Questo calcolo è troppo difficile. Non **ci** capisco niente.
　　この計算はむずかし過ぎる。私は全く理解できない。

④ entrarci (関係がある)

　◆ Io non **c'**entro per niente.　私には全然関係がない。

⑤ starci (同意する、加わる)

　◆ **Ci** stai a fare un regalo di compleanno a Giuseppe?
　　君はジュゼッペに誕生日の贈り物をすることに加わりますか？
　　（君は僕たちと組んでジュゼッペに誕生日のプレゼントをするかい？）
　　　　◀ starci は「同意して参加する」という前向きなニュアンスです。

⑥ 冗語的な使い方

　ⅰ) vedere, sentire など感覚を表す動詞とともに
　　◆ Non **ci** vedo bene.　私はよく見えない。
　　◆ Non **ci** sente.　彼はよく聞こえない。

　ⅱ) avere が直接目的語人称代名詞をともなうときに
　　◆ Hai una penna? – Sì, **ce** l'ho.　　(l' = la)
　　　ペンを持ってますか？ – はい、持っています。
　　　　◀ ce は語調を整える働き。

4) 動詞が補助動詞をともなう場合の小詞の位置について
　通常の動詞が補助動詞をともなう場合、小詞(ci, ne, lo)は不定詞にくっつけても、補助動詞の前に置いてもかまいません。

　　　　　　　　　　　(→ 2 章 1. ［p71］ 2. ［p74］ 10 章 5. ［p155］)

- Non siete ancora andati a Napoli? **Ci dovete andare una volta.**
  = **Dovete andarci una volta.**
  君たちまだナポリに行ったことがない？　一度は（そこに）行かなくちゃ。

　補助動詞が近過去など複合時制の場合、小詞（ci, ne, lo）は不定詞にくっつけても、助動詞の前に置いてもかまいません。（→ 3 章 4.（2）［p102］）

- **Ci** sono potuto andare. = Sono potuto andar**ci**.
  私はそこへ行くことができた。

  ◀「補助動詞の近過去」（→ 3 章 4.（1）［p101］）で触れましたが、ニュアンスの関係から、Sono potuto andarci. も、Ho potuto andarci. と表現される場合が多いことに留意してください。文法的には、Sono potuto andarci. が原則です。

◎ 1 → 48

｜2｜ 代名小詞 ne

前置詞 di（または da）＋ 名詞・代名詞・不定詞

1) 《di ＋ 名詞・代名詞》の代わりをします。数・量が問題となる名詞、あるいは部分冠詞の付いた名詞を受けて、代名詞のように用いられ、直接目的語の役割を果たします。「～については（di ～）」というニュアンスです。

- Quanti anni ha tuo padre? – **Ne** ha cinquanta.
  あなたのお父さんは何歳ですか？　– 父は 50 歳です。
  （年齢については（= di anni）50 持っています）

- Bevi molti caffè?
  君はコーヒーをたくさん飲みますか？
  – No, **ne** bevo solo due al giorno.
  – いいえ、1 日に 2 杯だけ飲みます。
  – No, **ne** bevo pochi al giorno.
  – いいえ、1 日にほんの少しだけ飲みます。
  （コーヒーについては（= di caffè）2 杯だけ飲みます / ほんの少しだけ飲みます）
  ◀「2 杯しか飲みません」「少ししか飲みません」と訳してもかまいません。

◆ Oggi avete le cotolette di maiale? – Sì, **ne** abbiamo tant**e**.
（肉屋の店先で）今日はトンカツありますか？ – はい、たくさんありますよ。

     ⮕ cotoletta (f.)：カツレツ maiale (m.)：豚、豚肉

◆ Se hai tante caramelle, me **ne** puoi dare un po'? (puoi darme**ne** un po'?)
もしたくさんキャンディを持っているなら、僕にちょっとくれませんか？

◆ In piazza ci sono molti turisti ? – Sì, ce **ne** sono molti.
広場にはたくさんの旅行客がいますか？ – はい、たくさんいます。

     ⮕ turisti (m.pl.)：旅行客（単数 turista (m. f.)）

◆ Quanti litri di vino vuoi comprare?
– **Ne** voglio comprare due. (= Voglio comprar**ne** due.)
ワインを何リットル買いたいのですか？ – 2リットル買いたいです。

     ⮕ litro (m.)：リットル

◆ Mangi tutto quel miele? – No, **ne** mangio solo un cucchiaio.
君はそのハチミツを全部食べるのですか？
– いいえ、スプーン1杯だけです。

     ⮕ miele (m.)：ハチミツ cucchiaio (m.)：スプーン

◆ Hai nostalgia di Milano? – Sì, **ne** ho molta.
あなたはミラノが懐かしいですか？ – はい、とても（ミラノが）懐かしいです。

 ◀「ノスタルジーをたくさん持っている」と量的なものととらえています。

     ⮕ nostalgia (f.)：郷愁

◆ Quanti gelati hai mangiato?
いくつアイスクリームを食べましたか？ ⮕ gelato (m.)：アイスクリーム

– **Ne** ho mangiat**i** tant**i**. *
– たくさん食べました。

– **Ne** ho mangiat**i** tre. *
– 3つ食べました。

– **Ne** ho mangiat**o** uno. *
– 1つ食べました。

– Non **ne** ho mangiat**o** nessuno. *
– 1つも食べていません。

－ **Li** ho mangiat<u>i</u> tutt<u>i</u>. ＊＊
－ 全部食べました。

 ＊助動詞 avere をとる近過去の文で、ne が直接目的語の働きをしている場合、過去分詞の語尾はその内容(ne が示すもの)の性・数に一致します(→ 3 章 5. (2) [p104])。
 形式的再帰動詞とともに ne が用いられる場合も同様です。
  ◆ Quanti l<u>i</u>bri ti sei comprato? － Me **ne** sono comprat<u>i</u> molt<u>i</u>.
   君は(自分のために)何冊本を買いましたか？ － たくさん買いました。

＊＊全体を網羅する場合は ne は使いません。

参考 以下の 4 例のような場合には、過去分詞の語尾は、ne が示す「イチゴ」の性・数に合わせてもいいし(①)、具体的な直接目的語である重さ「キロ」の性・数に合わせてもかまいません(②)。

 ◆ Hai comprato le <u>fragole</u>?
  君はイチゴを買いましたか？
   － Sì, **ne** ho comprat<u>e</u> un chilo. ①
    (Sì, **ne** ho comprat<u>o</u> un chil<u>o</u>.) ②
   － はい、1 キロ買いました。   ➡ fragola (f.)：イチゴ

 ◆ Ti sei comprato le <u>fragole</u>?
  君は(自分のために)イチゴを買いましたか？
   － Sì, me **ne** sono comprat<u>e</u> un chilo. ①
    (Sì, me **ne** sono comprat<u>o</u> un chil<u>o</u>.) ②
   － はい、1 キロ買いました。

 ◆ Hai comprato le <u>fragole</u>?
  君はイチゴを買いましたか？
   － Sì, **ne** ho comprat<u>e</u> due chili. ①
    (Sì, **ne** ho comprat<u>i</u> due chili.) ②
   － はい、2 キロ買いました。

◆ Ti sei comprato le fragole?
　君は(自分のために)イチゴを買いましたか？
　　– Sì, me **ne** sono comprate due chili. ①
　　　(Sì, me **ne** sono comprati due chili.) ②
　　– はい、2キロ買いました。

◆ Hai comprato tanti fiori?
　あなたはたくさん花を買いましたか？
　　– Sì, di fiori **ne** ho comprati tanti, però erano molto cari.
　　– はい、花はたくさん買いましたが、とても高かったです。
　　　◀ ne が、すでに示された di fiori を反復しています。

◆ Vuoi ancora delle riviste sulla moda italiana?
　君はイタリアンファッションの雑誌をまだ何冊かほしいですか？
　　◀これは部分冠詞の付いた名詞を受けるケースです。
　– No, non **ne** voglio più.
　– いいえ、もういりません。　　　　　■▶ non... più：もう〜ない

　　　　　　　　　　　　　　　　　　　　　　◎ 1 → 49

2)《di ＋ 名詞・代名詞・不定詞》の代わりをします。数・量とは無関係です。
《di ＋名詞・代名詞・不定詞》の部分に ne を用いることで、すでに述べた「事柄」を一語で表現し、同じ言葉の繰り返しを避ける働きをします。
この ne は、1)のケースの ne と異なり、直接目的語の働きをしません。したがって、近過去の文においても 1)のケースのように過去分詞の語尾が ne の内容によって影響を受けることはありません。
代名動詞の近過去の場合に過去分詞の語尾が変化するのは、通常の再帰動詞の近過去と同様、主語の性・数に一致させる必要があるからであって、ne とは何ら関係ないことに注意しましょう（＊を付けた下記の例文参照）。

◆ Daniele ha parlato delle tasse con i suoi amici?　– Sì, **ne** ha parlato.
　ダニエーレは友人たちと税金の話をしましたか？
　　– はい、彼は(その話を)しました。

- Non vuoi parlare della tua fidanzata a Lucia?
  – No, non gliene voglio parlare. = No, non voglio parlargliene.
  君は婚約者のことをルチーアに話したくないのか？　(→ 2 章 6. [p87])
  – はい、彼女に(そのことは)話したくないです。
    ◀このNoは、日本語での会話では「はい」となります。
                    (→★ 16・否定疑問に答えるときのSìとNoの使い方[p171])

- Ieri Luigi era di cattivo umore. Noi **ne** sappiamo la ragione.
  昨日ルイージは機嫌が悪かった。私たちはその(ご機嫌ななめの)わけを知っている。
    ◀ ne = di cattivo umore

- Per il compleanno mio marito mi ha regalato una bella collana e **ne** sono molto contenta.
  私の誕生日に主人が素敵なネックレスをプレゼントしてくれて、私はとても満足している。
    ◀「私」は女性。ne = di questa cosa (= di ciò プレゼントしてくれたこと)
      ➡ compleanno (m.)：誕生日　collana (f.)：ネックレス

- Hai voglia di fare un giro con la macchina?
  – Sì, certo, **ne** ho tanta voglia.
  君は車でドライブしたいですか？
  – はい、もちろん、とても(ドライブ)したいです。
      ➡ avere voglia di 〜：〜がしたい

- Mia moglie doveva comprare un detersivo per piatti, ma se **ne** è dimenticata. *　　　　　　　　< dimenticarsi di 〜
  妻は食器用洗剤を買わなければならなかったのに、(それを買うのを)忘れてしまった。
    ◀ ne è は n'è とすることもできます。dimenticata となっているのは、主語が mia moglie だからであって、ne とは何ら関係ありません。ne = di comprarlo
      ➡ detersivo (m.)：洗剤

◆ Professoressa, si è accorta di uno strano rumore nel corridoio?
  – No, non me **ne** sono accorta. ＊   ＜ accorgersi di ～
  先生、あなたは廊下で奇妙な物音に気づきましたか？
  – いいえ、私は(それに)気づきませんでした。
    ◀ Professoressa は女性の先生です。敬称の 3 人称単数です。形容詞 strano を名詞の後ろではなく前に持って来たのは、そのほうが語調がいいというそれだけの理由からです。
                                                  ne = di uno strano rumore
                                              ➡ corridoio (m.)：廊下

◆ Paolo si è occupato del commercio con l'estero.   ＜ occuparsi di ～
  – Fino a quando se **ne** è occupato? ＊
  パオロは外国貿易の仕事をした。
  – 彼はいつまでその仕事をしていましたか？   ➡ commercio (m.)：商業

◆ Sua sorella si è pentita di quella scelta sbagliata.   ＜ pentirsi di ～
  – Quando se **ne** è pentita? ＊
  彼の妹はその誤った選択を悔やんだ。
  – 彼女はいつそれを悔やんだのですか？

◆ Ti sei dimenticato di spegnere la televisione?
  – Sì, me **ne** sono dimenticato. ＊
  君はテレビを消し忘れたの？
  – はい、(消すのを)忘れました。   ne = di spegnere la televisione

◆ Secondo me Claudio può fare carriera. Tu che **ne** pensi?
  僕はクラウディオが出世すると思う。君は(その件について)どう思う？
    ◀ Tu che **ne** dici? もほぼ同じ意味です。   ne = di questa cosa
                                              ➡ fare carriera：出世する

《dire di ～》《finire di ～》などで、《di ＋不定詞》が ne に置き換わらないケースもあります。

① 次のケースでは di 以下は ne でなく lo (中性代名詞)で受けて、直接目的語と考えます。詳細は次項の lo [➜ p172]参照。

- Hai detto ai ragazzi di mangiare subito? – No, non gliel'ho detto.
  君は子どもたちに早く食べるようにと言いましたか？
  – いいえ、（彼らにそのようには）言いませんでした。

② 次のケースでは di 以下は ne にも lo（次項）にも置き換えられません。
- Hai finito di lavorare?（君は仕事を終えた？） と質問されたら
  →*No, non ne ho finito*.　でも　*No, non lo ho finito*. でもなく、
  単に No, non ho finito.（いえ、終えていません） と答えます。

3)《da ＋場所を表す名詞》の代わりをして、「〜から」の意味を表します（いわゆる「場所を表す ne」）。
- Mia moglie è nel camerino da ben dieci minuti per provare dei vestiti e ancora non **ne** esce.
  妻は洋服の試着で更衣室に 10 分も入っているが、まだ（そこから）出て来ない。
  ◀ ne = dal camerino　　ben = bene（→★ 10［p78］）
  この ben (bene) は強調の意味を持ちます。

4) 場所を表す場合以外に、《da ＋ 名詞・代名詞》が ne に置き換えられることもあります。
- Sei rimasto colpito da quel cantante? – Sì, **ne** sono rimasto colpito.
  君はあの歌手に感動しましたか？　– はい、（あの歌手に）感動しました。
- Nella classe quanti studenti sono affetti dall'influenza?
  – Al momento dodici studenti su trenta **ne** sono affetti.
  そのクラスでは何人の生徒がインフルエンザにかかっているのですか？
  – 今のところ 30 人中 12 人が（インフルエンザに）かかっています。
  ➡ essere affetto da 〜：〜に冒された

5) そのほか、ne に関しては、ci の場合と同様、以下のような使い方があります。
  ① andarsene　去る、行く　◀ ne は da quel luogo（その場所から）のニュアンスです。
- Torni a casa? – Sì, me **ne** vado perché la riunione è finita.
  家に帰るのですか？　– はい、会議が終わったのでもう行きます。

② tornarsene　帰る、戻る　　　　　◀ ne は da quel luogo のニュアンスです。
◆ Me **ne** sono tornato a casa perché ha cominciato a piovere.
雨が降り始めたので家に戻って来ました。

③ starsene　じっとしている　　◀ ne は in quel luogo (その場所に) のニュアンスです。
◆ Enrico era così pigro che voleva starse**ne** a casa senza andare a lavorare.
エンリーコはとても怠け者だったので、仕事に行かずに家でじっとしていたかった。
　　　　　　　　　　　　　　　　➡ così ～ che... : 非常に～なので…

★16 否定疑問に答えるときの Sì と No の使い方　　　◎ 1 → 50

Non vuoi parlare della tua fidanzata a Lucia?
– No, non gliene voglio parlare.
君は婚約者のことをルチーアに話したくないのか？
– はい、彼女に (そのことは) 話したくないです。

　この会話のように、否定の形で質問を受けた場合、日本人は、その返答で Sì と No を逆に言うミスを犯しがちです。「話したくないの？」と聞かれた場合、本人が話したかったら日本語では「いいえ」、話したくなかったら「はい」と答えます。イタリア語はその逆で、話したかったら「はい」、話したくなかったら「いいえ」と答えます。この間違いを犯さないためには、質問を non を除いた文に変えて、その内容を肯定するなら Sì、否定するなら No と言う、と覚えておきましょう。

◆ Sei arrabbiato? (君、怒ってる？)　と聞かれて、
怒っていたら Sì、怒っていなかったら No です。
これは日本人でも間違えません。

◆ Non sei arrabbiato? (君、怒っていない？)　と聞かれた場合も、
怒っていたらやはり Sì、怒っていなかったらやはり No です。

日本人はこれをよく間違えます。日本語では質問全体の内容を肯定する場合に「はい」、肯定しない場合に「いいえ」と言います。その日本人の感覚でいくと、「怒っていない」なら「はい」ですから、Sì と答えてしまうわけです。しかしこの場合にイタリア語でうっかり Sì と答えると、「怒っている」ということになり、相手に大きな誤解を与えます。

　　　　　　　　　　　　　　　　　　　　　　　▶ arrabbiato：怒った

◉ 1 → 51

3 ｜ 中性代名詞 lo

1) lo には、前の文の全体の内容やその一部を受けて、「そのことを」という意味を表す中性代名詞としての用法があります。文の中では直接目的語の役割を果たしますが、直接目的語人称代名詞の男性 3 人称単数（「彼を」「それを」）の lo のように特定の名詞に代わるものではありません。常に lo という形で用い、形は変化しません。

◆ Sai che Luca ha lasciato il lavoro? – Sì, lo so.
　君はルーカが仕事をやめたことを知ってますか？
　– はい、（そのことを）知ってます。
　　◀ lo は「ルーカが仕事をやめたこと」を表します。

◆ Hai detto ad Anna che è arrivata la lettera? – No, non gliel'ho detto.
　君はアンナに手紙が届いたと言いましたか？
　– いいえ、彼女に（そのことを）言っていません。
　　◀ ad Anna のように、前置詞 a、接続詞 e（〜と）、o（または）の次の語が母音で始まる場合、語呂を整えるために d を添えて ad, ed, od とすることがあります。
　　◀ 従属節内の動詞が近過去になっている点については 26 章 2.(1) 現在に近接する過去（passato legato al presente）[→ p316] を参照してください。

- Ci puoi promettere che studierai sempre?
  – Sì, ve lo posso promettere. = Sì, posso promettervelo.
  君はずっと勉強しますと私たちに誓えるか？
  – はい、（そのことを）君たちに誓えます。　　　▶ promettere：約束する
- Hai detto ai ragazzi di mangiare presto? – No, non gliel' ho detto.
  君は子どもたちに早く食べるようにと言いましたか？
  – いいえ、彼らに（そのようには）言いませんでした。

  > この命令文は Hai detto ai ragazzi che mangino presto? と同義です（接続法現在となることについては 26 章 2.(1) を参照のこと（→現在に近接する過去［p316］）。che 以下は lo に置き換わりますから、それとの整合性で、di mangiare presto も lo になると考えるわけです。
  > "di mangiare presto" の部分は、確かに di ＋ 不定詞の形ではありますが、*No, non gliene ho detto.* になることはありません。（→ 2.2）[p167]）

2) essere と組み合わされ、「そうである」の意味を表します。lo の内容が性・数の概念を帯びていたとしても、常に lo という形で用い、変化することはありません。
- Dieci anni fa il tasso di disoccupazione era basso, ma recentemente non lo è più.　　　　　　　　　　　lo = il tasso di disoccupazione è basso
  10 年前は失業率は低かったが、最近はもうそうではない。
  　　　　▶ tasso (m.)：率、割合　　disoccupazione (f.)：失業　　basso：低い
- Carlo era soddisfatto, ma gli altri non lo erano.　　lo = essere soddisfatto
  カルロは満足していたが、ほかの面々はそうではなかった。
  　　　　　　▶ soddisfatto：満足している　　altro (m.)：ほかの人（もの）

CAPITOLO 12　比較級 (comparativo) と最上級 (superlativo)

　　　　　　　　　　　　　　　　　　　　　　　　　　🅒 1 → 52

1　優等・劣等比較級
(comparativo di maggioranza / di minoranza)

　比較級(「…よりも～だ」)の表現は次のような形をとります。
「～」のところに入るのは**形容詞**または**副詞**です。

　＜優等比較級＞ (…よりも～だ)

　　più ～ di... または più ～ che...

　　◆ L'aereo è **più** veloce **del** treno.　飛行機は列車よりも速い。

　＜劣等比較級＞ (…よりも～でない) (…ほど～でない)

　　meno ～ di... または meno ～ che...

　　◆ Il treno è **meno** veloce **dell'**aereo.　列車は飛行機より速くない。

　以上のように、比較する対象を表す言葉の前には、**di** または **che** を置きます。では、いかなる場合に **di** を用い、いかなる場合に **che** を用いるのかを以下説明します。

1) 名詞・代名詞を比較する場合は **di** を用います(すなわち、**di** の後ろには名詞・代名詞が来ます)。比較の基準は形容詞、副詞で表わします。

　　◆ Sono più alto di mio fratello.　［代名詞と名詞の比較］
　　　私は兄(弟)よりも背が高い。

◆ Il portafoglio è meno pesante della borsa.　［名詞の比較］
　財布はカバンよりも重くない。
◆ Enzo è più allegro di me.　［名詞と代名詞との比較］
　エンツォは私よりも陽気だ。　　　　　　　　　⇒ allegro：陽気な
◆ Lo spettacolo è più interessante di quanto immaginassi.
　［名詞と関係代名詞節との比較］
　そのショーは想像していたよりも面白い。
　　　（→ 13章5. ［p195］ 17章5. (3) 3) ［p229］ 18章 ［p234］ 19章2. ［p247］）
◆ La moda italiana è più famosa di quella giapponese.　［名詞と代名詞の比較］
　イタリアのファッションは日本のファッションよりも有名だ。
◆ Carolina parla più lentamente di sua nonna.　［名詞の比較］
　カローリナは彼女のおばあさんよりもゆっくりと話す。
　　　◀ lentamente は副詞です。副詞が比較の基準になっているケースです。

　形容詞や副詞を使わないで名詞や代名詞を比較することもあります。
　少しわかりにくいですが「好み」の比較（「〜のほうが好きだ」）についていくつか例をあげます。piacere の文における名詞・代名詞の比較です。この場合は比較の基準として形容詞や副詞を用いることはありません。

◆ La sua motocicletta mi piace più della mia.
　彼のバイクのほうが自分のバイクよりも私は好きだ。
　　　◀ この文は、2章4. ［→ p81］で説明した piacere の一般的語順とは違いますが、このケース（次のケースも）では語調の上で主語を先に置いたほうが自然です。
◆ I film europei mi piacciono più di quelli americani.
　アメリカ映画よりヨーロッパ映画のほうが私は好きだ。
　　　　　　　　　　　　　　　　　　　　　　⇒ europeo：ヨーロッパの
◆ Mi piace più Milano di Roma.
　（Mi piace più Milano che Roma. でも OK）
　私はローマよりミラノのほうが好きだ。
　Mi piace Milano più di (più che) Roma.　とすることもできます。
　　　◀ 語順を Più che Roma mi piace Milano. にすると、「ローマよりもむしろミラノが好き」つまり「ローマはあまり好きではない」というニュアンスが出ます。

CAPITOLO 12　比較級（comparativo）と最上級（superlativo）

- Mi piace di più il pesce della carne.
  (Mi piace di più il pesce che la carne でも OK)
  私は肉よりも魚のほうが好きだ。

以上4つの「〜のほうが好きだ」という例文は、動詞 preferire を用いて《preferire A a B》（B よりも A が好きだ）と表現することもできます。好みの問題ですが、このほうがエレガントです。

- Preferisco la sua motocicletta alla mia.
- Preferisco i film europei a quelli americani.
- Preferisco Milano a Roma.
- Preferisco il pesce alla carne.

- Il tuo orologio vale più del suo.
  君の時計は彼の時計よりも値打ちがある。　　➡ valere：価値がある
- È meglio di niente.（動詞 è を省いて Meglio che niente. も OK）
  何もないよりはましだ。

　　　　　　　　　　　　　　　　　　　　　　🎧 1 → 53

2) **che** は、比較の対象が名詞・代名詞以外の場合に用います。
　具体的には形容詞、副詞、副詞句、不定詞（動詞の原形）の場合です。

- Gianni è più prudente che timido. ［形容詞の比較］
  ジャンニは気が弱いというより慎重だ。
  　　　　　　　　　　　　　➡ prudente：慎重な　timido：気が弱い
- Nicola agisce più precipitosamente che coraggiosamente. ［副詞の比較］
  ニコーラは大胆というより軽率に行動する。
  　　◀ Nicola は男子の名前です。
- In campagna si guida la macchina più facilmente che in città.
  ［副詞句の比較］
  都会より田舎のほうが楽に車を運転できる。（→ 21 章 2. (5) 受身の si [p266]）

- La metropolitana è <u>più</u> piena di mattina <u>che</u> di giorno. ［副詞句の比較］
  地下鉄は日中よりも朝のほうが混雑する。　▶ metropolitana (f.)：地下鉄
- La madre ha scritto una lettera a suo figlio <u>più</u> per incoraggiarlo <u>che</u> per consolarlo. ［副詞句の比較］
  母は息子に慰めるというより激励するために手紙を書いた。
  　　　　　　　　　　　　　▶ incoraggiare：励ます　consolare：慰める
- Mi piace andare a Roma <u>più</u> <u>che</u> a Milano. ［副詞句の比較］
  私はミラノに行くよりローマに行くほうがいい。
- Nuotare è <u>più</u> facile <u>che</u> sciare. ［不定詞の比較］
  スキーをするより泳ぐほうが簡単だ。
- A Stefania piace ballare <u>più</u> <u>che</u> cantare. ［不定詞の比較］
  ステファーニアは歌を歌うよりも踊るほうが好きだ。
- Gli piace viaggiare in Italia <u>più</u> <u>che</u> viaggiare in Inghilterra.
  ［不定詞の比較］
  彼はイギリスを旅行するよりイタリアを旅行するほうが好きだ。
- Preferisco fare il bagno (piuttosto) <u>che</u> fare la doccia. ［不定詞の比較］
  私はシャワーを浴びるより（むしろ）お風呂に入りたい。
  　　　　　　　　　　　▶ piuttosto che 〜：〜よりもむしろ　doccia (f.)：シャワー

<u>ただし、副詞であっても、「時」に関連する言葉を比較する場合、che ではなく di が用いられることがあります。</u>

- Oggi le verdure sono <u>meno</u> care <u>di</u> ieri.
  今日は昨日より野菜が高くない。　　　　　　　▶ verdura (f.)：野菜
- Maria è diventata <u>più</u> bella <u>di</u> prima.
  マリーアは以前よりも美しくなった。
- Stasera sono tornato a casa <u>più</u> tardi <u>del</u> solito.
  今夜私はいつもより遅く帰宅した。
- Ieri il tempo era <u>più</u> bello <u>di</u> oggi.
  昨日は今日よりもいい天気だった。

数詞（**numerali**）が後に続く場合も **di** が用いられます。

- Loro hanno lavorato in una piccola isola più di dieci anni.
  彼らは小さな島で 10 年以上も働いた。

3）名詞であっても、その数量を比較する場合は **che** を用います。

- Sabato sera a teatro c'erano più donne che uomini.
  土曜日の夜、劇場は男性より女性のほうが多かった。　　➡ teatro (m.)：劇場
- I giapponesi mangiano più riso che pane.
  日本人はパンよりも米を多く食べる。　　➡ pane (m.)：パン
- Ada ha meno libri che riviste.
  アーダは雑誌の数ほどは本を持っていない。
- Abbiamo bevuto più vino rosso che vino bianco.
  私たちは白ワインより赤ワインを多く飲んだ。
- Nell'aria c'è più azoto che ossigeno.
  空気中には酸素よりも窒素のほうがたくさん存在する。

　　　　　　　　　　　　　　　➡ azoto (m.)：窒素　ossigeno (m.)：酸素

- Visito più Torino che Bologna.
  私はボローニャよりもトリノをよく訪れる。　　◀「よく」= 回数の多さ

◎ 1 → 54

2 同等比較級（**comparativo di uguaglianza**）（「…と同じくらい～だ」）

同程度であることの表現は以下のとおりです。

(1) [così] ～ come... もしくは [tanto] ～ quanto...

così は、実際には省略することが多いです。
tanto も省略できます。

1) 名詞・代名詞を比較する場合に用います。比較の基準は形容詞、副詞で示します。

- Praga è bella come Firenze.
- Praga è [tanto] bella quanto Firenze.
 プラハはフィレンツェと同じくらい美しい。　［名詞の比較］
- Angela è gentile come te.
- Angela è [tanto] gentile quanto te.
 アンジェラは君と同じくらい親切だ。　［名詞と代名詞の比較］

　　➡ gentile：親切な

- Niente è sano come fare dello sport.
- Niente è [tanto] sano quanto fare dello sport.
 運動をするくらい健康にいいことはない。
 ［不定代名詞と不定詞(名詞的用法)の比較］　　➡ sano：健康な
- Tommaso prepara il sushi bene come i cuochi giapponesi.
- Tommaso prepara il sushi [tanto] bene quanto i cuochi giapponesi.
 トンマーゾは日本の料理人と同じくらい上手に寿司を作る。　［名詞の比較］

　　➡ preparare：準備する、(食事を)作る

2) 比較の対象が、形容詞あるいは副詞の場合にも用います。

- Il mio superiore è spiritoso come intelligente.
- Il mio superiore è [tanto] spiritoso quanto intelligente.
 私の上司は頭がいい上にユーモアがある。
 (私の上司はユーモアがあって頭がいい)

　　➡ spiritoso：ユーモアあふれた　intelligente：知的な、頭のよい

- La modella cammina velocemente come con eleganza.
- La modella cammina [tanto] velocemente quanto con eleganza.
 そのモデルは優雅に、しかも速く歩く。(そのモデルは速くエレガントに歩く)
 　◀ con eleganza は副詞句ですが、副詞に準ずる例として考えてください。

3) 比較の対象は副詞句であっても構いません。
- ◆ Le ostriche si cucinano facilmente alla giapponese come alla francese.
- ◆ Le ostriche si cucinano facilmente [tanto] alla giapponese quanto alla francese.
  カキはフランス風でも日本風でも簡単に調理される。

➡ ostrica (f.)：カキ　（→ 21 章 2. (5) 受身の si [p266]）

4) 2つの「文」が同程度であることを表現する場合にも用います。次の＜ケース１＞＜ケース２＞＜ケース３＞を比較してください。

＜ケース１＞
- ◆ Io conosco bene Bruna come la conosci bene tu.
- ◆ Io conosco bene Bruna [tanto] quanto la conosci bene tu.
  君がブルーナをよく知っているのと同じくらい私も彼女をよく知っている。

＜ケース２＞
- ◆ Io conosco bene Bruna come conosco te.
- ◆ Io conosco bene Bruna [tanto] quanto conosco te.
  私は君を知っているのと同じくらいブルーナを知っている。

＜ケース３＞
- ◆ Io conosco bene Bruna come te.
- ◆ Io conosco bene Bruna [tanto] quanto te.

　＜ケース３＞の表現は、その意味するところが＜ケース１＞のようにも＜ケース２＞のようにも受け取れ、非常にあいまいです。したがって、文としては長くなりますが、意味を明確化するために、＜ケース３＞は避けて、＜ケース１＞か＜ケース２＞で表現すべきでしょう。

　しかし、次のケースは意味がはっきりしているので問題はありません。

- ◆ Amano Carla come Elena.
- ◆ Amano [tanto] Carla quanto Elena.
  彼らはエーレナと同じくらいカルラを愛している。

5) 純粋な同等比較とは異なりますが、come... も［tanto］〜 quanto... も「…であるとおり〜だ」「…であるほどに〜だ」という意味では同様の用い方ができます。

- Quel ragazzo è bravo come credete.
- Quel ragazzo è [tanto] bravo quanto credete.
  あの少年は君たちが考えているとおり優秀だ。
- Lui non è stupido come pensavamo.
- Lui non è [tanto] stupido quanto pensavamo.
  彼は私たちが思っていたほどまぬけではない。

◎ 1 → 55

(2) 数量の同等比較

数量を比較する場合は［tanto］〜 quanto... を用います。

この場合の tanto と quanto は、数量を示す形容詞になりますので、その語尾は後に続く名詞の性・数に一致します。

- Giacomo ha tante cravatte quante giacche.
  ジャコモはジャケットと同じだけネクタイを持っている。
- Quell' avvocato ha comprato tanto spumante quanta birra.
  あの弁護士はビールと同じくらい(同じ量の)スプマンテを買った。
  ▶ spumante (m.)：イタリア産のスパークリングワイン
- Lui ha tanti libri quanti (ne ha) suo fratello.
  彼は弟と同じだけ本を持っている。
- Francesca mangia tante torte quante ne compra.
  フランチェスカは買って来ただけケーキを食べてしまう。
- L'insegnante ha preparato tanti quaderni quanti sono gli studenti.
  教師は生徒の数だけノートを準備した。　　▶ quaderno (m.)：ノート
  ◀ tanto を受ける動詞と quanto を受ける動詞が異なる場合は、quanto の後に動詞を補った文を持って来るべきです。sono が入らないと gli studenti も preparere の目的語になってしまいます。

(3) [quanto] più (meno) ～ [tanto] più (meno) ～
（「～すればするほど～だ」）

quanto と tanto は省略できます。

- Più si studia più s'impara.　人は学べば学ぶほど物事を覚える。

   ◀ si については 21 章 3. [→ p268]。

- Più leggi il giornale più capirai il mondo.
   君は新聞を読めば読むほど、世の中がよくわかるだろう。

   ▶ mondo (m.)：世界、世間

- Quanto più guadagnano, tanto più diventano avari.
   彼らは稼げば稼ぐほど、けちになっていく。　　▶ avaro：けちな

◎ 1 → 56

3 ｜ 形容詞と副詞の最上級

(1) 相対最上級（superlativo relativo di maggioranza e minoranza）
（「…のうちで最も～だ」）

＜優等最上級＞
　定冠詞（il, i, la, le）＋ più ～ di（fra）…
＜劣等最上級＞
　定冠詞（il, i, la, le）＋ meno ～ di（fra）…

- Questo è il gioiello più caro del mondo.　これは世界一高価な宝石だ。
- Gianni è il meno generoso fra tutti.
   ジャンニは皆の中で最も気前がよくない。

   ◀ fra は di と異なり、特定の集団の中で比較する場合に用います。
   　したがってこの例における tutti は、彼の同僚、仲間、クラスのメンバーなど、
   　そういった集団の中で、というニュアンスを帯びることになります。

- Tokyo è la città più popolosa del Giappone.
   東京は日本で最も人口の多い都市である。　　▶ popoloso：人口の多い

◆ Oggi è il giorno più felice della mia vita.
今日は私の人生の中で一番幸せな日だ。　　　　　　　　　■ felice：幸せな

◆ La costiera amalfitana è il paesaggio più indimenticabile fra quelli che conservo nella mia memoria.
アマルフィ海岸は私の思い出の中にある風景の中で、最も忘れることのできない風景だ。
◀ quelli = paesaggi
■ paesaggio (m.)：風景　　conservare：保存する

◆ Quello è il secondo treno più veloce del mondo.
それは世界で2番目に速い列車だ。

参考

◆ Può presentare un certificato medico il più presto possibile?
できるだけ早く診断書を提出していただけますか？

　il più presto possibile のように、《il più ＋副詞＋ possibile》(「できるだけ〜」)という形は副詞の相対最上級であるともいえますが、実際にはこれ以外に副詞の相対最上級と呼べるものはありません。副詞には性と数がなく、定冠詞が定まらないので、厳密には、副詞には相対最上級はないと考えるべきでしょう。

　il più presto possibile と al più presto possibile は同じ意味と考えましょう。ちなみに al più presto は「早くても」という意味です。
■ certificato (m.)：証明書

　　◆ Il pacchetto arriverà al più presto fra cinque giorni.
　　小包は早くても5日後の到着になるでしょう。

◆ Kawasaki è la seconda città della provincia per popolazione dopo il capoluogo.
川崎は、県庁所在地に次いで、県で2番目に人口の多い都市である。
　◀これは比較級・最上級を使わない表現方法です。
　■ provincia (f.)：県　popolazione (f.)：人口　capoluogo (m.)：県庁所在地

- ◆ Lo Shinano è il terzo fiume giapponese in ordine di lunghezza.
  信濃川は長さにおいては3番目の日本の川である。
  - ◀これも比較級・最上級を使わない表現方法です。
  - ▶ fiume (m.)：川　▶ in ordine di 〜：〜の順に
- ◆ i venti giochi più venduti in Italia nei primi cinque mesi del 2014
  2014年の年初5ヵ月でイタリアにおいてよく売れたゲームのベスト20
- ◆ i primi otto paesi　上位8ヵ国
- ◆ i tre porti più belli del mondo　世界3大美港　　▶ porto (m.)：港

● 「最も〜な中の1つ(有数の)」という表現

- ◆ Tom Cruise è uno degli attori più famosi del mondo.
  トム・クルーズは世界で最も有名な俳優の一人だ。(世界有数の俳優だ)
  - ▶ attore (m.)：俳優
- ◆ Kukai è uno dei tre calligrafi giapponesi più bravi del nono secolo.
  空海は9世紀における日本の三大書家の一人である。
  - ▶ calligrafo (m.)：書家

(2) 絶対最上級(superlativo assoluto)

1) 形容詞の絶対最上級(「非常に〜な」)(= molto, tanto, assai 〜)

> 形容詞の原級(語尾の母音を落とす)＋ issimo

　　buono：buon ＋ issimo → buonissimo (非常に美味しい、とても善良な)
　　　　　　　　　　　　　　＝ molto buono
　　bellissimo (非常に美しい) ＝ molto bello
　　vecchissimo (非常に古い) ＝ molto vecchio
　　　◀vecchioのoを落とすとvecchiのiとissimoのiが重なってvecchiissimoとなるので、oだけでなく手前のiも落とすことになります。
　　lunghissimo (非常に長い) ＝ molto lungo
　　　◀lungoのoを落とすだけでなく、hを補ってghiとする必要があり要注意です。

2) 副詞の絶対最上級（「非常に～に」）
   ① -mente の付いている副詞は、その元となる形容詞に、1) にならって絶対最上級の語尾 -issimo を付け、それを女性単数形 -issima にして、さらにその後に -mente を付けます。

   velocemente（早く）：velocissima ＋ mente
   　　　　　　　　　→ velocissimamente（非常に早く）

   ② -mente の付いていない副詞は、1) の要領で -issimo を付けるだけで出来上がりです。

   piano（ゆっくり）：pian ＋ issimo → pianissimo（非常にゆっくりと）

   ◎ 1 → 57

4 特殊な比較級・最上級

形容詞・副詞の中には、通常の形の比較級・最上級のほかに、特殊な形の比較級・最上級を持つものがあります。太字で表したものがそれにあたります。

(1) 形容詞

原　級		比　較　級 （より～な）	相対最上級 （最も～な）	絶対最上級 （非常に～な）
buono	良い、美味しい	**migliore**	**il (la) migliore**	**ottimo (a)**
cattivo	悪い、まずい	**peggiore**	**il (la) peggiore**	**pessimo (a)**
grande	大きい、偉大な	**maggiore**	**il (la) maggiore**	**massimo (a)**
piccolo	小さい	**minore**	**il (la) minore**	**minimo (a)**
alto	高い、高位の	**superiore**	il (la) più alto (a)	altissimo (a)
basso	低い	**inferiore**	il (la) più basso (a)	bassissimo (a)

◆ Sai qual è il ristorante migliore d'Italia?
　君はイタリアで一番美味しいレストランがどれか知っていますか？

　　◀「イタリアで」という場合は d'Italia と定冠詞を付けませんが、「日本で」なら del Giappone となります。定冠詞の要不要は、実際、国ごとにまちまちです。

- ◆ Quel medico è il peggiore della città.
  あの医者は町で一番腕が悪い。
- ◆ Franco è il maggiore dei suoi fratelli.
  フランコは兄弟の中で一番年上だ。
- ◆ Luisa è la minore delle sue sorelle.
  ルイーザは姉妹の中で一番年下だ。
- ◆ A Bologna ho mangiato delle ottime lasagne.
  私はボローニャでとても美味しいラザーニャを食べた。
  ◀ delle は部分冠詞です。
- ◆ L'estate scorsa la temperatura massima in Giappone è stata quarantuno gradi.
  去年の夏、日本の最高気温は41度だった。

(2) 副詞

原　　級		比較級	絶対最上級
bene	よく、うまく	**meglio**	**ottimamente**, benissimo
male	悪く、まずく	**peggio**	**pessimamente**, malissimo

- ◆ Mi trovo meglio con il dizionario cartaceo più che con quello elettronico.
  私は、電子辞書よりも紙の(旧来の)辞書のほうがより使い勝手がいい。
  ■ trovarsi：居心地が〜である　　cartaceo：紙の　　elettronico：電子の

CAPITOLO 13 | 関係代名詞 (pronome relativo)

　関係代名詞は、1つの文の中の特定の名詞・代名詞(これを先行詞(antecedente)といいます)を詳しく説明するための節(関係節)を先行詞と結びつける、接続詞のような役割を果たす代名詞です。

　関係代名詞には5つの種類がありますが、主たるものは che, cui, quale の3つ、それに chi, quanto です。それぞれの守備範囲、つまり用いられる場面には違いがあります。

🔊 1 → 58

1 | che

1) 先行詞は「人」でも「もの」でも OK です。

2) 先行詞の性・数によって che の形が変化することはありません。

3) 関係節の主語や直接目的語になりますが、前置詞と共に用いることはありません。

- ◆ Questo è **il pullman** che va a Siena. ［che は関係節の主語の働き］
  これがシエーナに行く観光バスだ。　　　　➡ pullman (m.)：観光バス

  ◀ 太字の **il pullman** が先行詞です。Questo è **il pullman**. と **Il pullman** va a Siena. という2つの文を、両者に共通の **il pullman**(先行詞)を用いて1つの文に合体させるというのが、この場合の関係代名詞の役割です。

- **L'anziano** che cammina con il bastone è il nonno di Ada.　［同上］
  杖をついて歩いているお年寄りはアーダのおじいさんだ。

  ➡ anziano (m.)：高齢者(女性(f.)の場合 -a)

  ◀ L'anziano è il nonno di Ada. と L'anziano cammina con il bastone. という 2 つの文を、両者に共通の l'anziano（先行詞）を用いて 1 つの文に合体させるというのが、この場合の関係代名詞の役割です。

- **L'avvocato** che mi hai presentato è bravo.　［che は関係節の中で直接目的語の働き］
  君が私に紹介してくれた弁護士は優秀だ。　　　➡ avvocato (m.)：弁護士

  ◀ L'avvocato è bravo. と Mi hai presentato l'avvocato. という 2 つの文を、両者に共通の l'avvocato（先行詞）を用いて 1 つの文に合体させるというのが、この場合の関係代名詞の役割です。

- Quella è **la ragazza** che incontro ogni mattina per la strada.　［同上］
  あれが、毎朝僕が道ですれ違う女の子だよ。

  ◀ Quella è **la ragazza**. と Incontro **la ragazza** ogni mattina per la strada. という 2 つの文を、両者に共通の **la ragazza**（先行詞）を用いて 1 つの文に合体させるというのが、この場合の関係代名詞の役割です。

4) il che

定冠詞 il をともなって il che の形で前の文全体を受けることがあります（先行詞となる文全体は、常に男性単数形として扱います）。ciò（「そのこと」）あるいは questo（「これ」）と同じ意味になります。

- **Non riesco a imparare a memoria le coniugazioni**, il che è un problema per me.
  うまく動詞の活用が暗記できない。それが私にとって問題だ。

  ➡ imparare a memoria：暗記する

5) 関係代名詞の代わりに《a ＋不定詞》を用いることもできます。

- C'erano **solo dieci persone** che vedevano lo spettacolo stasera.
  今夜、舞台を観ていた人たちはわずか 10 人だった。

  ＝ C'erano solo dieci persone a vedere lo spettacolo stasera.

  ◀ che vedevano が a vedere に変わります。

2 cui

1) 先行詞は「人」でも「もの」でも OK です。

2) che と同様、先行詞の性・数によって cui の形が変化することはありません。

3) 関係節の主語や直接目的語にはなりません。

4) 前置詞と共に用います(《前置詞＋ cui》の形)。

- ◆ Voglio leggere **il libro** di cui parlavano ieri.
    昨日彼らが話題にしていた本を私は読みたい。
    - ◁ Voglio leggere **il libro**. と Parlavano ieri **del libro**. という 2 つの文を、両者に共通の **il libro**(先行詞)を用いて 1 つの文に合体させるというのが、この場合の関係代名詞の役割です。そして残った di が cui の前に来ます。

- ◆ **La città** in cui abito è molto verde. (= dove)(→ 14章1. 関係副詞[p197])
    私が住んでいる町はとても緑が多い。　　　　　　　　　　■▶ verde：緑の
    - ◁ **La città** è molto verde. と Abito **nella città**. という 2 つの文を、両者に共通の **la città**(先行詞)を用いて 1 つの文に合体させるというのが、この場合の関係代名詞の役割です。そして残った in が cui の前に来ます。

- ◆ **L'amico** con cui ho viaggiato in Italia parla benissimo l'italiano.
    私と一緒にイタリアを旅行した友人はイタリア語をとても上手に話す。
    - ◁ **L'amico** parla benissimo l'italiano. と Ho viaggiato in Italia **con l'amico**. という 2 つの文を、両者に共通の **l'amico**(先行詞)を用いて 1 つの文に合体させるというのが、この場合の関係代名詞の役割です。そして残った **con** が cui の前に来ます。

- ◆ Quella è **la ragazza** a cui telefono ogni sera.
    あれは僕が毎晩電話している女の子です。
    - ◁ Quella è **la ragazza**. と Telefono ogni sera **alla ragazza**. という 2 つの文を、両者に共通の **la ragazza**(先行詞)を用いて 1 つの文に合体させるというのが、この場合の関係代名詞の役割です。そして残った a が cui の前に来ます。

    なお、前置詞 a は、文の中でときに省略されることがあります。

    - ◆ Quella è **la ragazza** cui telefono ogni sera.

◆ Questo è **il motivo** per cui ci siamo offesi.
これが私たちの気を悪くした理由です。

◾▶ offendersi per 〜：〜に気を悪くする

◁ Questo è il motivo. と Ci siamo offesi per il motivo. という2つの文を、両者に共通の **il motivo**（先行詞）を用いて1つの文に合体させるというのが、この場合の関係代名詞の役割です。そして残った **per** が cui の前に来ます。

なお per cui は、話し言葉の中で、前の話の内容を受けて、あたかもそれ全体を先行詞にするかのように独立して用いられることがあります。

◆ ..., per cui ho deciso di vivere in Italia.
そんなわけで、私はイタリアで暮らす決心をしました。

◾▶ , per cui = perciò, quindi：それゆえ、だから　decidere：決心する

前置詞＋cui で始まる関係節では動詞が省略されてしまうことがあります。

◆ Al ricevimento abbiamo incontrato **diversi stranieri**, fra cui un italiano molto spiritoso.
私たちはレセプションで多くの外国人に会いましたが、その中にひとり、とてもユーモアのあるイタリア人がいました。

◁ fra cui と un italiano の間にあるべき c'era が省略されています。cui の先行詞は diversi stranieri です。　◾▶ straniero (m.)：外国人（女性(f.)の場合 -a）

5）定冠詞＋cui

定冠詞をともなって所有形容詞のように用いることがあります。《定冠詞＋cui＋名詞》

定冠詞の性・数は所有の対象となる名詞に一致します。

◆ **Firenze**, i cui patrimoni culturali sono molto famosi, si trova al centro d'Italia.
フィレンツェ、その文化遺産はとても有名だが、それはイタリア中央部に位置する。

◁ 定冠詞 i は所有の対象である patrimoni culturali の性と数に一致します。

◾▶ patrimonio (m.)：財産、遺産　famoso：有名な　centro (m.)：中心　trovarsi：（ある場所に）いる、ある

- **Bernardo**, il cui stipendio non è alto, ha rinunciato alle vacanze di quest'estate.
  ベルナルドは給料が安く、今年の夏のバカンスを断念した。
  （自分の給料が安いベルナルドは今年の夏のバカンスを断念した）
  ■ stipendio (m.)：給料　rinunciare a ～：～を断念する

- Conosco **una famiglia** la cui regola è cenare tutti insieme.
  夕食を全員一緒にとることを家訓としている家族を私は知っている。
  （その家訓が夕食を全員一緒にとることであるところの家族を私は知っている）
  ■ regola (f.)：規則　cenare：夕食をとる

6)《定冠詞＋cui》が前置詞とともに用いられることもあります。

- Vincenzo è **una persona** sulla cui lealtà posso contare.
  ヴィンチェンツォはその忠誠心を私があてにできる人物です。　　（→ 3. quale）
  ◁ contare su ～（～をあてにする）の su が余り物になって、それが cui の前の定冠詞と結合することになります。

- **Giuseppe**, della cui disoccupazione ci siamo preoccupati, ora lavora in una piccola fabbrica.
  ジュゼッペの失業については私たちも心配したが、現在彼は小さな工場で働いている。（→ 3. quale）　　■ fabbrica (f.)：工場
  ◁ preoccuparsi di ～（～を心配する）の di が cui の前の定冠詞 la と結合して della となっています。

◎ 1 → 60

|3| quale

1) 先行詞は「人」でも「もの」でも OK です。

2) 必ず定冠詞を必要とし、語尾変化があります（いずれも先行詞の性・数に一致）。すなわち il quale, la quale, i quali, le quali の 4 種類の変化です。

3）quale は、書き言葉に登場しますが、話し言葉では主に che や cui を用います。

4）che と同様、関係節の主語や直接目的語になりますが、直接目的語としては現在ほとんど使われなくなっています。
　直接目的語としての例も一応あげておきますが、発音する場合の音の流れもよくありません。

- **La signora**, la quale legge il libro, è la moglie di Lio.
　［quale は関係節の主語の働き］
　本を読んでいる女性はリーオの奥さんだ。

- Giorgia è **una ragazza pugliese** la quale balla molto appassionatamente la pizzica. ［quale は関係節の主語の働き］
　ジョルジャはピッツィカをとても情熱的に踊るプーリアの女の子です。
　　◀ピッツィカとは、プーリア州サレント地方の伝統的なダンスです。

- **Il consulente**, il quale mi hai presentato, è di Lugano.
　［quale は関係節の直接目的語の働き］
　君が私に紹介してくれたコンサルタントはルガーノ出身です。

5）これまであげた例文の quale は、仮に che であったとしても何ら支障はありません。quale がその役割を発揮するのは、以下の例のように先行詞が不明瞭な場合です。

- **Il fratello** di Cristina, il quale suona molto bene il pianoforte, ha comprato una chitarra. ［quale は関係節の主語の働き］
　クリスティーナの弟はピアノをとても上手に弾くのだが、その彼がギターを買った。
　　◀このケースで関係代名詞 che を用いると、先行詞が il fratello（男性）なのか Cristina（女性）なのかはっきりしません。しかし quale を使うとそれが明確になります。文章の中では先行詞をはっきりさせる必要があり、quale はそういった書き言葉の中で有用といえます。
　　　　　　■ pianoforte（m.）：ピアノ　　　chitarra（f.）：ギター

- Ho cenato con **il presidente americano** dell'impresa di costruzioni, il quale non capisce bene giapponese.
  私は日本語がよくわからない建設会社のアメリカ人社長と夕食を共にした。
  > ◀ 先行詞が関係代名詞から離れている場合に che を用いると、先行詞が presidente なのか impresa di costruzioni なのかはっきりしません。その場合、quale を用いれば先行詞が男性単数名詞であることが明確になります。日本語が理解できないのは建設会社ではなく社長です。

6) また、前置詞と共に用いると、《前置詞 + cui》と同じ働きになります。

- Voglio leggere **il libro pubblicato l'anno scorso** del quale i tuoi amici parlavano ieri. （= di cui）
  昨日君の友人たちが話題にしていた去年発刊のその本を僕は読みたい。
  ■ pubblicato：出版された ＜ pubblicare

- **La città** nella quale abito è molto verde. （= in cui = dove）
  私が住んでいる町はとても緑が多い。 （→ 14章1. [p197]）

- Maria e Carla sono le **mie colleghe** con le quali vado molto d'accordo.
  マリーアとカルラは、私ととても仲のいい仕事仲間です。（= con cui）
  ■ andare d'accordo con ～：～と仲がいい

- La **ragazza** alla quale telefono ogni sera è una studentessa dell'Università di Roma. （= a cui）
  僕が毎晩電話している女の子はローマ大学の学生です。

- Voglio chiedergli **il motivo** per il quale ha abbandonato la sua impresa.
  彼が事業を投げ出した理由を私は彼に聞きたいものだ。 （= per cui）
  ■ abbandonare：捨てる、投げ出す

7)《定冠詞＋ cui》と同じように、所有形容詞のようにも用いられます。
quale（quali）の前の定冠詞は、先行詞（つまり所有の主体）の性・数に一致します。cui の場合と混同しやすいので注意が必要です。cui の定冠詞の性・数は所有の対象となる名詞の性・数に一致します。

しかし、こういったケースで quale が用いられることはほとんどなく、一般的には cui を用います。一応、例をあげておきます。（→ 2.5）[p190, 191]）

- **Firenze**, i patrimoni culturali della quale sono molto famosi, si trova al centro d'Italia. （= i cui patrimoni culturali）
  フィレンツェはその文化遺産でとても有名だが、それはイタリア中央部に位置する。
  ◀ della の la は所有の主体である Firenze（← città（f.））の性・数に一致します。

- **Bernardo**, lo stipendio del quale non è alto, ha rinunciato alle vacanze di quest'estate. （= il cui stipendio）
  ベルナルドは給料が安く、今年の夏のバカンスを断念した。
  （自分の給料が安いベルナルドは今年の夏のバカンスを断念した）

- Conosco **una famiglia** la regola della quale è cenare tutti insieme. （= la cui regola）
  夕食を全員一緒にとることを家訓としている家族を私は知っている。
  （その家訓が夕食を全員一緒にとることであるところの家族を私は知っている）

8）ここにさらに前置詞が加わり、その前置詞が定冠詞の結合形をともなって所有形容詞のように用いられることがあります。　　　　　　（→ 2.6）[p191]）

- Vincenzo è **una persona** sulla lealtà della quale posso contare. （= sulla cui lealtà）
  ヴィンチェンツォはその誠実さを私があてにできる人物です。

1 → 61

4 | chi

1）先行詞を含めた関係代名詞で、「〜するところの人」（= colui che, la persona che（〜するところの人）, coloro che, le persone che（〜するところの人々））の意味を表します。性・数の区別はなく男性単数形として扱います。

2）不変化で定冠詞も必要としません。

3) 関係節の、主語にも直接目的語にもなります。また、前置詞と共に用いることもできます。

- Chi troppo vuole non è mai soddisfatto. ［chi は関係節の主語の働き］
  求め過ぎる人は決して満足することはない。
- Sto cercando chi può curare il giardino della mia casa.
  ［chi は関係節の主語の働き］（→ 22 章 2. (1) ジェルンディオ［p275］）
  私は家の庭を手入れしてくれる人を探しているところです。
  ▣ cercare：探す　　curare：世話をする
- La polizia ha liberato chi aveva arrestato. ［chi は関係節の直接目的語の働き］
  警察は逮捕した人間を釈放した。　　　　　　　▣ liberare：解放する
- Vorrei dare un bel voto a chi studia. ［前置詞とともに主節の間接目的語の働き］
  勉強する人にいい点数を与えたいものだが。　▣ voto (m.)：点数、成績；投票

5 quanto

1) 先行詞を含めた関係代名詞で、「〜するところのもの(こと)」の意味を表します。ciò che, quello che に置き換えることができます。

- Quanto mi hai detto è giusto.
  (= Ciò che mi hai detto è giusto.)
  (= Quello che mi hai detto è giusto.)
  君が私に言ったことは正しい。　　　　　　▣ giusto：正当な、適切な
- Per quanto riguarda la cucina, mi piace quella giapponese.
  料理に関しては、私は日本料理が好きです。　▣ cucina (f.)：料理、台所
  ◀ quanto riguarda 〜 で「〜に関するところのもの(こと)」という意味です。

2) quanti と複数形にして「〜するところのもの(人)すべて」の意味を表します。tutti quelli che, tutti coloro che に置き換えることができます。

◆ Possono iscriversi all'associazione quanti lo desiderano.
希望する人は皆、協会に加入することができる。

➡ iscriversi a 〜：〜に加入する　desiderare：欲する、望む

◆ Qui ci sono tante caramelle. Potete prenderene quante volete.
ここにたくさんキャンディがあります。君たち好きなだけ取っていいですよ。

◀「〜するところのもの、人たち」の性が具体的に女性形(le caramelle)と想定できる場合、先行詞は quante となります。

<まとめ>

	主 語	直接目的語	前置詞との結合 (間接目的語を含む)	所有格
che	○	○	×	×
cui	×	×	○	○
quale	○	△	○	○

CAPITOLO 14 | 関係副詞(avverbio relativo)と関係形容詞(aggetivo relativo)

◎ 1 → 62

|1| 関係副詞

1) 場所を表す名詞が先行詞の場合、《前置詞＋関係代名詞》(in cui, a cui など)を関係副詞 dove 一語で表すことができます(「〜であるところの」)。

- **La città** dove abito è molto comoda.
  (= **La città** in cui abito è molto comoda.)
  私が住んでいる町はとても快適だ。
- **La stazione** dove sono arrivato era piena di gente.
  (= **La stazione** a cui (in cui) sono arrivato era piena di gente.)
  私が到着した駅は人でいっぱいだった。　　■▶ pieno di 〜：〜でいっぱいの

2) 関係副詞 dove は先行詞を含むこともあります(「〜である場所に(で)」)。つまり先行詞なしで用いることができ、nel posto dove に置き換えることができます。

- Potete andare dove volete.
  君たちが望むところに行っていい。

197

2 | 関係形容詞

　関係形容詞 **quanto** は、《quanto ＋先行詞》という形式で用いられ、数量について「〜するだけの〜」という意味を持つ形容詞の働きをします。

　先行詞の役割を果たす言葉が quanto よりも後に置かれます。後ろに置かれる先行詞の性と数によって、quanto, quanti, quanta, quante と語尾変化します。

◆ Puoi invitare quanti **amici** vuoi.
　君は、望むだけ(の人数の)友達を招待してもいい。

CAPITOLO 15 | 条件法現在 (condizionale presente)

条件法 (modo condizionale) は、「もし〜ならば」という「条件」を表現する叙法と考えがちですが、そうではありません。後述するように、ある条件下での「可能性」を表す場合、前提となる条件を明示せずに単独で微妙なニュアンスを表す場合などに用います。

条件法には現在と過去があります。

1 | 条件法現在とその活用形

条件法現在は、明示または暗示された何らかの条件下での、現在または未来の実現可能性、願望・意図を表現しますが、その働きは多岐にわたります。

語幹はすべて直説法未来形と同じです [→ p131]。未来形の -rò, -rai, -rà, -remo, -rete, -ranno の代わりに rei, resti, rebbe, remmo, reste, rebbero を付ければ条件法現在形になります。

tornare	prendere	partire	capire
tornerei	prenderei	partirei	capirei
torneresti	prenderesti	partiresti	capiresti
tornerebbe	prenderebbe	partirebbe	capirebbe
torneremmo	prenderemmo	partiremmo	capiremmo
tornereste	prendereste	partireste	capireste
tornerebbero	prenderebbero	partirebbero	capirebbero

avere	essere
avrei	sarei
avresti	saresti
avrebbe	sarebbe
avremmo	saremmo
avreste	sareste
avrebbero	sarebbero

potere	dovere	volere	andare
potrei	dovrei	vorrei	andrei
potresti	dovresti	vorresti	andresti
potrebbe	dovrebbe	vorrebbe	andrebbe
potremmo	dovremmo	vorremmo	andremmo
potreste	dovreste	vorreste	andreste
potrebbero	dovrebbero	vorrebbero	andrebbero

fare	stare	vedere	mangiare *
farei	starei	vedrei	mangerei
faresti	staresti	vedresti	mangeresti
farebbe	starebbe	vedrebbe	mangerebbe
faremmo	staremmo	vedremmo	mangeremmo
fareste	stareste	vedreste	mangereste
farebbero	starebbero	vedrebbero	mangerebbero

trarre	porre	condurre
trarrei	porrei	condurrei
trarresti	porresti	condurresti
trarrebbe	porrebbe	condurrebbe
trarremmo	porremmo	condurremmo
trarreste	porreste	condurreste
trarrebbero	porrebbero	condurrebbero

◎ その他、注意すべき動詞

bere → berrei   cadere → cadrei   cominciare → comincerei ＊
dare → darei   dire → direi   giocare（遊ぶ）→ giocherei ＊＊
pagare → pagherei ＊＊   parere → parrei   rimanere → rimarrei
sapere → saprei   studiare → studierei   tenere → terrei
valere → varrei   venire → verrei   viaggiare → viaggerei ＊
vivere → vivrei など

　＊ -ciare, -giare で終わる動詞は、i が落ちて -cerei, -gerei となります。

　　cominciare → comincerei　mangiare → mangerei

　　viaggiare → viaggerei

　　（注）studiare は -are 動詞の原則通り studierei です。

＊＊ -care, -gare で終わる動詞は、h を加えて -cherei, -gherei となります。

　　giocare → giocherei　pagare → pagherei

🔊 1 → 63

2 | 条件法現在の用法

1) 要望・願望を、「できれば」のような条件を含みに入れて丁寧に伝える婉曲的表現

- ◆ <u>Potrei</u> farti qualche domanda?
  あなたにいくつか質問してもいいでしょうか？

- ◆ Scusi, <u>vorrei</u> vedere quella giacca marrone in vetrina.
  すみません、ウィンドーの中のあの茶色のジャケットを見たいのですが。
  ➡ giacca (f.)：ジャケット　vetrina (f.)：ショーウィンドー

- ◆ Mi <u>piacerebbe</u> abitare in un piccolo paese tranquillo.
  静かな小さな村に住んでみたいなあ。　➡ tranquillo：落ち着いた、静かな

- ◆ <u>Potrebbe</u> indicarmi la strada per Brescia?
  ブレーシャへ行く道を教えていただけますでしょうか？
  ➡ indicare：指し示す、教える

- ◆ Secondo la mia opinione, non <u>dovresti</u> concludere l'affare così in fretta.
  私の意見ですが、あなたはそんなに急いで商談をまとめるべきではないでしょう。
  ➡ concludere：まとめあげる　affare (m.)：仕事、ビジネス　in fretta：急いで

- ◆ Senta signore, ci <u>dovrebbe</u> essere il mio nome nell'elenco delle prenotazioni.
  すみません、予約リストに私の名前があるはずなのですが。（→調べてもらえませんか？）
  ◀ ci dovrebbe essere = dovrebbe esserci
  ➡ prenotazione (f.)：予約　elenco (m.)：一覧表

2) 要請・勧告の婉曲的表現

- ◆ Voi <u>dovreste</u> fare silenzio!　（≒ dovete）
  君たち、静かにしてくれないか！

3）個人的意見の婉曲的表現

- Direi che quel lavoro è molto interessante.
  その仕事はとても面白いんじゃないかな。　　　　　（→ 18 章 3.1）(C)［p241］)

4）推測・うわさ（報道）

- Secondo alcune voci, nei prossimi mesi il governo si dimetterebbe.
  うわさでは、ここ数ヵ月のうちに内閣が総辞職するようだ。

  ➡ voce (f.)：声　　dimettersi：辞職する

5）不確かさ

- Non so se Giacomo accetterebbe la tua proposta.
  ジャコモが君の提案を受け入れるかどうか私にはわからない。

  ➡ accettare：受け取る、受け入れる　　proposta (f.)：提案

Non so se ～（～かどうかわからない），Mi domando se ～，Mi chiedo se ～（～かどうか考える・自問する）のような間接疑問文の場合は、この例のように接続詞 se の後に条件法を持って来ることもできます。se ～は「～かどうか」という意味です。（→ 17 章 5.(1) 1)［p218］)

6）文中に条件が暗示されている場合

- Al tuo posto lo farei senz'altro.
  僕が君の立場ならもちろん実行するだろう。

  ◀ al tuo posto に「もしも～なら」という条件が隠れています。20 章の仮定文で説明しますが［→ p255］、Al tuo posto = Se fossi al tuo posto です。
  この例は 3）の「個人的意見」と考えることもできます。

- Con un sacco di soldi, comprerei una macchina straniera.
  たくさん金があれば外車を買うんだけどなあ。

  ➡ soldi (m.pl.)：お金　　straniero：外国の

  ◀ con un sacco di soldi に条件が隠れています。
  Con un sacco di soldi = Se avessi un sacco di soldi です。（→ 20 章［p258］)

- ◆ Mio marito non tornerebbe ubriaco così tardi.　　➡ ubriaco：酔った
  私の夫なら酔っ払ってそんなに遅く帰って来ることはないでしょう。
  - ◀ mio marito に条件が隠れています。Mio marito = Se fosse mio marito
    「もしも彼が私の夫だとすれば」という意味です。　　　（→ 20 章［p254］）
    形容詞 ubriaco が動詞 tornare を修飾する副詞として機能しています。

    （→★ 17・形容詞の副詞的用法［p205］）

- ◆ Neanche un ladro ruberebbe quella vecchia borsa.　　➡ rubare：盗む
  泥棒でもあの古ぼけたカバンは盗んでいかないだろう。　　（→★ 3［p54］）
  - ◀ neanche un ladro に条件が隠れています。
    Neanche un ladro = Anche se quella persona fosse un ladro, non ruberebbe quella vecchia borsa.
    「あの人がたとえ泥棒だとしても〜」という意味です。（→ 20 章［p254］）

7）現実に条件づけられた仮定の表現

- ◆ Devo accompagnare Franca alla stazione, se no vedrei la partita di calcio alla televisione.
  僕はフランカを駅まで送らなければならない。そうでなければテレビでサッカーの試合を見るのだけれど。　　➡ partita (f.)：試合

- ◆ Antonio deve restare in casa, altrimenti uscirebbe con la moto.
  アントーニオは家にいないといけない。でなければバイクで外出するのに。

8）条件法現在を使って将来の実現不可能な行為を表現することもできますが、その場合は後ろに "ma" で始まる文を付け加えて実現可能性を否定する必要があります。

- ◆ Riuscirei ad andare a teatro con te stasera, ma sono molto occupato con il lavoro.
  今夜君と芝居を観に行くこともできるのだけれど、仕事がとても忙しいのだ。（だから行けない）

- ◆ Verrei volentieri alla festa, ma devo finire i compiti per domani.
  よろこんでパーティーに行くところだけれど、明日中に宿題を終えなければならないのだ。（だから行けない）　　　　　　（→★ 23［p314］）

♦ Maria vorrebbe lavorare part-time, ma suo marito è contrario.
マリーアはパートタイムで働きたいのだけれど、夫はそれに反対している。（だから働けない）　　　　　　　　　　　➡ contrario：反対の

9) 話し言葉に限定されますが、条件法現在を使った現在の行為の婉曲的表現は、直説法半過去で代用することもできます。（→ 4章3.9）［p121］）

♦ Volevo（=vorrei）chiederti delle cose.
君にいくつか聞きたいのだけれど。

10) 接続法とのコンビによる仮定の表現

《Se + 接続法》については 16章 条件法過去[→ p210]の中で簡単に説明します。詳しくは 20章 仮定文 [→ p251]を参照してください。

★17 形容詞の副詞的用法（aggettivo usato con valore di avverbio）

本文の例 tornare ubriaco「酔っ払って帰る」の ubriaco は形容詞ですが、様態を表す副詞（「酔っ払って」）として使われています。これを形容詞の副詞的用法といいます。

この例のように、形容詞が主語の状態を表しているときは、その形容詞の性と数が主語の性と数に一致します。次の例も同様です。

♦ Simona è rientrata distrutta.
シモーナはへとへとになって家に帰った。　　➡ rientrare：（家に）帰る
◀形容詞 distrutto (a)が副詞として働いています。

CAPITOLO 16 条件法過去 (condizionale passato)

|1| 条件法過去の作り方と活用形

[作り方]

> 助動詞 avere または essere の条件法現在 ＋ 過去分詞

[活用]

guardare	andare
avrei guardato	sarei andato (a)
avresti guardato	saresti andato (a)
avrebbe guardato	sarebbe andato (a)
avremmo guardato	saremmo andati (e)
avreste guardato	sareste andati (e)
avrebbero guardato	sarebbero andati (e)

avere, essere の区別は近過去の場合と同じです。

2 条件法過去の用法

条件法過去も、以下のように、その働き・用法は多岐にわたります。

1) 過去において実際には実現しなかったことを表します。
   15章 条件法現在 2. 1) 6) 7) 8)［→ p202〜204］も参照してください。

   ◆ Ti avrei prestato i libri che ti interessavano...
     君が興味を持っていた本を僕が君に貸してあげたのになあ。

   ◆ Con un sacco di soldi avrei comprato una macchina straniera...
     たくさん金があれば外車を買ったんだけどなあ。
         ◀条件法現在の場合と違い、外車購入は不可能であることを表現しています。

   ◆ Avremmo dovuto visitare Pisa, ma non abbiamo avuto tempo.
     私たちはピサを見学するはずだったが、時間がなかった。(だからピサに行けなかった)

   ◆ Marta avrebbe dovuto spedire una e-mail, ma non ci è riuscita.
     マルタはEメールを送るつもりだったのだが、送れなかった。
         ◀ ci は 11 章 1. 2)［→ p160］参照。

   ◆ Antonio doveva restare a casa, altrimenti sarebbe uscito con la moto.
     アントーニオは家にいなければならなかった。でなければバイクで外出しただろうに。
         ◀条件法現在の場合(Antonio deve restare in casa, altrimenti uscirebbe con la moto.「アントーニオは家にいないといけない。でなければバイクで外出するのに」)と比較してください。
         restare a casa, restare in casa ともに OK です。

   ◆ Ieri sarei potuto venire a casa tua, ma sono stato molto male.
     昨日君の家に行くことができたのだが、体調がとても悪かった。(だから行けなかった)

2) 推測・うわさ（報道）　（→ 15 章 2.4)〔p203〕)

- ◆ Secondo fonti non ufficiali, l'oggetto volante precipitato in Giappone la settimana scorsa sarebbe stato un UFO.
 非公式の情報源によると、先週日本に落下した飛行物体は UFO だったらしい。
　　➡ fonte (f.)：源、水源　　ufficiale：公式の　　oggetto (m.)：物体
　　　 precipitare：墜落する
- ◆ Secondo un mio amico, Gianni e Nadia si sarebbero già separati.
 私の友人の話では、ジャンニとナーディアはもう別れたらしい。
　　➡ separarsi：（お互いに）別居する

3) 不確かさ　（→ 15 章 2.5)〔p203〕)

- ◆ Non so se Giacomo avrebbe accettato la tua proposta.
 ジャコモが君の提案を受け入れたかどうか、私にはわからない。

4) 現在や未来において実現しえないことも表します。ただし、その前後には内容を補足する文を付け加える必要があるでしょう。

- ◆ Stasera sarei andato con piacere al cinema, ma devo andare a cena con i miei.
 今夜はよろこんで映画を観に行きたいところだったのですが、両親と夕食に行かなければなりません。
　　◁条件法現在 andrei を使うより実現性が極めて低い表現といえます。
- ◆ Domani avrei mangiato volentieri con te, ma devo fare un viaggio d'affari.
 明日は是非、君と食事をしたかったのだけれど、出張しなければならないんだ。
- ◆ Oggi ho già un impegno, altrimenti sarei uscito a fare un giro in macchina con te.
 今日はすでに約束が入っているんだ。でなければ君とドライブに出かけたのだけれど。
　　　　　　　　　　　　　　　　➡ impegno (m.)：約束、用事

5）過去未来（過去のある時点から見た未来） （→ 19 章 時制の一致 1. [p243〜]）

以下の例のように、主節の動詞が直説法の場合、それがいかなる過去形であっても、その時点より後に起こるであろう内容は、通常、条件法過去で表現することになります（→主節の動詞が条件法である場合については 18 章 3.1）(B)[p239]）。

条件法で表現された内容が結果的に実現したかどうかは重要ではありません。条件法で表現された内容が現在より以前の事柄であれば、すでに結果は出ているはずですから、実現したか実現しなかったかのどちらかで確定しているでしょうし、条件法で表現された内容が現在よりも先の事柄であれば実現するかどうかは未だ不明ということになります。しかしいずれにしても、条件法で表現された内容の成否は文面からは判断できないわけです。

- ◆ Rodrigo diceva che avrebbe comprato una macchina.
  ロドリーゴは車を買うだろうと言っていた。
- ◆ Rita ha detto che si sarebbe sposata con un ragazzo spagnolo.
  リータはスペイン人の彼氏と結婚するだろうと言った。
- ◆ Ero sicuro che lui avrebbe approvato la mia opinione.
  私は、彼が私の意見に賛同すると確信していた。　　■▶ approvare：同意する
- ◆ Pensavo che Emma avrebbe vinto il concorso.
  私はエンマがコンクールで優勝するであろうと思っていた。
- ◆ Speravo che mia nonna sarebbe venuta il più presto possibile.
  私は祖母ができるだけ早く来てくれることを願っていた。

少しむずかしい話になりますが、主節の動詞が直説法近過去であっても、それが現在に近接する過去（「つい今しがた」というニュアンス）である場合（**passato legato al presente**）は、主節の動詞が現在形である場合と同じと考えます。したがって、その時点よりも後に起こるであろう事柄は、その確実性、実現可能性の有無により、直説法未来形①、条件法現在形②、条件法過去形③で表すことになります。

これに関しては 26 章 直接話法と間接話法 2. (1) [→ p316]も参照してください。

① その時点よりも後の事柄がほぼ確実であれば直説法未来形を使います。
  ◆ Lui ha detto che oggi andrà al cinema.
    今日映画を観に行くつもりだと、(つい今しがた) 彼は言った。

② その時点よりも後の事柄にともかく実現する可能性があるのであれば条件法現在形を使います。
  ◆ Lui ha detto che oggi andrebbe al cinema.
    今日映画を観に行こうかなと、(ついさっき) 彼は言った。

③ その時点より後の事柄であっても、実現する可能性がないことがすでに確実であるならば条件法過去形を使います。(→ 4)［p208］)
  ◆ Lui ha detto che oggi sarebbe andato al cinema.
    今日映画を観に行くことになっていたのだが(行けない)と、(たった今) 彼は言った。

なお、話している時点よりも前の事柄が実現しなかったことを表現する場合も条件法過去を使います。(→ 1)［p207］)
  ◆ Lui ha detto che ieri sarebbe andato al cinema.
    昨日映画を観に行くことになっていたのだが(行けなかった)と、(たった今) 彼は言った。

6) 接続法とのコンビによる仮定の表現

これについては20章 仮定文［→ p251］で詳しく説明しますので、ここでは簡単な記述にとどめます。

① 現在・未来の実現不確かな仮定に基づいて、予測される結果を表現する場合(実現不確かな仮定)［**Se** + **接続法半過去，条件法現在**］
  ◆ Se provassi una volta il sushi, non ne potresti più fare a meno.
    一度寿司を食べてみたら、君はもう病みつきになってしまうだろう。
    ◀ ne = del sushi (→ 11 章 2. 2)［p167］) ▸ fare a meno di：～なしで済ます

② 現在の事実に反することを「ある」と仮定して、その結果を推量する場合（現在の事実に反する仮定）［**Se ＋ 接続法半過去，条件法現在**］

- ◆ Se sapessi volare, vorrei vedere dall'alto il deserto del Sahara.
  もし飛ぶことができたら、僕はサハラ砂漠を空の上から眺めたいな。

③ 過去の事実に反することを「あった」と仮定して、その結果を推量する場合（過去の事実に反する仮定）［**Se ＋ 接続法大過去，条件法過去**］

- ◆ Se avessi avuto tempo, avrei preso le vacanze.
  もし私に時間があったなら、バカンスを取ったのだけれど。

これと同じ内容を直説法半過去を使って表現することもできます。話し言葉ではよく使います。

- ◆ Se avevo tempo, avrei preso le vacanze.
  ［**Se ＋ 直説法半過去，条件法過去**］
- ◆ Se avevo tempo, prendevo le vacanze.
  ［**Se ＋ 直説法半過去，直説法半過去**］

7) 条件法過去の代わりに用いる直説法半過去の動詞を、dovere, potere などの補助動詞にして、過去において実現しなかった事柄を表現する場合も少なくありません。ただし、その前後に状況を説明する何らかの文が補足されます。

- ◆ L'ufficio è chiuso oggi. Non lo sai? Dovevi chiedere in anticipo per telefono.（= Avresti dovuto chiedere in anticipo per telefono.）
  オフィスは今日休みだよ。君は知らないの？　あらかじめ電話で聞いておくべきだったねえ。
  　　　　　　　　　　　　　　　　　　　▶ in anticipo：あらかじめ

CAPITOLO 17 接続法現在（congiuntivo presente）・接続法過去（congiuntivo passato）

|1| 接続法（modo congiuntivo）の世界

　接続法は、直説法の現実的な叙述とは異なり、不確実な事柄、主観や感情に関わる事柄、否定的な事柄などを述べるときに用いられます。そうはいっても、日本人の感覚からはなぜこのケースが接続法になるのかがわかりにくい場合もあります。接続法が用いられるケースを体系的に把握するのが近道でしょう。

◎ 2 → 02

|2| 接続法現在の活用形

guardare	prendere	sentire	finire
guardi	prenda	senta	finisca
guardi	prenda	senta	finisca
guardi	prenda	senta	finisca
guardiamo	prendiamo	sentiamo	finiamo
guardiate	prendiate	sentiate	finiate
guardino	prendano	sentano	finiscano

avere	essere
abbia	sia
abbia	sia
abbia	sia
abbiamo	siamo
abbiate	siate
abbiano	siano

andare	dare	fare	stare	dire
vada	dia	faccia	stia	dica
vada	dia	faccia	stia	dica
vada	dia	faccia	stia	dica
andiamo	diamo	facciamo	stiamo	diciamo
andiate	diate	facciate	stiate	diciate
vadano	diano	facciano	stiano	dicano

trarre	porre	condurre
tragga	ponga	conduca
tragga	ponga	conduca
tragga	ponga	conduca
traiamo	poniamo	conduciamo
traiate	poniate	conduciate
traggano	pongano	conducano

◎ 1人称・2人称・3人称単数形は Lei に対する命令形と同じ形です。3つすべてが同形なので io, tu, lui などの主語人称代名詞を付けて区別することが多いです。

◎ 1人称複数形は直説法の1人称複数形と同じです。

◎ 3人称複数形は、3人称単数の末尾に -no を付ければ出来上がりです。命令形の3人称複数 Loro と同形です。

◎ 2人称複数形はすべて -iate となります。avere と essere の2人称複数形は、それぞれの命令形の2人称複数と同形です。(→ 9章1. [p138])

- ◆ Credo che lui abbia ragione.
  彼の言うことは正しいと私は思う。　　■▶ avere ragione：正しい、道理がある

- ◆ Non è sicuro che loro siano arrabbiati.
  彼らが怒っているというのは確かでない。

3 接続法過去の作り方と活用形

[作り方]

助動詞 avere または essere の 接続法現在 ＋ 過去分詞

[活用]

guardare	andare
abbia guardato	sia andato (a)
abbia guardato	sia andato (a)
abbia guardato	sia andato (a)
abbiamo guardato	siamo andati (e)
abbiate guardato	siate andati (e)
abbiano guardato	siano andati (e)

avere, essere の区別は直説法近過去の場合と同じです。

- ◆ Credo che lei sia già arrivata all'aeroporto.
  彼女はすでに空港に到着したと私は思う。　　■▶ aeroporto (m.)：空港

- ◆ Non è sicuro che lui abbia avuto un incidente.
  彼が事故にあったというのは確かでない。　　■▶ incidente (m.)：事故

4 | 接続法現在・過去の用法

(→ 19 章 時制の一致 1. (2) 1)［p244］)

接続法現在・過去は、従属節 (proposizione subordinata) の中で用いられるのが一般的です。

主節 (proposizione principale) の動詞が直説法現在もしくは未来のとき

① **接続法現在**は、従属節の中で主節と同時またはそれ以後の事柄を表します。

- ◆ Penso che lui compri una macchina nuova.
  私は彼が新しい車を買うと思う。

    ◁ Penso の部分が主節、lui compri una macchina nuova の部分が従属節です。che は従属節 (名詞節) を導く接続詞です。

- ◆ Giancarlo continua a bere il vino nonostante abbia mal di testa.
  ジャンカルロは頭が痛いにもかかわらずワインを飲み続けている。

    ◁ Giancarlo continua a bere il vino が主節、abbia mal di testa が従属節です。nonostante (「〜にもかかわらず」) は従属節 (副詞節) を導く接続詞です。

② **接続法過去**は、従属節の中で主節より以前の事柄を表します。

- ◆ Penso che lui abbia comprato una macchina nuova.
  私は彼が新しい車を買ったと思う。

    ◁ Penso が主節、lui abbia comprato una macchina nuova が従属節 (名詞節) です。

- ◆ Mia madre è contenta che io sia tornato in tempo.
  母は私が時間通りに帰って来たことに満足している。

    ◁ Mia madre è contenta が主節、io sia tornato in tempo が従属節 (名詞節) です。

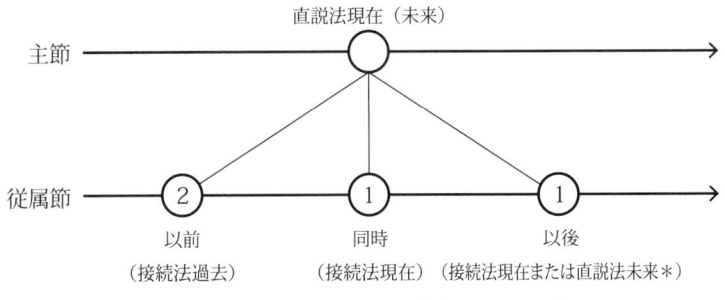

```
                    直説法現在（未来）
主節  ─────────────────○─────────────────────→

                    ╱ │ ╲
                   ╱  │  ╲
従属節 ──②────────①────────①──→
      以前        同時        以後
   (接続法過去)  (接続法現在) (接続法現在または直説法未来*)
```

丸の中の数字は上記項目の番号①②を示しています。

＊主節よりも後の事柄を表す場合は接続法現在でなく**直説法未来**を使う場合があります。

◆ Penso che lui comprerà una macchina nuova.
私は彼が新しい車を買うと思う。

◎ 2→03

| 5 | 具体的な用法 |

接続法が登場するのは従属節においてですが、従属節には、**名詞節**、**副詞節**、**関係節**(形容詞節)があります。

(1) 名詞節(proposizione nominale)(「～ということ」という形で表現される＊)での用法

＊che に導かれる下線の従属節部分が名詞節にあたります。
Penso che lui compri una macchina nuova.
Mia madre è contenta che io sia tornato in tempo.

接続法は、まず、che などの接続詞に導かれる従属節(名詞節)の中で、次のような場合に用います。

すなわち、不確実、主観的、感情的、否定的なニュアンスを帯びる場合、あるいは主節の動詞が非人称動詞であったり、非人称表現の場合などです。

以下、例を見ていきましょう。

主節にどのような語句が用いられているか、その点に注目してください。

太線を引いた表現が接続法を要求するものである、と理解してください。例文における主節の主語には、非人称動詞や非人称表現の場合を除き、便宜的に1人称単数(io)を使っていますが、実際には tu, lui など、主語がそれ以外の人称になる場合ももちろんあります。

接続法現在形は単線、**接続法過去形**は2重線で示しておきます。

216

1) 不確実性をともなうこと：主観的意見・考え、想像など

- ◆ Credo che lei sia contenta.
  私は彼女が満足していると思う。
- ◆ Penso che lei sia già uscita.
  私は彼女がすでに外出したと思う。
- ◆ Immagino che lui possa essere deluso.
  私は彼ががっかりしていると思う。　　➡ deluso：失望した、がっかりした
- ◆ Suppongo che lui abbia già preso il treno.
  私は彼がすでに列車に乗ったのではないかと思う。
  　　　　　　　　　　　　　　　　　suppongo ＜ supporre（想像する）
- ◆（Mi）sembra che voi siate stanchi. ◀非人称表現（非人称動詞）＊
  君たちは疲れているように(私には)見える。
  　◀Mi は sembrare の主語ではありません。間接目的語（「私には」）です。
- ◆ Si dice che stiano diminuendo le anguille. ◀非人称表現＊
  ウナギが減りつつあるという話だ（〜だそうだ）。
  　　　　　　　➡ stare ＋ ジェルンディオ：〜しつつある　anguilla (f.)：ウナギ
- ◆ Dicono che i lupi si siano già estinti in Giappone. ◀非人称的な表現＊
  オオカミは日本ではすでに絶滅したといわれている。
  　　　　　　　　　　　　　　　　　　　➡ estinguersi：絶滅する
- ◆ Non è giusto che la ditta trasferisca Franco all'ufficio in Spagna.
  　　　　　　　　　　　　　　　　　　　◀非人称表現＊
  会社がフランコをスペインの事務所に転勤させるのは適切でない。
  　　　　　　　　　　　　　　➡ trasferire：移す、転勤させる

＊あらためて7) で触れますが、上記4つの例文の注釈に「非人称表現」「非人称動詞」という言葉を用いましたので、ここで少し説明しておきます。非人称表現とは、個人の意見ではない一般的な見解を述べる語法で、その中で用いる動詞(非人称動詞)は必ず3人称単数の形をとります。ただし、3つ目の例にあるように、動詞の3人称複数形（dicono ＜ dire）を特定の主語をともなわずに用いることで、非人称的な表現を作り出すこともできます。

また、最後の例のように、非人称表現は、動詞 essere の 3 人称単数形 ＋ 形容詞（ときに名詞）＋ che 〜 という形をとることもあります。これを非人称構文といいます。（→★ 25 ［p340］）

◆ Non sono certo che lui abbia torto.
　私は彼が間違っていると確信はしていない。

◆ Non sono sicuro che lui abbia avuto tempo di studiare.
　彼に勉強する時間があったという確信を私は持っていない。

◆ Non so se Paola ti voglia incontrare.
　パオラが君に会いたいのかどうか僕にはわからない。
　　◀この場合は従属節を導く接続詞に、che ではなく se を用います。
　　◀Non so se の後で条件法が来るケースについては、15 章 2.5)［→ p203］参照のこと。
　　◀主節と従属節の主語が同一の場合は、Non so se の後には不定詞を持って来ることもできます。

　　　◆ Non so se portare un ombrello o no.
　　　　カサを持って行くか行かないか、どちらがよいか僕はわからない。

　　　参考 ◆ Quel bambino non sa come usare le forbici.
　　　　あの子どもはどうやってハサミを使えばいいのかわからない。

（注1）主節に用いられる語句が次のような場合には、che 以下に示される内容に確実性、客観性があるので、従属節の動詞は**直説法**となります。ただ日本人にはそのように割り切れないものもあります。主節の語句がどのような場合に、従属節が接続法ではなく直説法をとるのか、それを覚えていくのが近道でしょう。（→ 19 章 1. (1)［p243］）

◆ Sono certo che lei è sincera.
　彼女は誠実であると私は確信している。　　　　➡ sincero：誠実な、率直な

◆ Sono sicuro che lei ha torto.
　彼女は間違っていると私は確信している。

◆ È sicuro che lui si è sistemato con il lavoro. ◀非人称表現
　彼が仕事にありついたのは確かだ。　　　　　➡ sistemarsi：職を見つける

◆ È chiaro che lui dice bugie.　◀非人称表現
　彼がうそをついているのは明白だ。

◆ È evidente che Michela è simpatica.　◀非人称表現
　ミケーラが感じがいいのは明らかだ。　　　　➡ simpatico：感じがいい

- È vero che Anna non è timida. ◀非人称表現
  アンナが引っ込み思案でないのは事実だ。　　▶ timido：引っ込み思案の
- So che Paola ti vuole bene.
  パオラが君を好いていることを僕は知っている。
  　　◀ ti vuole の ti は間接目的語人称代名詞であることに注意。
  　　（→ 2 章 5.（2）［p86］）
- So che Laura ha regalato una cravatta a Lio il Giorno di San Valentino.
  ラウラがバレンタインデーにネクタイをリーオにプレゼントしたことを僕は知っている。
- Vedo che hai lavorato tanto.
  君がたくさん働いたことが私にはわかる。＊
- Sento che vanno molto d'accordo.
  彼らはとてもうまが合っている感じがする。＊
- Ho sentito che lui ha venduto un vecchio appartamento.
  私は、彼が古いマンションを売ったと聞いている。＊
  　　◀この sentire は「聞いたので知っている」という意味です（前の例文の sentire は「感じる」）。近過去ですが、「知っている」という現在の状態を表すニュアンスを持ちます。
- Mi hanno detto che lui è stato promosso a presidente.
  　　　　　　　　　　（→ 21 章 受動態 2.（4）［p265］）
  私は彼が社長に昇進したと聞いている。＊　　▶ promuovere：昇進させる
  　　◀ Mi hanno detto も現在の状態を表すニュアンスを持ちます。

＊vedere, sentire などの知覚動詞は、解釈、判断を入れない見たまま聞いたままの表現であることから、従属節（名詞節）では直説法を用います。capire（「〜であるとわかる」）も同様です。

（注 2）本来 che に導かれる節が直説法を用いる場合であっても、倒置によって文頭に名詞節の che が来るときは、その che に導かれる節は**接続法**をとります。名詞節の内容が、評価未定、不確定の位置にあるからです。

- È sicuro che lei non partecipa alla festa.
  → ◆ Che lei non partecipi alla festa è sicuro.
  　　彼女がパーティーに参加しないこと、それは確かなことだ。
  　　　　　　　　　　　　　　　▶ partecipare a 〜：〜に参加する
- Noi sappiamo che lui ha ricevuto un premio dal comune.
  → ◆ Che lui abbia ricevuto un premio dal comune, lo sappiamo.
  　　彼が市から賞を授かったということを私たちは知っている。
  　　　　　　　　　▶ ricevere：受け取る　comune（m.）：自治体

2) 可能性、蓋然性 ◎ 2→04

- ◆ È probabile che lui conosca l'indirizzo del professore. ◀非人称表現
  彼が教授の住所を知っているというのはありうることだ。
  (おそらく彼は教授の住所を知っている) ▣ indirizzo (m.)：住所
- ◆ È improbabile che lui superi questo problema. ◀非人称表現
  彼がこの問題を克服することはありえない。
- ◆ È possibile che oggi piova. ◀非人称表現
  今日雨が降る可能性はある。
- ◆ È impossibile che lui ritorni a casa per cena. ◀非人称表現
  彼が夕食に家に帰って来ることは不可能だ(ありえない)。

3) 不安、懸念、疑念

- ◆ Temo che Simone si sia perso.
  私は、シモーネが道に迷ったのではないかと心配だ。 ▣ perdersi：道に迷う
- ◆ Dubito che vinciamo la causa.
  私は、私たちがその訴訟に勝てないのではないかと思う(勝つことを疑う)。
  ▣ causa (f.)：原因、訴訟
- ◆ Ho paura che lui sia già uscito di casa.
  私は、彼はもう外出したのではないかと心配だ。

4) 個人的感情、主観的精神状態

- ◆ Sono felice che Sergio e Diana si siano sposati.
  セルジョとディアーナが結婚したのが私はうれしい。
- ◆ Sono contento che i miei figli siano molto sportivi.
  私は息子たちがとてもスポーツ好きであることに満足している。
- ◆ Sono lieto che la situazione economica sia migliorata.
  私は経済状態が好転してよろこんでいる。 ▣ migliorare：好転する
- ◆ Peccato che il concerto sia finito così presto. ◀非人称表現
  コンサートがこんなに早く終わって残念だ。

5) 願望、期待

- Spero che lui superi l'esame d'ammissione.
  彼が入学試験に合格することを私は願っている。　　▶ sperare：願う
- Spero che tu dica di sì.
  君がイエスと言ってくれることを私は願っている。
- Mi aspetto che tu ritorni in tempo.
  君が遅れずに帰って来ることを私は期待している。
- Desidero che il sindacato dia una spiegazione sullo sciopero.
  私は、労働組合がストライキについて釈明することを望む。
- Voglio che tu mi chieda perdono per avermi offeso. (→ 25章3 [p296])
  私を侮辱したことに対して、君が私に謝罪してほしい。
  　　　　　　　　　　　▶ perdono (m.)：許し　offendere：侮辱する
- Non voglio che tu venga a casa mia.
  私は君には我が家に来てほしくない。

6) 必要性

- È necessario che lui traduca questo saggio in italiano.　◀非人称表現
  彼がこのエッセーをイタリア語に翻訳する必要がある。
  　　　　　　　　　　　　　　　　　▶ saggio (m.)：エッセー
- È opportuno che lui guidi la macchina.　◀非人称表現
  彼が車を運転するほうがいい（適切だ）。
- Bisogna che ci mettiamo d'accordo con loro.　◀非人称表現(非人称動詞)
  我々は彼らと妥協する必要がある。
  　　　　　　　　　▶ mettersi d'accordo con 〜：〜と妥協する
- Occorre che vi sbrighiate a sistemare la stanza.　◀非人称表現(非人称動詞)
  君たちは急いで部屋を片付ける必要がある。
  　　　　　　　　　　　　　▶ sbrigarsi a 〜：急いで〜する

7) 主節が非人称動詞、非人称表現の場合にも、che に導かれる従属節（名詞節）の動詞は接続法になります。

① 非人称動詞（3 人称単数形のみを使用）には、6) であげた bisognare（〜する必要がある）, occorrere（〜する必要がある）のほか, bastare（〜するだけでよい）, sembrare（〜のように見える）, parere（〜のように見える）, convenire（〜するほうがいい）, dispiacere（残念だ）などがあります。Basta che, Sembra che, Pare che, Conviene che, Dispiace che という形で用います。Può darsi che（〜かもしれない）も非人称表現です。非人称表現は、個人の意見ではない一般的な見解として述べる語法です。
（→★ 18・連結動詞［p231］ ★ 19・非人称動詞 sembrare の用法［p231］）

② また、essere の 3 人称単数形＋形容詞（あるいは名詞）＋ che 〜の構文は非人称構文ですから（→ 5. (1) 1)［p218］）、やはり che に導かれる従属節（名詞節）の動詞は接続法になります。（→★ 25［p340］）

◆ È giusto che Fabio abbia espresso la sua opinione davanti ai suoi colleghi.
ファービオが同僚を前にして自分の意見を述べたのは妥当である。

◆ È facile che Sergio venga licenziato subito.
セルジョがすぐに首になることは大いにありうる。 ◀ venire（→ 21 章 2. (2)［p262］）

◆ È uno scandalo che dei ragazzini siano entrati in un night club.
少年たちがナイトクラブに入ったというのはけしからん話だ。

　すでに述べた 1) 不確実性、2) 可能性、6) 必要性の項目には essere ＋形容詞＋ che 〜の構文を用いた例を多くあげています。それらは、非人称表現であるという観点からも、che に導かれる従属節（名詞節）に接続法を要求するわけです。

　ただし、先に触れましたが、essere ＋形容詞＋ che 〜の構文であっても、È sicuro che などのように、確実性を表す形容詞が使われている場合には従属節内は直説法を用いることに注意してください（ただし、倒置のケースは除く）。

また、sicuro, certo など確実性を表す形容詞が使われていても、Non è sicuro che のように否定表現に変わると不確実な内容を表すことになり、従属節内は接続法を用いることにも注意してください。

8) 従属節(名詞節)を導くのに che 以外の接続詞を用いる場合も、従属節(名詞節)の動詞は接続法となります。

- Mi chiedo come Lucia possa dire bugie ai suoi genitori.
 どうしてルチーアが両親にうそがつけるのだろうと私は考えてしまう。
 (どうしてルチーアは両親にうそがつけるのだろう)
 ▶ chiedersi：自分に問う→考える

- Non capisco come lui abbia guadagnato così tanto in un anno.
 彼が1年でどうやってそれほど多くを稼いだのか私にはわからない。

- Non so perché Luisa abbia lasciato il suo ragazzo.
 どうしてルイーザが彼氏をふったのか私にはわからない。

- Non so se Paola ti voglia incontrare.
 パオラが君に会いたいのかどうか僕にはわからない。
 ◀ 前述の(1) 1)「不確実性をともなうこと：主観的意見・考え、想像など」であげた例です。

- Il sondaggio mostra come la preoccupazione per la riforma delle pensioni influenzi il voto di molte persone.
 調査は、年金改革への懸念がいかに多くの人々の投票に影響を与えているかを示している。
 ▶ sondaggio (m.)：調査　riforma (f.)：改革　pensione (f.)：年金

前述のとおり、従属節が主節の時制より後に起こることを示す場合、従属節の動詞は接続法現在形もしくは直説法未来形を用います。同様に、下の例文のように先を案じる内容である場合にも、従属節で直説法未来形を用いることはありえます。

- Mi domando se sarà possibile sbrigare questa questione.
 果たしてこの問題を解決することができるだろうか。
 ▶ sbrigare：すばやく片づける、解決する

◀条件法現在（→ 15 章 2.5）［p203］）、条件法過去（→ 16 章 2.3）［p208］）で触れたとおり、non so se, mi domando se, mi chiedo se の後に条件法現在形や条件法過去形が来ることもあります。

9) 婉曲的否定（～というわけではない、～というのではない）
- ◆ Non è che io voglia mangiare tutto, ma devo.　◀非人称表現
  全部食べたいというわけではなく、私は食べなければならないのだ。

  ◀これは話し言葉で使います。

- ◆ Non è detto che lui non cambi idea.　◀非人称表現
  彼が考えを変えないというわけではない。（彼は考えを変える可能性がある）

  ◀これは二重否定の構文です。（→★ 20・二重否定と部分否定［p233］）

- ◆ Non dico che mi dia fastidio la tua lamentela.
  私は君の愚痴がうるさいとは言っていない。

  ▶ dare fastidio a ＋人：人を悩ませる

10) 注意事項
主節と名詞節（従属節）の主語が同じになる場合には接続法を使わず、《di ＋ 不定詞》でつなぎます。

- ◆ Io penso di avere torto.　私は自分が間違っていると思う。
  （× *Io penso che io abbia torto.*）
- ◆ Io penso di aver avuto torto.　私は自分が間違っていたと思う。
  （× *Io penso che io abbia avuto torto.*）

🄳 2→06

（2）副詞節（proposizione avverbiale）（quando, se, perché などの従属接続詞によって導かれる）での用法

特定の接続詞に導かれる従属節（副詞節）の中で接続法が用いられます。
　この場合においては、主節と従属節の主語が同一であることもあります。あるいはジェルンディオ（→ 22 章 2.(2)［p277］）を用いて表現することもできます。
では、特定の接続詞とはどのようなものか見ていきましょう。目的、条件、

譲歩、限定などを表す場合に接続法が登場してきます。

1) **目的**（〜するために）
   - perché（〜するために）

     ◆ Sostengo economicamente Mario perché lui inizi una nuova impresa.
     マーリオが新しい事業を立ち上げるために私は彼を経済的に支援する。

     （注）perché は、下の例のように、**直説法**の動詞とセットで用いられる場合には意味が変わり、「理由」（〜なので）を表します。

     ◆ Sostengo economicamente Mario perché è stato licenziato.
     マーリオが解雇されたので、私は彼を経済的に支援する。
     （→受動態 21 章 2.（1）［p260］）

     このように、動詞が接続法であるか、直説法であるかによって、意味が変わる場合がありますから気をつけてください。
     また poiché, siccome, visto che などの接続詞も直説法とともに用いて、「〜なので」と理由を表します。「理由」は確定的状況といえます。

     ◆ Siccome è molto allegro, ha tanti amici.
     彼はとても陽気なので、友達をたくさん持っている。

   - affinché（〜するために、〜するように）

     ◆ Posso presentargli un insegnante affinché parli meglio italiano.
     私は、彼がもっと上手にイタリア語を話すために、彼に先生を紹介することができる。

2) **条件**（〜するならば、〜という条件で）
   - a patto che, purché, a condizione che（もし〜するなら、〜という条件で）

     ◆ Ti darò le chiavi di casa, a patto che non torni tardi.
     遅く帰って来るのでないなら家のカギを渡してあげよう。

     ◆ I bambini potranno entrare, purché siano accompagnati.
     子どもは保護者同伴なら入場することができる。
     （→受動態 21 章 2.（1）［p260］）

- ○ nel caso (che)（～の場合には）
    - ◆ Nel caso cambiate programma, dovrete pagare la commissione.
      あなた方が予定を変更する場合は、手数料をお支払いいただかなければなりません。

- ○ a meno che (non), tranne che, salvo che（～でなければ、～を除いて）
    - ◆ Domani uscirò, a meno che non piova.
      雨が降らなければ、明日私は外出します。

- ○ basta che（～しさえすれば、もし～なら）
    - ◆ Puoi entrare quando vuoi, basta che mostri questa tessera all'ingresso.
      入口でこの会員証を見せるだけで、君はいつでも中に入ることができる。
      ▶ tessera (f.)：会員証　　ingresso (m.)：入口
      ◀ この basta che ～は非人称動詞(→ 5.(1) 7)［p222］)であり、che 以下の部分は名詞節です。ただ、このように basta che 以下が、条件を表す副詞節のように用いられることもあるので、例としてここにあげました。

3) 譲歩（～ではあるが、～にもかかわらず）
- ○ benché, sebbene, nonostante (che)（～ではあるが、～にもかかわらず）
    - ◆ Gli piace il suo lavoro sebbene il suo stipendio non sia alto.
      給料は高くないけれど、彼は自分の仕事が好きだ。
    - ◆ Nonostante sia ricco, non vuole offrire il pranzo nemmeno agli amici.
      彼は金持ちであるにもかかわらず、友人にさえ昼食をごちそうしようとしない。

- ○ per quanto（たとえ～でも、どんなに～でも）
    - ◆ Per quanto quella donna sia povera, è sempre sorridente.
      あの女性はたとえ貧しくても微笑を絶やさない。

○ anche se（たとえ〜でも）は直説法も接続法も両方とります。

　ただし anche se が接続法をとる場合は、半過去または大過去を用い、仮定文の表現形式になりますので、例はあげておきますが（■印）、詳しくは 18 章 接続法半過去・大過去［→ p234］、20 章 仮定文［→ p251］を参照してください。

- ◆ Anche se siamo in inverno, lui continua a portare camicie con maniche corte.
  冬であっても、彼は半袖のシャツを着続けている。
  - ◁従属節は、その内容が客観性、現実性を持っていますから直説法になります。
    - ➡ manica (f.)：袖　　corto：短い
- ◆ Anche se tu corressi, non lo raggiungeresti. ■
  たとえ走っても、君は彼に追いつかないだろうな。
  - ◁仮定の内容であり、従属節はこの場合、接続法半過去をとります。
    一方、先にあげた sebbene, nonostante, per quanto を用いた例での「彼の給料は高くない」「彼は金持ちである」「あの女性は貧しい」は、仮定の内容ではありません。その違いに注意してください。

4）**方法、手段**（〜なように）

- ○ in modo che（〜なように）
  - ◆ Dovete eseguire il progetto in modo che la situazione migliori.
    君たちは状況が良くなるように計画を遂行しなければならない。
    - ➡ eseguire：実行する　　situazione (f.)：状況

5）**限定、除外**（〜する前に、〜せずに）

- ○ prima che（〜である前に）
  - ◆ Devo finire i compiti prima che i miei genitori tornino a casa.
    両親が家に帰って来る前に、僕は宿題を仕上げなければならない。
    - （注）反対語 dopo che（「〜の後に」）に導かれる従属節においては直説法が用いられることに注意しましょう。
      - ◆ Farò i compiti dopo che i miei genitori saranno tornati a casa.
        両親が帰って来た後に、僕は宿題を仕上げよう。
        - ◁ saranno tornati は直説法先立未来です。（→ 8 章 3.［p135］ 25 章 6.［p307］）

227

- senza che（〜することなしに、〜しないように、〜しないうちに）
    - ◆ Prepariamo la festa di compleanno di Marco senza che se ne accorga.
      マルコが気づかないように彼の誕生パーティーを準備しよう。

6) **不特定の事柄を前提にした譲歩**
    - qualunque（いかなる〜でも）
        - ◆ Qualunque cosa tu mi dica, non cambierò idea.
          君が私にどんなことを言おうとも、私は考えを変えない。

          ▤ idea (f.)：考え

    - chiunque（誰であっても）
        - ◆ Daremo informazioni a chiunque telefoni a questo numero.
          この番号をダイヤルされた方にはどなたでも情報を提供いたします。
            - ◀★4・不定代名詞その1［p55］、★8・不定代名詞その2［p72］では紹介しませんでしたが、chiunque（誰でも）も不定代名詞の1つです。形は変化せず、単数名詞扱いです。
              chiunque = qualunque persona です。

    - dovunque（どこへ〜しても）
        - ◆ Dovunque ti sieda, potrai vedere il palco.
          君がどこに座っても舞台は見えます。　　　　　　　▤ sedersi：座る

    - comunque（どのように〜しても）
        - ◆ Comunque vada, sarà un successo.
          どうあろうと、成功するだろう。　　　　　▤ successo (m.)：成功
        - ◆ Comunque sia, non voglio dire la verità. (comunque sia = insomma)
          どうあろうと、僕は本当のことを言いたくない。　　▤ verità (f.)：真実

◎ 2 → 07

（3）関係節（proposizone relativa）での用法

　関係節は名詞・代名詞を修飾し、形容詞としての働きをするので、形容詞節（**proposizione aggettivale**）ともいいます。

　先行詞が不確実性、否定性、あるいは限定性、特殊性を有する場合、関係節内で接続法が用いられます。

1）先行詞が不定代名詞である場合　◀不確実性、否定性

- Dobbiamo cercare qualcuno che possa indicarci la strada per la stazione.
  私たちは誰か駅に行く道を教えてくれる人を探さなければならない。
- Non è rimasto più nessuno che abbia fatto la prima guerra mondiale.
  第一次世界大戦を戦った人はもう誰も生き残っていない。
  　　　　　　　　　　　　　　　　　　　▶ guerra (f.)：戦争
- Non c'è niente che mi attiri nei programmi televisivi di oggi.
  今日のテレビ番組には私の興味を引くものが何ひとつない。
  　　　　　　　　　　　　　　　　　　　▶ attirare：魅了する

2）先行詞が不特定の意味を持つ名詞である場合　◀不確実性

- Devo impiegare una donna che possa lavorare dalle 13 alle 21.
  午後1時から9時まで働ける女性を雇わなければならない。
  　◀実際そういう女性がいるかどうかはわからない状況です。　▶ impiegare：雇う

3）先行詞が最上級表現あるいはそれに類する表現の場合　◀唯一性、限定性

- Lui è il politico più potente che io conosca.
  彼は私が知っている最も力のある政治家だ。　▶ politico (m.)：政治家
- Luigi è più cocciuto di quanto tu creda.
  　　　　　　　　（di quanto = di quello che（→ 13章5.［p195］））
  ルイージは君が思っているよりも頑固だ。　▶ cocciuto：頑固な
  　◀このような比較級の場合、話し言葉なら直説法を使ってもかまいませんが（di quanto tu credi）、書き言葉であれば接続法を使うほうが望ましいでしょう。

先行詞に unico（唯一の），solo（唯一の），primo（最初の），ultimo（最後の）などが来て関係節の内容を限定する場合も接続法を用いることがあります。

- ◆ Emilio è l'unico studente che prenda voti alti in qualsiasi esame.
  エミーリオはどんな試験でも高得点を取る唯一の生徒です。
  - ◀ ただし一般的には、この文は Emilio è l'unico studente a prendere voti alti in qualsiasi esame. と表現します。（→ 13 章 1. 5）［p188］）

(4) 独立節で用いられる例

接続法は独立節で用いられることもあり、願望、懸念、譲歩を表します。名詞節を導く主節の動詞（voglio, spero など）が省略されたものと考えます。

- ◆ Che siate benedetti!
  君たちに祝福がありますように！（願望）
- ◆ Che Dio ti accompagni!
  神のご加護があらんことを！（願望）
- ◆ Che vinca la Juventus!
  ユヴェントスに勝てばいいのになあ！（願望）
- ◆ È da tanto tempo che non vedo Paola: che stia male?
  長い間パオラに会っていない。具合が悪いのかなあ。（懸念）
- ◆ Devi farlo, che ti piaccia o no.
  好きであろうとなかろうと君はそれをすべきだ。（譲歩）

★18 連結動詞（verbo copulativo） 　　　2→08

　sembrare は連結動詞と呼ばれ、essere と同じような働きをします。
　連結動詞はこのほかに、parere, stare, restare, rimanere, diventare, divenire, risultare, nascere, morire, nominarsi, rendersi, chiamarsi などがあります。連結動詞の後には、essere と同様、いきなり名詞や形容詞が来ます。

- Lucia pare la Beatrice di Dante.
  ルチーアはダンテのベアトリーチェみたいだ。
- Mauro stava zitto.　マウロは黙っていた。
- Laura è rimasta delusa.　ラウラは失望した。
- Sono diventato oculista.　私は眼科医になった。
- Paolo è nato ricco.　パオロは金持ちに生まれた。

★19 非人称動詞 sembrare の用法 　　　2→09

　sembrare には、特定の主語を持つ場合と非人称的用法の場合の2通りがあり、使い方が少しむずかしいのでここで例をあげておきます。

＜特定の主語を持つ場合＞
普通の動詞として主語に応じて人称変化します。

- Sembro stanco?　私は疲れているように見えますか？
- Ti sembro stanco?　君には私が疲れているように見える？
- Mi sembri tuo fratello.　君は兄さんそっくりだと思う。
- Sembra stanco.　彼は疲れているようだ。
- Mi sembra stanco.　私には彼が疲れているように見える。
- Questo materiale sembra pelle.　この素材は皮のように見える。
- Non sembrano stanchi.　彼らは疲れているようには見えない。
- La bambina sembra dormire.
  その女の赤ちゃんは眠っているように見える。

- ◆ Mia figlia <u>sembra essere</u> diventata più bella.
  娘は一段ときれいになったようだ。
  - ◀ sembrare が特定の主語を持つ場合、sembrare の後に不定詞が来るときは、前置詞 di をとらずに《sembrare ＋不定詞》となります。

<非人称的用法の場合>

特定の人物に関することであっても 3 人称単数形のみで用います。

- ◆ Mi <u>sembra di essere</u> stanco.　私は自分が疲れているように思える。
- ◆ Mi <u>sembra di essere</u> in paradiso.　僕は天国にいるみたいだ。
- ◆ <u>Sembra di essere</u> in inverno.　冬のようだ。
- ◆ Mi sembra che sia stanco.　私には彼が疲れているように見える。
- ◆ Mi sembra che ti stia bene questo vestito.
  この服は君に似合っているように私は思う。
- ◆ Mi sembra che tu abbia torto.　君は間違っていると思う。
  - ◀ sembrare が非人称動詞として用いられた場合、sembrare の後に不定詞が来るときは、《sembrare di ＋不定詞》と、前置詞 di を補います。

parere は sembrare と同義ですが、意見を述べるような場合によく使います。

- ◆ Che te ne pare?　君はそれについてどう思う？

★20 二重否定と部分否定

二重否定的な文章もしばしば登場します。

- Non posso vivere senza sigarette.
  私はタバコなしで生活することができない。
- Non può fare a meno di giocare al totocalcio.
  彼はどうしてもトトカルチョに手を出してしまう。

  ▶ non potere fare a meno di 〜：〜せずにはいられない、どうしても〜してしまう

- Non voglio mangiare altro che spaghetti.
  私はスパゲッティ以外は食べたくない。（スパゲッティしか食べたくない）

  ▶ non... altro che...：〜のほかは〜でない

- Piero non fa (altro) che scherzare.
  ピエーロは冗談ばかり言っている。（冗談しか言わない）

  ◀「冗談を言う以外には(何も)しない」というニュアンスです。

  ▶ non fare... (altro) che + 不定詞：〜ばかりする、〜しかしない

部分否定の文章としては次のようなものがあげられます。

- Marta non è sempre di buon umore.
  マルタは必ずしも(常に)機嫌がいいというわけではない。

  ▶ non sempre：必ずしも〜なわけではない

- Non tutti sanno che il bambù appartiene alla famiglia del riso.
  竹がイネ科に属することを皆が知っているわけではない。

  ◀竹がイネ科の植物である、というのは事実です。

  ▶ bambù (m.)：竹　　appartenere a 〜：〜に所属する

CAPITOLO 17 接続法現在(congiuntivo presente)・接続法過去(congiuntivo passato)

CAPITOLO 18 接続法半過去 (congiuntivo imperfetto)・接続法大過去 (congiuntivo trapassato)

◎ 2 → 11

1 │ 接続法半過去の活用形

guardare	prendere	sentire	finire	avere	essere
guardassi	prendessi	sentissi	finissi	avessi	fossi
guardassi	prendessi	sentissi	finissi	avessi	fossi
guardasse	prendesse	sentisse	finisse	avesse	fosse
guardassimo	prendessimo	sentissimo	finissimo	avessimo	fossimo
guardaste	prendeste	sentiste	finiste	aveste	foste
guardassero	prendessero	sentissero	finissero	avessero	fossero

andare	dare	fare	stare	dire	bere
andassi	dessi	facessi	stessi	dicessi	bevessi
andassi	dessi	facessi	stessi	dicessi	bevessi
andasse	desse	facesse	stesse	dicesse	bevesse
andassimo	dessimo	facessimo	stessimo	dicessimo	bevessimo
andaste	deste	faceste	steste	diceste	beveste
andassero	dessero	facessero	stessero	dicessero	bevessero

◎ 1人称・2人称単数は同じ形です。主語代名詞 io, tu を付けて区別することが多いです。

◎ 3人称複数形は、3人称単数形の末尾に -ro を付ければ出来上がりです。

◎ dare と stare は a が e に変わるので注意してください。
◎ 直説法半過去の場合と同様、bere, dire, fare は、それぞれ *bevere, dicere, facere* を原形と考えて変化させます。
◎ なお、trarre, porre, condurre の接続法半過去の 1 人称単数形は、それぞれ、traessi, ponessi, conducessi となります。

- ◆ Credevo che lui avesse ragione.
  彼の言うことは正しいと私は思っていた。
- ◆ Non era sicuro che loro fossero arrabbiati.
  彼らが怒っているというのは確かではなかった。

|2| 接続法大過去の作り方と活用形

[作り方]

> 助動詞 avere または essre の接続法半過去 ＋ 過去分詞

[活用]

guardare	andare
avessi guardato	fossi andato (a)
avessi guardato	fossi andato (a)
avesse guardato	fosse andato (a)
avessimo guardato	fossimo andati (e)
aveste guardato	foste andati (e)
avessero guardato	fossero andati (e)

avere, essere の区別は近過去の場合と同じです。

- ◆ Credevo che lei fosse già arrivata all'aeroporto.
  私は彼女がすでに空港に到着したと思っていた。
- ◆ Non era sicuro che lui avesse avuto un incidente.
  彼が事故にあったというのは確かではなかった。

◎ 2 → 12

3 | 接続法半過去・大過去の用法

(→ 19 章 時制の一致 1. (2) 2) 3) 4)〔p245, 246〕)

1）基本的には接続法現在・過去の場合と同じで、従属節の中で用いられるのが一般的です。

　個々の具体的な用法は、前述の 17 章　接続法現在・過去(→ 5.〔p216 以下〕)を参照してください。

　ただし、接続法半過去・大過去形は、仮定文の従属節の中でも用いる、という違いはあります。

（A）　主節の動詞が直説法の近過去・半過去・大過去・遠過去のとき

(→ 19 章 1. (2) 2)〔p245〕)

① **接続法半過去**は従属節の中で主節と同時の事柄を表します。
　接続法半過去形は細い単線で示しておきます。

- ◆ Pensavo che lui comprasse una macchina nuova.
　私は彼が新しい車を買うと思っていた。
- ◆ Credevo che lui venisse da solo.
　私は彼がひとりで来ると思っていた。
- ◆ Non ero certo che lui avesse torto.
　私は、彼が間違っているとの確信を持っていなかった。
- ◆ Non era giusto che la ditta trasferisse Franco all'ufficio in Spagna.
　　　　　　　　　　　　　　　　　　　　　　　　　◀非人称表現
　会社がフランコをスペインの事務所に転勤させるのは適切ではなかった。
- ◆ Bisognava che ci mettessimo d'accordo con loro.
　我々は彼らと妥協する必要があった。　◀非人称表現(非人称動詞)
- ◆ Era possibile che Sergio fosse licenziato subito.　◀非人称表現
　セルジョがすぐに首になることは大いにありえた。
- ◆ Volevo che tu mi chiedessi perdono per avermi offeso.
　私を侮辱したことに対し君が私に謝罪してほしかった。(→ 25 章 3.〔p296〕)

- Non era che non mi piacesse nuotare, però ho preferito restare sulla spiaggia.　◀非人称表現
  私は水泳が嫌いというわけではなかったが、砂浜にいるほうがよかった。
- Giancarlo continuava a bere il vino nonostante avesse mal di testa.
  ジャンカルロは頭が痛いにもかかわらずワインを飲み続けていた。
  　　　　　　　　　🠖 avere mal di ～：～が痛む　testa (f.)：頭
- Ho sostenuto economicamente Mario perché lui iniziasse una nuova impresa.
  マーリオが新しい事業を立ち上げるために私は彼を経済的に支援した。
- Dovevo finire i compiti prima che i miei genitori tornassero a casa.
  両親が家に帰って来る前に、僕は宿題を仕上げなければならなかった。
- Lui era il politico più potente che io conoscessi.
  彼は私が知る最も力のある政治家だった。

（注）17 章　接続法現在・過去で説明したとおり、次のようなケースは確実性・客観性がありますから従属節では直説法をとります。(→ 19 章 1. (1)［p244］)

- Ero sicuro che lei aveva torto.
  私は彼女が間違っていると確信していた。
- Sapevo che Paolo frequentava quella scuola.
  パオロがあの学校に通っていることを僕は知っていた。

② **接続法大過去**は従属節の中で主節より以前の事柄を表します。
接続法大過去形は 2 重線で示しておきます。

- Pensavo che lui avesse comprato una macchina nuova.
  私は彼が新しい車を買ったと思っていた。
- Credevo che lui fosse venuto da solo.
  私は彼がひとりで来たと思っていた。
- Non ero certo che lui avesse avuto tempo di studiare.
  勉強する時間が彼にあったとの確信を私は持っていなかった。

◆ Non era giusto che la ditta avesse trasferito Franco all'ufficio in Spagna.

◀非人称表現

会社がフランコをスペインの事務所に転勤させたのは適切ではなかった。

◆ Sembrava che Alfredo avesse già preso la patente di guida.

◀非人称表現（非人称動詞）

アルフレードはすでに運転免許を取っていたようだった。

➡ patente (f.)：免許

◆ Avevo paura che lui fosse già uscito di casa.
私は彼がもう出かけてしまったのではないかと心配していた。

◆ Che lui avesse ricevuto un premio dal comune, lo sapevamo già.
彼が市から賞を授かったということを私たちはすでに知っていた。

◆ Mia madre era contenta che io fossi tornato in tempo.
母は私が時間通りに帰って来たことに満足していた。

◆ Non capivo come lui avesse guadagnato così tanto in un anno.
彼が1年でどうやってそれほど多くを稼いだのか私にはわからなかった。

◆ Sebbene io gli avessi telefonato tante volte, non mi rispondeva affatto.
彼に何度も電話したにもかかわらず、彼から全く応答がなかった。

（注）接続法現在・過去形で説明したとおり、次のようなケースは確実性・客観性がありますから従属節では直説法をとります。（→ 19章 1.(1)［p244］）

　　◆ Ero sicuro che lei aveva avuto torto.
　　　私は彼女が間違いを犯したと確信していた。

　　◆ Sapevo che Paolo aveva frequentato quella scuola quando era bambino.
　　　パオロが子どもの頃、あの学校に通っていたことを僕は知っていた。

なお、主節が credevo, pensavo のように、主観的意見を述べる動詞の直説法半過去になっていると、従属節で示された内容は、実際そのとおりにはならなかった場合を表すことが多いです。

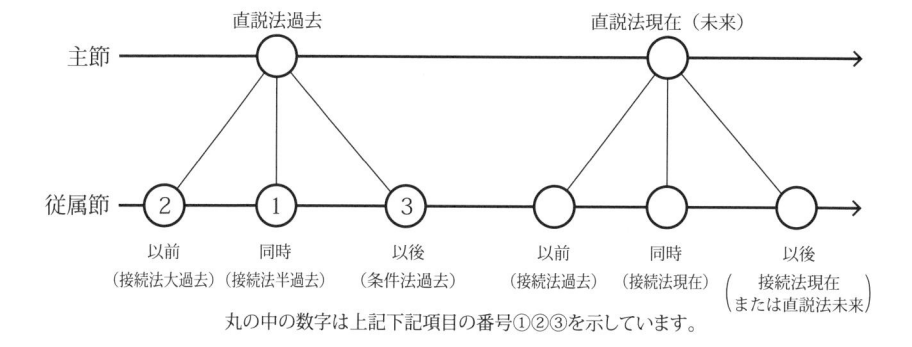

```
主節 ──────●直説法過去────────────●直説法現在（未来）──────→
           /|\                      /|\
          / | \                    / | \
従属節 ──②─①─③────────────────○──○──○─────→
       以前 同時 以後          以前 同時 以後
    （接続法大過去）（接続法半過去）（条件法過去）  （接続法過去）（接続法現在）（接続法現在
                                                              または直説法未来）
```

丸の中の数字は上記下記項目の番号①②③を示しています。

③ 従属節の中が主節よりも後の事柄を表す場合は、接続法ではなく、**条件法過去**を用います。（→ 16 章 2.5）過去未来［p209］）

- ◆ Pensavo che lui avrebbe comprato una macchina nuova.
  私は彼が新しい車を買うだろうと思っていた。
- ◆ Pensavo che lui sarebbe venuto.
  私は彼が来るだろうと思っていた。

◎ 2 → 13

(B) **主節の動詞が意欲・願望・必要性を表す動詞（非人称表現を含む）**（volere, desiderare, preferire, bisognare など）で**条件法現在または過去**のとき

（→ 19 章 1. (2) 3)［p245］）

① **接続法半過去**は従属節の中で主節と同時またはそれ以後の事柄を表します。接続法半過去形は細い単線で示しておきます。

- ◆ Vorrei che Flavio arrivasse a casa in tempo.
  フラーヴィオが時間通り家に着いてくれるとよいのだけれど。（着くことを望んでいるのだが）
- ◆ Avrei voluto che Flavio arrivasse a casa in tempo.
  フラーヴィオが時間通り家に着いてくれたらよかったのに。（着くことを望んでいたのだが）

- ◆ Sarebbe meglio che tu chiedessi scusa a tuo padre.
  君はお父さんに謝るほうがいいでしょう。
- ◆ La cosa migliore sarebbe che Elisa si mettesse in contatto direttamente con te.
  エリーザが直接君と連絡を取るのが最も望ましいでしょう。
  ▶ mettersi in contatto con 〜：〜と連絡を取る
- ◆ Bisognerebbe che loro spiegassero il motivo del loro comportamento.
  彼らは自分たちの振る舞いの理由を釈明する必要があるのではないか。
  ▶ spiegare：説明する　comportamento（m.）：振る舞い

② **接続法大過去**は従属節の中で主節より以前の事柄を表します。
接続法大過去形は2重線で示しておきます。

- ◆ Vorrei che Flavio fosse arrivato a casa in tempo.
  フラーヴィオが時間通り家に着いてくれていたらよいのだけれど。(着いたことを望んでいるのだが)
- ◆ Avrei voluto che Flavio fosse arrivato a casa in tempo.
  フラーヴィオが時間通り家に着いてくれていたらよかったのに。(着いたことを望んでいたのだが)
- ◆ Avrei preferito che avessimo passato più tempo in montagna.
  私たちはもっと長く山で過ごせていたらなあ。

主節の動詞が願望を表す条件法であっても、たとえば Vorrei sapere se (「〜かどうか知りたいのだが」)のように、volere が補助動詞の働きをする場合は次の(C)のケースと同様に考えてください。

- ◆ Vorrei sapere se tutto sia andato bene.
  うまくいったかどうか知りたいのだが。

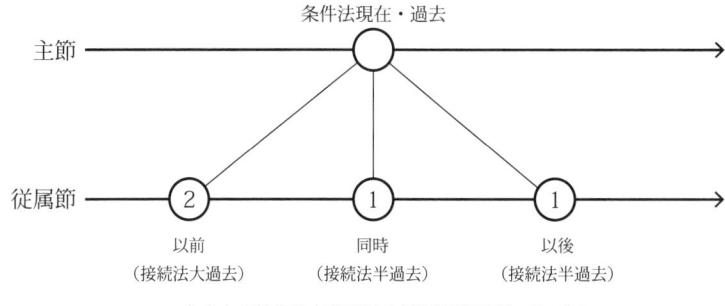

```
主節 ─────────────○─────────────→
              条件法現在・過去
             ╱ │ ╲
            ╱  │  ╲
従属節 ────②────①────①────→
        以前    同時    以後
     (接続法大過去)(接続法半過去)(接続法半過去)
```

丸の中の数字は上記項目の番号①②を示しています。

◎ 2 → 14

(C) **主節の動詞が(B)のように意欲・願望・必要性を表す動詞ではなくて条件法現在**の場合(たとえば si direbbe, penserei, direi)は、主節の動詞が直説法現在・未来で従属節内に接続法を要求するケース(→ 17 章 4.①②［p215］)と同様に考えます。(→ 19 章 1. (2) 4)［p246］)

si direbbe che は、「〜らしい」「〜のようだ」というニュアンスの婉曲的表現で、sembra che にやや似ています。si direbbe の si については 21 章 3.［→ p268］参照。penserei che は penso che より語調を緩和した感じです。direi che も同様です。接続法現在形を細い単線で、接続法過去形を 2 重線で示しておきます。

◆ Si direbbe che il suo atteggiamento susciti la simpatia di tutti i presenti.
彼の態度は出席者全員の共感を呼ぶと思われる。

■ atteggiamento (m.)：態度　suscitare：引き起こす

◆ Si direbbe che il suo atteggiamento abbia suscitato la simpatia di tutti i presenti.
彼の態度は出席者全員の共感を呼んだようだ。

◆ Direi che la festa sia stata un successo.
パーティーは成功だったと言えるでしょう。
(direi che：〜と言えよう、〜かな、〜と思うね)
ただし、話し言葉においては direi che は直説法をとることが多いです。
Direi che è meglio.「いいんじゃないかな」(→ 15 章 条件法現在 2.3)［p203］)

- Penserei che tutto <u>vada</u> per il meglio.（penserei che：かな）
  うまく行くんじゃないかな。
- Penserei che tutto <u>sia andato</u> per il meglio.
  うまく行ったんじゃないかな。

主節の動詞が同じく(B)の意欲・願望・必要性を表す動詞ではなくて条件法過去の場合は(A)と同様に考えます。（→ 19章1.(2) 4）[p246]）
接続法半過去形は細い単線で、接続法大過去形は二重線で示しておきます。

- Avrei pensato che tutto <u>andasse</u> per il meglio.
  うまく行くと思ったんだけど。
- Avrei pensato che tutto <u>fosse andato</u> per il meglio.
  うまく行ったと思ったんだけど。

2) 接続法現在・過去の場合と同様、主節と従属節（名詞節）の主語が同じになる場合には接続法を使わず、《di ＋不定詞》でつなぎます。

- Io pensavo di avere torto.　私は自分が間違っていると思っていた。
  （× *Io pensavo che io avessi torto.*）
- Io pensavo di aver avuto torto.
  私は自分が間違っていたと思っていた。
  （× *Io pensavo che io avessi avuto torto.*）

3) 独立節で接続法半過去・大過去が用いられるときは、実現する可能性がないか、仮にあっても「乏しい願望」を表します。

- Se <u>avessi</u> un milione di euro!
  100万ユーロあればなあ！
- Se ti <u>avessi conosciuto</u> prima!
  早く君と知り合えていたらなあ！

CAPITOLO 19 | 時制の一致 (concordanza dei tempi)

1 | 時制の一致の基本

ここまで動詞の法と時制として、直説法現在・近過去・半過去・大過去・遠過去・先立過去・未来・先立未来、条件法現在・過去、接続法現在・過去・半過去・大過去を見てきました。これらを法と時制の観点から整理すると、以下の表のようになります。

ただし、この表は一般的なパターンであり、あてはまらないケースもしばしば登場します。状況ごとに判断する必要があります。

(1) 主節の動詞が従属節の動詞に接続法を要求しない場合の時制

主節	主節の動詞との時間的前後関係	従属節	例文	
直説法 現在 未来	以後	直説法未来	Sono sicuro che 私は確信している	lui comprerà una macchina. 彼が車を買うだろうと
	同時	直説法現在		lui compra una macchina. 彼が車を買うと
	以前	直説法過去		lui ha comprato una macchina. 彼が車を買ったと

243

主節	主節の動詞との時間的前後関係	従属節	例文	
直説法 近過去 半過去 大過去 遠過去	以後	条件法過去	Ero sicuro che 私は確信していた	lui avrebbe comprato una macchina. 彼が車を買うだろうと
	同時	直説法半過去		lui comprava una macchina. 彼が車を買うと
	以前	直説法大過去		lui aveva comprato una macchina. 彼が車を買ったと

（2）主節の動詞が従属節の動詞に接続法を要求する場合の時制

1）（→ 17章 4.［p215］）

主節	主節の動詞との時間的前後関係	従属節	例文	
直説法 現在 未来	以後	直説法未来 接続法現在	Penso che lui （Penserò） 私は彼が〜と思う	tornerà. torni. 帰って来る（だろう）
	同時	接続法現在		torni. 帰って来る
	以前	接続法過去		sia tornato. 帰って来た

2）（→ 18章 3.（A）［p236］）

主節	主節の動詞との時間的前後関係	従属節	例　文	
直説法 近過去 半過去 大過去 遠過去	以後	条件法 過去	Pensavo che lui （Ho pensato） （Avevo pensato） （Pensai） 私は彼が～と思っていた（思った）	sarebbe tornato. 帰って来るだろう
	同時	接続法 半過去		tornasse. 帰って来る
	以前	接続法 大過去		fosse tornato. 帰って来た

3）**主節が意欲・願望・必要性を表す動詞で条件法現在・過去の場合**（vorrei, preferirei, mi piacerebbe, bisognerebbe, sarebbe necessario, sarebbe meglio など）（→ 18章 3.（B）［p239］）

主節	主節の動詞との時間的前後関係	従属節	例　文	
条件法 現在 過去	以後	接続法 半過去	Vorrei che lui （Avrei voluto） 彼が～であるとよいのだが（～であればよかったのだが）	tornasse. 帰って来る
	同時	接続法 半過去		tornasse. 帰って来る
	以前	接続法 大過去		fosse tornato. 帰って来た

CAPITOLO **19** 時制の一致（concordanza dei tempi）

4) **主節が意欲・願望・必要性を表す動詞でなく条件法現在の場合(si direbbe, direi, penserei など)**(→ 18 章 3.(C)［p241］)

⇒(2) 1)のパターンになります。

主節	主節の動詞との時間的前後関係	従属節	例　　文	
条件法現在	以後	直説法未来 接続法現在	Penserei che lui 彼は〜なんじゃないかな	tornerà. torni. 帰って来る(だろう)
	同時	接続法現在		torni. 帰って来る
	以前	接続法過去		sia tornato. 帰って来た

主節が意欲・願望・必要性を表す動詞でなく条件法過去の場合(avrei pensato など)(→ 18 章 3.(C)［p242］)

⇒(2) 2)のパターンになります。

主節	主節の動詞との時間的前後関係	従属節	例　　文	
条件法過去	以後	条件法 過去	Avrei pensato che lui 彼は〜と思ったんだけど	sarebbe tornato. 帰って来るだろう
	同時	接続法 半過去		tornasse. 帰って来る
	以前	接続法 大過去		fosse tornato. 帰って来た

　しかしこのパターンどおりいくかどうかは結局は文章の内容次第です。機械的に覚えないほうがいいでしょう。

2 | 時制の一致の基本から外れるケース

実際には、1. の基本的パターンにあてはまらないケースがたくさんあります。網羅することはできませんが、いくつかあげてみましょう。

(例 1) 主節の動詞が現在形で従属節に接続法を要求する場合、従属節の内容が主節の内容よりも時間的に前であれば、接続法過去を使いたいところですが、「状態」や「継続した行為」を表す場合には接続法半過去が使われることもあります。

- ◆ È insolito che all'ora di punta passassero così poche macchine sulla strada.
 ラッシュアワーにこれほどわずかの車しか道路を走っていなかったのは異常だ。　　■▶ insolito：めったにない　　ora di punta：ラッシュアワー
- ◆ Lo spettacolo è più interessante di quanto immaginassi.
 そのショーは私が想像していたよりも面白い。
 ◀12章 比較級と最上級 1.(1)[→ p175]で用いた例です。

(例 2) 主節に直説法現在が用いられていても、ニュアンスをはっきりさせるため、従属節に条件法現在や過去を用いるケースがあることは十分考えられます。

- ◆ So che Franca tornerebbe dalle vacanze domani.
 明日フランカが休暇を終えて帰って来るかもしれないことを私は知っている。
 ◀tornerà とはニュアンスが異なり、「ことによったら」と、フランカの意向（予定）を推し量る感じになります。
- ◆ Penso che Giulia vorrebbe subito tornare a casa.
 ジューリアはすぐにでも家に帰りたいのではないかと、私は思う。
 ◀voglia なら「帰りたいのだと思う」というニュアンスになります。
- ◆ Penso che Laura avrebbe potuto prendere l'ultimo treno.
 ラウラは最終列車に乗ることもできたんじゃないかと、私は思う。
 ◀abbia potuto よりも avrebbe potuto のほうが可能性、確信の度合いが低い印象を与えます。

（例 3）従属節に《stare ＋ジェルンディオ》の進行形が来ることもあります。

(→ 22 章 2.（1）［p275］)

- ◆ Penso che Marta stia venendo qui.
  マルタはこちらに向かっているところだと、私は思う。

（例 4）主節が直説法半過去で、従属節が直説法近過去というケースもあります。

- ◆ Sapevi che Umberto si è sposato? – Sì, lo sapevo.
  ウンベルトが結婚したって、君は知ってた？　– はい、知ってました。
  ◀ただ、この sapevi は実質的には現在形 sai と同じようなものです。

◎ 2 → 16

3 節の中にもうひとつ別の節が入った文における法と時制

　文によっては、複数の従属節を有することがあり、その場合に用いる法や時制はかなり複雑になります。

　従属節の動詞が直説法になるか接続法になるかは、主節の動詞によって決まりますが、その動詞が、従属節の中に登場する 2 番目の従属節にまで影響を及ぼすわけではありません。2 番目の従属節の動詞が直説法、接続法のいずれになるかは、その従属節にとっての主節の動詞で決まります。

　いくつか例をあげておきます。

　（　）で囲まれた che は、che の重複を避けるため省略されることがあります。

- ◆ Pensavo (che) lui mi avrebbe chiesto a che ora sarei tornato a casa.
  私が何時に帰って来るかを彼が私に聞いて来るだろうと、私は思っていた。
  ◀最初の従属節内の動詞 avrebbe chiesto は pensavo の影響です。次の従属節内の動詞 sarei tornato は chiedere に呼応しています。
- ◆ Pensavo (che) tu volessi che ti chiamassi.
  私が君に電話することを君が望んでいる（だろう）と、私は思っていた。
- ◆ Marco pensava che io avessi già buttato via quello che avevi scritto.
  君が書いたものを私がもう捨ててしまったと、マルコは思っていた。

- So bene che pensavi che Maria fosse arrabbiata con te.
  マリーアが君に腹を立てていると君が思っていたのを、私はよく知っている。
- Pensavo (che) lui sapesse che Federica era già partita.
  フェデリーカがもう出発したことを彼は知っていると、私は思っていた。
- Mi sembra che tu abbia detto che volevi tornare in Italia.
  イタリアに帰りたいと君が言ったように、私は思う。
  ◂ この文は文法的には正しいのですが、abbia detto の主語と volevi の主語がともに tu (君) で同じです。このように、「イタリアに帰りたい」と"言った"人と「帰りたい」と"望んだ人"が同一人物の場合、Mi sembra che tu abbia detto di voler tornare in Italia. と《dire di ＋不定詞》にするのが一般的です。

[参考]《dire di ＋不定詞》について
《dire di ＋不定詞》には、次の①と②の２つの使い方があります。

① 「自分が〜すると言う」《dire di ＋不定詞》(→ 25 章 2. 4)［p293］)

- Marcello ha detto di risparmiare.
  マルチェッロは貯金すると言った。
  ◂ このケースは上の例と同じく、dire の主語と risparmiare の主語がともにマルチェッロであるため、《di ＋不定詞》でつないでいます。しかしこの文は、上の例のように di で結べるほど文脈が明確ではありません。この文だけだと、「マルチェッロは貯金しろと言った」という意味にも取れてしまいます。

- Marcello ha detto di aver risparmiato.
  マルチェッロは貯金したと言った。
  ◂ こちらは不定詞が過去形 (→ 25 章 1.［p291］ 2. 4)［p293］) で、①の意味は明確です。

② 「(人に) 〜するように言う」《dire a ＋人＋ di ＋不定詞》

(→ 26 章 2. (2) 2)［p324］)

- Marcello ha detto a suo figlio di risparmiare.
  マルチェッロは息子に貯金するよう言った。
  ◂ このケースは「人」への命令ですから、命令の対象「〜に」にあたる《a ＋人》が加わって、《dire a ＋人＋ di ＋不定詞》という形になります。

しかし、①と②の違いは必ずしも《a＋人》の有無ではない、ということに注意してください。① ②の違いが明確になるのは、実は次のような場合です。

- ◆ Gianni ha detto agli amici di essere onesto.
  ジャンニは友人たちに自分は正直だと言った。
- ◆ Gianni ha detto agli amici di essere onesti.
  ジャンニは友人たちに正直になるようにと言った。

　　◀前者が①の例であり、後者が②の例です。onesto が単数か複数かで、「正直」が誰を念頭に置いているのかがわかります。そうするとそれぞれの文の意味も自ずと明確になります。(→ 22 章 2.（1）2) の 2 つ目の例［p276］)

CAPITOLO 20 仮定文 (periodo ipotetico)

仮定的な内容を表現する文については、以下の4つのレベルに分けて考えてみましょう。

◎ 2 → 17

| 1 | 現在・未来の現実的な仮定に基づいて、予測される結果を表現する場合(現実的な仮定) |

⇒ 条件節には《直説法現在または未来》を用います。

仮定は現実的な内容であり、その起こる(起こるであろう)結果もまた現実的な内容となります。

[〜すれば、〜になる(だろう)]

	<条件節>		<主節>
①	Se + 直説法現在形	-----------------	直説法現在形(命令形も含む(A))
②	Se + 直説法未来形	-----------------	直説法未来形
③	(Se + 直説法現在形	-----------------	直説法未来形)＊
④	(Se + 直説法未来形	-----------------	直説法現在形)＊＊

＊このパターンもあります。

＊＊このパターンはどちらかというとまれでしょう。

① ◆ Se leggi questa rivista, capisci la situazione internazionale.
この雑誌を読めば、君は国際情勢がわかります。

◀ きわめて現実的で疑いのない状況といえます。Se は Quando に置き換えることもできるでしょう。

② ◆ Se leggerai questa rivista, capirai la situazione internazionale.
この雑誌を読めば、君は国際情勢がわかるよ。

◀「君」がその雑誌を読む機会・意思は十分あるという状況での仮定であり、それを読んだ場合、国際情勢理解は十分現実的な結果だと予想できるわけです。しかし、直説法現在を用いる場合よりは若干不確定的ニュアンスが出ます。

③ ◆ Se non vuoi partecipare alla festa di Claudio, perché non gli dici di no?
– Perché se gli dico di no, rimarrà deluso.
クラウディオのパーティーに出たくないのならどうして彼に出ないって言わないの？ ― 私が彼にそう言えば、彼はがっかりするだろうから。

◀「クラウディオ」に「パーティー」出席を断われば、彼が「がっかりする」という結果は十分現実的です。ただ、彼の心理状態を量るわけですから、未来形を用いて若干の不確定的ニュアンスを込めたということです。

④ ◆ Se tornerai tardi anche domani, non ti faccio entrare a casa.
明日も帰りが遅かったらあなたを家には入れませんよ。

◀現在形を用いることで家に入れないことをきっぱりと断言することになります。fare entrare については 25 章 4. (1) 1) [→ p300]参照。

＜バリエーション＞

次のように直説法現在形と命令形が組み合わさることもあります。

◆ Se esci, copriti bene!　①（A）
外出するんだったら、ちゃんと服を着込みなさい！

　　　　　　　　　　　　　　　　　▣ coprirsi：衣服を着込む

2 現在・未来の実現不確かな仮定に基づいて、予測される結果を表現する場合（実現不確かな仮定）

⇒ 条件節には《接続法半過去》を用います。

仮定は、不確かであっても実現可能性のある内容であり、それが実現したらどういう結果になるかを推量することになります。

［もし～ならば、～だろう］

```
        <条件節>                        <主節>
Se ＋ 接続法半過去形   ----------------   条件法現在形
                                      （直説法現在形（命令形）もありうる（B））
```

- ◆ Se domani facesse bel tempo, farei una passeggiata.

  明日天気が良ければ、私は散歩するだろう。

    ◀「明日良い天気になる」可能性はありますが、実際に良い天気になるかどうかはわかりません。もし「天気が良い」と仮定すれば「散歩に出かける」という内容です。

- ◆ Se Francesca portasse la torta, potremmo mangiarla tutti insieme.

  もしフランチェスカがケーキを持って来てくれたら、みんなで一緒に食べられるだろう。　　　　　　　　　　　　　　　　　　　▶ torta (f.)：ケーキ

    ◀「フランチェスカ」が「ケーキを持って来る」可能性はないわけでなく、「持って来る」と仮定すれば「皆が一緒に食べられるだろう」との予想ができる状況です。

- ◆ Se prendessi un taxi, potresti arrivare in tempo.

  もし君がタクシーに乗るなら、間に合うだろう。

    ◀語っている「私」には、「君」がこのケースで「タクシー」を利用するかどうかわからないので、こういう表現になるのです。「君」が「タクシーに乗る」という可能性はもちろんあるわけです。
    taxi は外来語ですから複数形も taxi で変化しません。

＜バリエーション＞

次のように主節が命令形になることもあります。

- ◆ Se ci <u>fosse</u> una persona sospetta nascosta dietro un angolo, <u>scappa</u> subito.（B）

    万一物陰に不審者が隠れているようなら、すぐに逃げなさい。

    ▶ 万一に備えての仮定の話ですが、そういう可能性もゼロではなく、もしそういうことが起これば迷わず逃げろ、との指示で命令形が来ることはありえます。

    ▶ sospetto：怪しい、疑わしい

（注）Se c'<u>è</u>, <u>comprerei</u> volentieri il prosciutto crudo.

あれば生ハムを是非買うんだけど。　　　　　▶ prosciutto（m.）：ハム

このような、《Se ＋ 直説法現在形，条件法現在形》というパターンも話し言葉の中では見受けられますが、使い方としてあまり勧められません。やはり、

Se ci <u>fosse</u>, <u>comprerei</u> volentieri il prosciutto crudo.

と表現すべきでしょう。

3 現在の事実に反することを「ある」と仮定して、その結果を推量する場合（現在の事実に反する仮定）

⇒ 条件節には《接続法半過去》を用います。

条件節、主節の形式は 2. と同じですが、2. が実現可能性のある仮定であったのに対し、3. は実現可能性のない現在の事実に反する内容を仮定した場合であり、もしそんなことが起きるとすればどういう結果になるかを推量することになります。

［もし～だとしたら、～だろうに］

＜条件節＞	＜主節＞
Se ＋ 接続法半過去形　---------------------	条件法現在形
	（条件法過去形（C））

◆ Se non fossimo così impegnati, potremmo andare a cena fuori spesso.
私たちがこんなに忙しくなかったら、たびたび外に夕食を食べに行けるのに。

　◀実際には忙し過ぎて外に夕食を食べに行けない状況です。仮に「忙しくない」という現在の事実に反する状況を想定したら、その結果として「頻繁に外食できるだろう」と推量しているわけです。イタリアでは外での夕食に時間をかけますから、忙しければ外食はできないのです。　　➡ impegnato：忙しい

◆ Se fossi in te, non farei una cosa così avventata.
もし僕が君なら、そんな向こう見ずなことはしないだろうに。

　◀「僕」が「君」にすり替わることは不可能ですから、現実離れしたことを仮定した内容になっています。se fossi in te は、al posto tuo (al tuo posto) に置き換えることができます(条件法 15 章 2.6) [→ p203]参照)。

◆ Se avessi un palazzo splendido sul Canal Grande, inviterei ogni sera tanti ospiti per cena.
もし僕がカナル・グランデ(ヴェネツィア大運河)に面したすばらしい邸宅を持っていたら、毎晩たくさんの客を夕食に招くだろうな。

　◀「僕」が実際に、そのような超一等地に高価で豪奢な邸宅を持つことはまず不可能ですから、現実離れした夢を語っていることになります。
　　　　　　　　　　　➡ splendido：すばらしい　ospite (m.f.)：客

◆ Siete molto stonati! Se cantaste bene, vi applaudirebbero.
君たちは音痴だな！もし上手に歌えるなら褒めてもらえるだろうに。

　◀「君たち」は「音痴」で「上手く歌える」可能性はないという状況です。「上手く歌える」と仮定したならば「皆が君たちに喝采を送るだろうに」という非現実的内容です。　　➡ stonato：調子はずれの　applaudire：褒めたたえる

＜バリエーション＞

次のように主節が条件法過去形になることもあります。

◆ Se la nostra squadra fosse più forte, ci saremmo iscritti al campionato.(C)
僕らのチームがもっと強ければ、選手権(チャンピオンシップ)にエントリーしただろうに。

　◀すでに過ぎ去った「エントリー」の時期だけ「チームが」強くなかったのであれば fosse stato と接続法大過去になりますが(次の 4. のケース)、その時点のみならず今もって「チームが強くない」という状況に変わりがないのなら、この例のように《Se ＋接続法半過去形，条件法過去形》の組み合わせが考えられます。　　　　　　　　　　　　　　➡ squadra (f.)：チーム

4 | 過去の事実に反することを「あった」と仮定して、その結果を推量する場合（過去の事実に反する仮定）

⇒ 条件節には《接続法大過去》を用います。

すでに終わった過去の事実に反する内容を仮定した場合であり、もしそのことが起きていたとすればどういう結果になったかを推量することになります。

［もし〜だったら、〜しただろうに］

＜条件節＞	＜主節＞
Se ＋ 接続法大過去形 ----------------------	条件法過去形
	（条件法現在形（D））

◆ Se avessi studiato di più, avrei superato l'esame d'ammissione.
　もしもっと勉強していたなら、僕は入学試験に合格しただろうに。
　　◀「僕」はあまり勉強しなかったので不合格になったというのが現実の状況です。「もっと勉強していた」と仮定すればその帰結として、「僕」は入学試験にパスしただろうにとの内容になります。過去の事実に反する内容です。

◆ Se il capo fosse stato più gentile, non ci saremmo licenziati tutti.
　上司にもっと思いやりがあったら、私たちが皆、退職することもなかっただろうに。
　　◀「上司」に部下への「思いやり」がなかったために、皆が一斉に「退職した」という状況です。「上司」が部下をもっと大切に扱っていたら、その結果として全員の「退職」もなかっただろうに、との内容です。　▶ licenziarsi：退職する

◆ Se solo mi avessi chiesto un passaggio, ti avrei accompagnato a casa tua.
　もし君が車に乗せてほしいと頼んでさえいれば、私は君を家まで送ってあげたのに。
　　◀「君」は結局「私」に「乗せてほしい」と頼まなかったのですが、仮に「乗せてほしい」と頼んでくれていたら、その結果として「私」は「君」を家まで送っただろうに、という内容になります。
　　se solo 〜 は「〜さえすれば」というニュアンスです。

＜バリエーション＞

次のように主節が条件法現在形になることもあります。

◆ Se a quel tempo la madre non fosse fuggita di casa, ora la sua famiglia sarebbe felice.（D）
あのとき母親が家出していなければ、彼女の家族は今幸せなはずなのに。

◀過去の事実に反する仮定にもとづいて現在の結果を推量するケースです。過去の事実に反することを仮定した場合に、その結果が現在まで尾を引くという内容です。「家出」していなかったら、そのときのみならずその後現在に至るまで「幸せ」であるだろうに、ということです。　　　➡ fuggire：逃げる

5 直説法半過去を用いた仮定文

上記4.のケース［もし〜だったなら、〜しただろうに］は、直説法半過去形を使って表現することもできます。《Se ＋ 接続法大過去形, 条件法過去形》の代わりに条件節にも主節にも、ともに直説法半過去を用いる方法です。話し言葉でよく用いられます。

◆ Se studiavo di più, superavo l'esame d'ammissione.
もしもっと勉強していたなら、僕は入学試験に合格しただろうに。

6 ジェルンディオを用いた仮定文

上記1. 2. 3. 4のケースは、主節と条件節の主語が同一である場合にはジェルンディオを使って表現することができます。（→ 22章2.(2) 4)［p279］）

◆ Leggendo questa rivista, capirai la situazione internazionale.
この雑誌を読めば、君は国際情勢がわかるよ。　　　◀ 1. の例

◆ Prendendo un taxi, potresti arrivare in tempo.
もし君がタクシーに乗るなら、間に合うだろう。　　　◀ 2. の例

◆ Avendo un palazzo splendido sul Canal Grande, inviterei ogni sera tanti ospiti per cena.
　もし僕がカナル・グランデ（ヴェネツィア大運河）に面したすばらしい邸宅を持っていたら、毎晩たくさんの客を夕食に招くだろうな。　　　　◀ 3. の例

◆ Avendo studiato di più, avrei superato l'esame d'ammissione.
　もしもっと勉強していたなら、僕は入学試験に合格しただろうに。
　　　　　　　　　　　　　　　　　　　　　　　　　　　　◀ 4. の例

|7| 条件節だけを用いた感嘆文、条件節のない仮定表現

◆ Se fossi presidente della Repubblica!
　もし俺が共和国大統領だったらなあ！
　　　　◀感嘆文です。「〜するのに」という主節の部分が省かれています。

◆ Con tanti soldi prenderei in affitto un appartamento sul mare.
　たくさん金があれば海辺のマンションを借りるんだけどなあ。
　　　　◀con tanti soldi が条件節の役割を果たしています。（→ 15 章 2.6）[p203]）
　　　　このように、《前置詞＋名詞》を用いた条件節のない仮定文にはよくお目にかかります。日本語に訳すときはそのニュアンスをしっかりと表現する必要があります。
　　　　　　➡ appartamento (m.)：マンション、アパート
　　　　　　・prendere in affitto：賃借りする　　[参考] dare in affitto：賃貸する

|8| come se（まるで〜であるかのように）について

　come se で始まる従属節においては、接続法を用いて現実に反する仮定（「まるで〜であるかのように」）を表現することになります。

◆ Lui si comporta come se sapesse tutto.
　彼はまるですべてを知っているかのように振る舞う。　➡ comportarsi：振る舞う
　　　　［主節：現在 → come se ＋ 接続法半過去］

◆ Lui racconta come se avesse visto tutto.
　彼はまるですべてを見たかのように語る。　　　　　　■▶ raccontare：語る
　　　　［主節：現在 → come se ＋ 接続法大過去］
◆ Lui si comportava come se sapesse tutto.
　彼はまるですべてを知っているかのように振る舞っていた。
　　　　［主節：過去 → come se ＋ 接続法半過去］
◆ Lui ha raccontato la storia come se avesse visto tutto.
　彼はまるですべてを見たかのように物語った。
　　　　［主節：過去 → come se ＋ 接続法大過去］

9 仮定文と話法

　仮定文を直接話法から間接話法に変換する場合については、26章2.（2）4）[→ p326]を参照してください。

CAPITOLO 21 受動態と受身の si、非人称の si

|1| 動詞の形態

　文の主語が動作主(**agente**)となる場合の動詞の形態を能動態(**forma attiva**)、文の主語が他から動作を受ける場合の動詞の形態を受動態(**forma passiva**)といいます(いわゆる「受身」)。

　受動態(受身)は他動詞を用いてしか作れません。なぜなら他動詞には直接目的語があり、それが受動態の文の主語になるからです。自動詞には直接目的語がありませんから、受動態の作りようがないわけです。

◎ 2 → 19

|2| 受動態の種類

(1) essere の活用形 ＋ 他動詞の過去分詞(語尾は主語の性・数に一致)
　　＋ [da ＋動作主]

1) すべての法(**modo**)と時制(単純・複合)(**tempo semplice / tempo composto**)で用いられます。

2) 動作主は、文脈から自明であったり「不特定多数の人」である場合には表現されないこともあります。da を [　] 付きで表示したのはそういう理由によります。

● 能動態から受動態への変換

（例1） ◆ Il professore loda lo studente. （能動態）
先生はその生徒を褒める。　　　　　　　　　▣ lodare：褒める
◂ 文の主語(先生)が動作主になっています。

これを受動態(受身)の文に変換すると、

◆ Lo studente è lodato dal professore.　となります。
その生徒は先生に褒められる。
◂ 文の主語(生徒)が、「他の人」すなわち動作主(先生)から「褒める」という動作を受ける、つまり「褒められる」わけです。

（例2） ◆ I poliziotti arrestano i ladri. （能動態）
警察官は泥棒を逮捕する。　　　　　　　　　▣ arrestare：逮捕する

これを受動態(受身)の文に変換すると、

◆ I ladri sono arrestati dai poliziotti.
泥棒は警察官に逮捕される。

例2の文の動詞arrestareの法や時制を変えてみるとその受動態はどうなるか、単純時制の場合と複合時制の場合に分けて考えてみましょう。

＜単純時制＞　動詞の活用形で形成される時制
＜複合時制＞　助動詞 avere / essere の活用形＋過去分詞で形成される時制

＜単純時制＞

◆ I ladri sono arrestati dai poliziotti. ［直説法現在］「される」
泥棒は警察官に逮捕される。

erano arrestati	［直説法半過去］	「されていた」
saranno arrestati	［直説法未来］	「されるだろう」
furono arrestati	［直説法遠過去］	「された」
sarebbero arrestati	［条件法現在］	「されるかもしれない」
siano arrestati	［接続法現在］	「される」
fossero arrestati	［接続法半過去］	「されていた」

<複合時制>

◆ I ladri <u>sono stati</u> arrestat<u>i</u> dai poliziotti. ［直説法近過去］「された」
泥棒は警察官に逮捕された。

<u>erano stati</u> arrestat<u>i</u>　　　　［直説法大過去］
　　　　　　　　　　　　　　　「(すでに)されていた」

<u>saranno stati</u> arrestat<u>i</u>　　　［直説法先立未来］
　　　　　　　　　　　　　　　「(その頃には)されているだろう」

<u>furono stati</u> arrestat<u>i</u>　　　　［直説法先立過去］
　　　　　　　　　　　　　　　「(すでに)されていた」

<u>sarebbero stati</u>　arrestat<u>i</u>　　［条件法過去］
　　　　　　　　　　　　　　　「(その頃には)されていたかもしれない
　　　　　　　　　　　　　　　／(いずれ)されるだろう」

<u>siano stati</u> arrestat<u>i</u>　　　　［接続法過去］
　　　　　　　　　　　　　　　「された」

<u>fossero stati</u> arrestat<u>i</u>　　　　［接続法大過去］
　　　　　　　　　　　　　　　「(すでに)されていた」

　複合時制の受動態では、essere の過去分詞 stato の語尾と他動詞の過去分詞の語尾の両方を主語の性と数(この場合なら ladri)に合わせて変化させなければなりません。

---

(2) venire の活用形 ＋他動詞の過去分詞(語尾は主語の性・数に一致)　＋［da ＋動作主］

　essere の代わりに venire を使って受動態を作ることもできます。
　過去分詞は、状態を表す形容詞としてもよく用いられますから(→ 23 章(5)［p288］)、《essere の活用形 ＋ 他動詞の過去分詞》で受動態を作った場合、状態を表す形容詞との区別が不明確になることがあります。そこで過去分詞が、状態を表す形容詞でなく、受動態であることを明確にするために、essere の代わりに venire を用いることがあるのです。

1）動作主は表現されないことが少なくありません。

- La porta viene chiusa alle otto.　門は8時に閉められる。＜受身(動作)＞
  ◀ venire を使うと「閉められる」という受身的な動作であることが明確になります。

- La porta è chiusa alle otto.　門は8時に閉められる(閉まっている)。
  　　　　　　　　　　　　　　　　　　　　　　　＜受身(動作)＞もしくは＜状態＞
  ◀ essere だと「閉まっている」という状態を表しているようにもとれます。

2）venire は単純時制においてのみ用いられ、複合時制では用いられません。

＜単純時制＞　次のように表現できます。

- I ladri　sono　　arrestati dai poliziotti.　［直説法現在］
  　　　　　↓　　　泥棒は警察官に逮捕される。
- I ladri　vengono　arrestati dai poliziotti.

　　erano arrestati　　　　saranno arrestati　　　furono　arrestati
　　↓［直説法半過去］　　　↓［直説法未来］　　　↓［直説法遠過去］
　　venivano arrestati　　verranno arrestati　　vennero arrestati

　　sarebbero arrestati　　siano arrestati　　　fossero arrestati
　　↓［条件法現在］　　　　↓［接続法現在］　　　↓［接続法半過去］
　　verrebbero arrestati　vengano arrestati　　venissero arrestati

＜複合時制＞　venire を使って表現することはできません。(1)の形式に従い、essere の活用形を用いて表現します。

　　I ladri sono stati arrestati dai poliziotti.　［直説法近過去］
　　　erano stati arrestati　　　　　　　　　　　［直説法大過去］
　　　saranno stati arrestati　　　　　　　　　　［直説法先立未来］
　　　furono stati arrestati　　　　　　　　　　　［直説法先立過去］
　　　sarebbero stati arrestati　　　　　　　　　［条件法過去］
　　　siano stati arrestati　　　　　　　　　　　［接続法過去］
　　　fossero stati arrestati　　　　　　　　　　［接続法大過去］

（3）andare の活用形 ＋ 他動詞の過去分詞（語尾は主語の性・数に一致）

1)「〜されるべきである」の意味になります。
　① venire と同様、単純時制においてのみ用いられ、複合時制では用いられません。《dovere ＋ essere ＋ 過去分詞》と言い換えることができます。
　② 動作主は表現されません。
　　◆ La batteria va cambiata.　バッテリーは交換されるべきである。
　　　 ＝ La batteria deve essere cambiata.
　　　　　◁dovere を使う場合は、動作主を補うことができます（後述）。

● dovere（補助動詞）をともなう受動態

　　dovere の活用形（単純時制）＋ essere ＋ 他動詞の過去分詞（語尾は主語の性・数に一致）＋［da ＋動作主］

　◆ Tutti devono mantenere l'ordine sociale.　（能動態）
　　すべての人は社会秩序を守らなければならない。
　　　　　　　　　　　↓
　◆ L'ordine sociale deve essere mantenuto da tutti.　（受動態）
　　（ ＝ L'ordine sociale va mantenuto.）
　　社会秩序はすべての人によって守られなければならない。
　　　　◁すでに指摘したとおり dovere を使った場合は、da tutti と、動作主を補うことができます。andare を使った場合は補いません。
　　　　　　　　　　　▣ mantenere：保つ　ordine (m.)：秩序

複合時制（近過去など）では使いません。
単純時制の直説法半過去であれば、
L'ordine sociale doveva essere mantenuto da tutti.
社会秩序はすべての人によって守られるべきだった。
と言うことはできますが、たとえば *L'ordine è stato dovuto 〜* とか *L'ordine è dovuto essere stato 〜* とは言えません。

そのほかの補助動詞 potere, volere の場合も dovere と同じです。

- ◆ Gli acquisti <u>possono</u> essere <u>restituiti</u> entro trenta giorni.
  購入商品は 30 日以内なら返却されうる。（= 返品できる）

  ▶ acquisto（m.）：購入、購入物品　restituire：返す

2) なお、1) とは別に、perdere（失う），distruggere（破壊する）など、「紛失」や「消滅」を意味するごく限られた動詞の過去分詞をともなって、「失われる」「破壊される」などの意味を形成することがあります。
動作主は明示されず、1) と異なり複合時制でも用いることができます。

- ◆ Durante il trasloco, quella foto preziosa <u>è andata persa.</u>
  引っ越しの間に、あの大事な写真が失われてしまった。

  ◀ è stata persa と言い換えることもできますが、「特定のことが進展している間に」の意味合いとともに、《andare ＋過去分詞》の形を使います。

(4) 能動態を用いた受動表現

主語(動作主)がはっきり特定できない場合、3 人称複数の人を主語とする能動態形式で受身的な内容を表現することがあります。主語(動作主)は明示されません。

- ◆ <u>Hanno ucciso</u> la spia.
  スパイが殺害された。（←不特定の人たちがスパイを殺した）
  (= La spia è stata uccisa.)　　　　　　　　　　　▶ uccidere：殺す

- ◆ In quella sartoria <u>realizzano</u> le modifiche gratuitamente.
  あの仕立て屋では寸法直しが無料で行なわれる。
  (= In quella sartoria le modifiche sono realizzate gratuitamente.)

  ▶ realizzare：実現する　modifica（f.）：寸法直し　gratuitamente：無料で

- ◆ Mi <u>hanno rubato</u> il portafoglio.　私は財布を盗まれた。
  (= Il portafoglio mi è stato rubato.)

  ◀ イタリア語の場合、「私」(間接目的語)が受動態の主語になることはないので、こういう表現形式になります。

  ▶ rubare ＋もの＋ a ＋人：人からものを盗む（奪う）

265

(5) si を用いた受動態（受身の si）（si passivante）

1) 受身の si に入る前に、次項で触れる**非人称の si**（si impersonale）と受身の si の関係について図示しておきます。

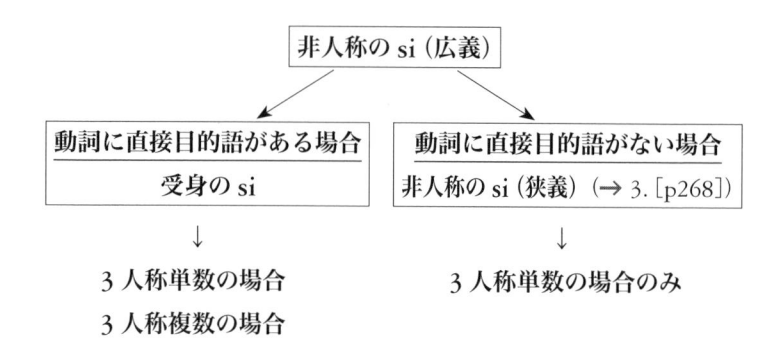

```
           非人称の si（広義）
           ↙              ↘
動詞に直接目的語がある場合   動詞に直接目的語がない場合
    受身の si              非人称の si（狭義）（→ 3.［p268］）
       ↓                        ↓
  3 人称単数の場合           3 人称単数の場合のみ
  3 人称複数の場合
```

この後、受身の si と非人称の si について説明しますが、両者を厳密に区別する意味はなく、どちらも広い意味での非人称の si に包摂されると考えましょう。

たとえば、受身の si の訳ですが、Il Monte Fuji si vede da lontano. を例にとると、文法的には「富士山は遠くから見られる」と訳すことになりますが、実際は人一般が主語であり、「人は富士山を遠くから見ることができる」というのがこの文の本意です。となれば、これは後述する非人称の si と変わらなくなるわけです。

実際、1 つの文の中に受身の si と非人称の si が混在することがあり、この 2 つを包摂する広義の非人称の si という概念を想定しないと日本人には混乱が起きるでしょう。事実、イタリア人なら次の文における si は、どちらも非人称の si だと言うはずです。

◆ <u>Si</u> va a casa quando <u>si</u> finisce il lavoro.
　人は仕事を終えると帰宅するものだ。

前者の si は非人称(狭義)の si ですが（→ 3.［p268］）、後者の si は、直接目的語 il lavoro を持つ他動詞 finire の受身を表す si です。しかし、どちらの si も結局のところ「人は」という意味で考えることになるはずです。

2）受身の si

他動詞が si をともなうことで受身を表現することができます。この場合、もちろん他動詞の直接目的語が文の主語になるわけですが、その主語は 3 人称単数・複数形に限られます。人以外のものが主語になることがほとんどです。また、特定の動作主(da 〜「〜によって」)は表現されません。動作主として想定されるのは、漠然とした一般的な人々ということになります。主語は動詞の前後どちらに置いてもかまいません。

> si ＋ 他動詞の 3 人称単数形 ＋ 単数名詞(主語)
> もしくは
> si ＋ 他動詞の 3 人称複数形 ＋ 複数名詞(主語)

- ◆ In Italia si mangia tanta pasta. ［単数名詞］
  イタリアではたくさんのパスタが食べられる。
- ◆ In Giappone si usano le bacchette. ［複数名詞］
  日本ではお箸が使われる。　　　　　　　　　　　■▶ bacchette (f. pl.)：箸
- ◆ I biglietti si possono comprare in treno. ［複数名詞］
  切符は列車内で買うことができる。
- ◆ L'ordine sociale si deve mantenere. ［単数名詞］
  社会秩序は守られるべきである。
  ＝ L'ordine sociale va mantenuto.
  ＝ L'ordine sociale deve essere mantenuto.
- ◆ Questo è un dolce che si deve mangiare freddo.
  これは冷やして食べないといけないお菓子だ。　　■▶ dolce (m.)：菓子
  ＝ Questo è un dolce da mangiarsi freddo.
  　　◀こんな形をとることもあります。

● 複合時制の受動態：si を用いた直説法近過去の受動態

直説法近過去などの複合時制の場合、助動詞には essere を用い、過去分詞は主語の性と数に一致させます。

◆ Si sono spesi tanti soldi.　多くの金がつぎ込まれた。　speso < spendere

> ◀ 直説法大過去なら Si erano spesi tanti soldi.（多くの金がつぎ込まれていた）です。条件法過去、接続法過去、接続法大過去なら順に、si sarebbero spesi, si siano spesi, si fossero spesi です。

● 単純時制の受動態：si を用いた直説法半過去の受動態

直説法半過去などの単純時制の場合、その時制に合わせた動詞の形にします。

◆ Si spendevano tanti soldi.　多くの金がつぎ込まれていた。

> ◀ 条件法現在の受動態なら Si spenderebbero tanti soldi.（多くの金がつぎ込まれるかもしれない）です。直説法未来、接続法現在、接続法半過去なら順に、si spenderanno, si spendano, si spendessero です。

◎ 2 → 20

3 非人称の si（狭義）（si impersonale）

1) 自動詞もしくは直接目的語をともなわない他動詞の 3 人称単数形が、si と組み合わさって、漠然と「人々は〜」、あるいはときに「私たちは〜」を表します。

> ① si ＋ 自動詞の 3 人称単数形
> ② si ＋ 直接目的語をともなわない他動詞（＊）の 3 人称単数形
> 　　（直接目的語をともなうと「受身の si」となる）

> ＊他動詞を自動詞として用いたケースです（他動詞の自動詞的用法）。直接目的語がなくても意味が明確な studiare, mangiare, bere, imparare などが代表的な例ですが、それ以外の他動詞でも直接目的語なしで使うのは日常的にあることです。
> 2. (5)の図で「非人称の si（狭義）」を「動詞に直接目的語がない場合」としたのは上記①②の両方を合わせて簡易表記するためです。

①の例　◆ Si vive fino a quando si muore.
　　　　　人は死ぬまで生きる。

　　　　◆ Si parla spesso del problema delle pensioni.
　　　　　年金問題がよく話題に上る。

◆ Non **si** può dormire comodamente in un letto stretto.
狭いベッドでは快適に眠れない。　　　　　　　　　➡ stretto：狭い

②の例　◆ Si mangia bene in questa trattoria.
このトラットリーアは美味しい。(このトラットリーアで人は美味しく食べる)

◆ In Inghilterra **si** guida a sinistra.
イギリスでは車は左側通行だ。(イギリスでは人は左側を運転する)

◆ Al cuore non **si** comanda.　心までは命令できない。[ことわざ]
　　　　　　　➡ cuore (m.)：心、心臓　　comandare：命令する

(注) 非人称的に表現するつもりでうっかり *Si mangia bene gli spaghetti in questa trattoria.* と言うと間違いになります。gli spaghetti は余計です。
Si mangia bene in questa trattoria. と言わなければなりません。
spaghetti を文に入れたいのなら Si mangiano dei buoni spaghetti in questa trattoria. とすべきでしょう。しかしこの時点で si は受身の si となります。

参考　piacere を非人称の形で用いる場合(「人一般が〜を好きである」)は次のように表現するといいでしょう。

◆ Se a uno piace, può scegliere di vivere in Sicilia.
気に入れば(人は)シチリアに住むことを選択できる。　　➡ scegliere：選ぶ
◀ uno は「(一般的な)人」の意味で、非人称的な主語の役割をしています。
(→ 4. (1) [p272])

2) 再帰動詞を、非人称の si を使って表現する場合、si の次に再帰動詞の3人称単数形が来るため、非人称の si と再帰代名詞の si が連続して、*si* si alza「人は起きる」のようになってしまいます。それを避けるために、非人称の si は ci に置き換えて、《**ci ＋ si ＋ 動詞の3人称単数形**》という形にします。

◆ In Italia **ci** si veste con eleganza.　　　　　　　　< vestirsi
イタリアでは(人は)上品な身なりをする。

◆ Da giovani non **ci** si accorge dell'affetto dei genitori.　　< accorgersi
若い頃は、(人は)親の愛情に気づかないものだ。　➡ affetto (m.)：愛情

- **Ci si lava i denti prima di andare a letto.** < lavarsi
  (人は)就寝前に歯を磨く。
  - ◀ 直接目的語(i denti)を持つ形式的再帰代名詞の場合も si を使った非人称表現にすることができます。

3) 形容詞などをともなう表現の場合、動詞は3人称単数形のままですが、「非人称的な人」とは本来複数を意味しますので、形容詞には男性複数形を用いることになります。また、3例目のような形式で名詞をともなう場合もその名詞は男性複数形にします。

- **Quando si è amati, si è felici.**
  (人は)愛されていると幸せなものだ。
  - ◀ 最初の si の後の動詞は受動態 essere amato です。
- **Non ci si sente stanchi quando ci si diverte.**
  (人は)遊んでいるときは、疲れを感じないものだ。

  ▶ divertirsi：楽しむ、遊ぶ

- **Quando si è studenti, ci si trova bene in compagnia.**
  (人は)学生の頃は、仲間と一緒だと居心地がいいものだ。

  ▶ compagnia (f.)：仲間

4) 非人称の si を用いた場合の複合時制(近過去など)
   助動詞は essere をとります。過去分詞の性・数には注意が必要です。

① 本来 avere を助動詞にとる動詞の場合、過去分詞は男性単数形になります。
- **A quella festa si è ballato fino a tarda notte.**
  あのパーティーでは(人々は)夜遅くまで踊った。　　　　(→ただし 5))

  ▶ ballare：踊る

② 本来 essere を助動詞にとる動詞の場合、過去分詞は男性複数形になります。
- **Quella volta si è entrati gratis al museo.**
  あの時、(人々は)その博物館にただで入れた。　　　　(→ただし 5))

  ▶ gratis：無料で

5) 状況しだいで、非人称の si は「私たちは〜」の意味で用いられることもあります。

- **Si** esce tutti insieme.
  私たちはみんな一緒に外出します。

非人称の si を使った近過去形の文は「私たち(noi)」の意味で使われることが多いと思われます。

たとえば、前述の A quella festa si è ballato fino a tarda notte. ですが、「人々は」という意味よりもむしろ、「あのパーティーでは私たちは夜遅くまで踊った。」という意味でとらえるほうが自然ですし、また、同じく前述の Quella volta si è entrati gratis al museo. も、「人々は」というよりは「あのとき、私たちはその博物館にただで入れた」と考えるほうがいいでしょう。

実際、非人称の si を近過去で用いる場合は、その狭い時点一点だけをとらえるため、「人一般が〜した」というニュアンスは表現しにくいのです。

同様に、

- La settimana scorsa **si** è andati tutti in montagna per la gita. は、
  先週私たちは遠足で山に行った。　　　　　　　▶ gita (f.)：遠足、小旅行
- In quella trattoria **si** è mangiato bene. は、
  私たちはあのトラットリーアで美味しく食事をした。

と考えるべきでしょう。

6) 通告・勧誘の si

これは noi の意味ではなく、全員に対して規則であることなどを通告する場合や、勧誘する場合に用いられます。

- **Si** parte! Allacciate le cinture.
  皆さん出発します！ シートベルトを締めてください。
  ▶ allacciare：結ぶ　cintura (f.)：ベルト

7) 非人称の si と命令形

《si ＋ 命令形の動詞 3 人称単数形》で、2 人称複数 voi の命令形とほぼ同じ意味を表現することができます。表現としては堅苦しいですが、教養を感じさせるエレガントな言い回しになります。6)の「通告の si」もある意味、命令的ですが、命令形とともに用いるこの形は、規則に基づいた命令ではなく、その時点に限っての不特定の相手に対する命令である、という点で異なります。

◆ **Si** pensi che anni fa la festa della Befana era stata tolta dai calendari.
　何年か前には公現祭の祝日がカレンダーから外されていたことを考えていただきたい。　　➡ tolta (o) ＜ togliere：取り去る　calendario (m.)：カレンダー

◆ **Si** noti che questo progetto non è stato ancora abbandonato.
　この計画がまだ断念されていないことに注目していただきたい。
　　　　　　　　　　　　　　　➡ noti (o) ＜ notare：気づく、注目する

4 非人称的な代名詞としての **uno** と **tu**

(1) uno

代名詞 uno は、非人称的に一般的な「人」を表すことがあります。ニュアンスとしては「人々は～」です。

非人称の si を uno に置き換えて考えてみましょう。たとえば 3.1)（→[p268]）の例です。

◆ **Si** vive fino a quando **si** muore. ⇒ **Uno** vive fino a quando muore.
　人は死ぬまで生きる。
　　　◀ uno は、一般の人称代名詞と同様に扱われるので、2 つ目の動詞 muore の前では uno を繰り返す必要がありません。

- Non **si** può dormire comodamente in un letto stretto.
  狭いベッドでは快適に眠れない。

  ⇒ **Uno** non può dormire comodamente in un letto stretto.

  ◀ 否定文においては、非人称の si と異なり、uno は一般の人称代名詞と同様、non より前に置かれます。

(2) tu

人称代名詞の 2 人称単数形 tu も非人称表現の主語として用いることがありますが、これは口語的な用法です。

3.2) で用いた例をあてはめると次のようになります。

- Da giovane non **ti** accorgi dell'affetto dei genitori.
  若い頃は、(人は)親の愛情に気づかないものだ。

  ◀「君」が主語にはなっていますが、人一般のことを言っています。

CAPITOLO 22 ジェルンディオ (gerundio)

動詞を人称による活用なしで用いる表現形式があります。**ジェルンディオ**(gerundio)、**分詞**(participio)、**不定詞**(infinito) がそれにあたり、まとめて**不定法**(modo indefinito)と呼んでいます。この章ではまずジェルンディオをとりあげます。副詞のような働きをするもので、現在形と過去形があります。

1 ジェルンディオの作り方

(1) ジェルンディオ現在形 (gerundio presente)

1) 作り方

  -are 動詞：-ando   guardare → guard<u>ando</u>
  -ere 動詞：-endo   prendere → prend<u>endo</u>
  -ire 動詞：-endo   sentire → sent<u>endo</u> finire → fin<u>endo</u>

- ◎ fare → fac<u>endo</u> bere → bev<u>endo</u> dire → dic<u>endo</u>
 （半過去のケースと同じです。原形をそれぞれ *facere, bevere, dicere* と考えます）
- ◎ 再帰動詞 alzarsi → <u>alzandosi</u> (alzandomi, alzandoti, alzandoci,...) *
 （再帰代名詞の部分は人称変化しますが、ジェルンディオ本体は不変です）
- ◎ 受動態 essere lodato → essendo lodato

詳しくは 2. (2) 8)［→ p282］で説明しますが、目的語人称代名詞や再帰代名詞（*）、小詞(ci, ne, lo)は、ジェルンディオとなった動詞の後ろにくっつきます。

2) ジェルンディオ現在は、主節の動詞との同時性を表します。
ジェルンディオの主語と主節の主語は原則的に同一ですが、例外もかなりあります（→ 2. (2) 6) [p281]）。

(2) ジェルンディオ過去形 (gerundio passato)

1) 作り方

助動詞 avere または essere のジェルンディオ現在形 (avendo, essendo) ＋ 過去分詞

avere, essere の区別は近過去の場合と同じです。

 avendo comprato essendo andato essendosi alzato ＊
 essendo stato lodato（受動態）

詳しくは 2. (2) 8) [→ p282]で説明しますが、目的語人称代名詞や再帰代名詞(＊)、小詞(ci, ne, lo)は、助動詞 avendo または essendo の後ろにくっつきます。

2) ジェルンディオ過去は、主節の動詞よりも前の時制を表します。
ジェルンディオの主語と主節の主語は原則的に同一ですが、例外もかなりあります（→ 2. (2) 6) [p281]）。

なお、(1) (2)に共通ですが、essendo の次に来る過去分詞は<u>ジェルンディオの主語の性・数に一致</u>します。

◎ 2 → 21

|2| ジェルンディオの用法

(1) 進行形（段階的変化）

動詞 stare や andare, venire の活用形とともに用いて、「進行中」のことを表します。
この場合のジェルンディオは現在形のみです。

1) 《stare の直説法現在形 + ジェルンディオ》
「現在進行形」を表します。(〜しつつある、〜の途中である)

- Cosa stai facendo?　君、何をしているの？
- Sto leggendo un libro.　私は本を読んでいます。
- Mi sto riposando. (= Sto riposandomi.)　私は休息をとっているところです。
- Dove vai? – Sto tornando a casa.
  どこへ行くの？ – 家に帰る途中だよ。

《stare の直説法半過去形 + ジェルンディオ》
「過去進行形」を表します。(〜しつつあった、〜しているところだった)

- Stava facendo la doccia.　彼はシャワーを浴びているところだった。

なお、過去進行形と直説法半過去の違い(たとえば「私は読書をしていた」：stavo leggendo と leggevo)ですが、前者は後者に比べて、「まさにその行為の最中であった」ことを強調しているといえるでしょう。

[参考] stare per + 不定詞　(今にも〜しそうである)

- Sta per piovere.　雨が降り出しそうだ。
- Il vulcano sta per eruttare.　火山が今にも噴火しそうだ。

　　　　　　　　　　　　　➡ vulcano (m.)：火山　eruttare：噴火する

2) 《andare の活用形 + ジェルンディオ》
段階的推移や動作・状態の反復を表します。(だんだん〜になる、しだいに〜になる；繰り返し〜する)

- La situazione economica dello Stato va peggiorando di anno in anno.
  国の経済状態は年々悪くなっている。　　　➡ peggiorare：悪化する
- Gabriele andava dicendo a tutti di essere un gran cuoco.
  ガブリエーレは皆に、自分は偉大な料理人だと繰り返し言っていた。
  ◀ 偉大な料理人であることを自慢している内容の文です。
  　形容詞 grande は、子音で始まる名詞の前で、-de を切断し gran とすることがあります。

3)《venire の活用形 ＋ ジェルンディオ》

段階的推移を表します。(～し続ける；だんだん～になる)

◀文学の中で登場することがあります。

◆ In questa tesi, il filosofo vien discorrendo della sua teoria.
この論文の中で、その哲学者は自分の理論を繰り返し述べている。

◀viene がトロンカメントにより vien になっています。(→ ★10 [p78])

■ filosofo (m.)：哲学者　discorrere di ～：～を論じる　teoria (f.)：理論

◎ 2 → 22

(2) ジェルンディオ構文

ジェルンディオ単独で、時間、理由、手段、条件、譲歩などを表す副詞節の働きをします(「ジェルンディオ構文」と呼ぶことがあります)。接続詞(ときに前置詞)の意味をジェルンディオが含みます。

1) **時間**(～しながら、～の途中に、～しているときに [mentre]；～するときに [quando]；～した後、～してから [dopo che])

◆ Paolo navigava su Internet fumando una sigaretta.
(＝ Paolo navigava su Internet mentre fumava una sigaretta.)
パオロはタバコを吸いながらインターネットで検索していた。

◀fumando が mentre fumava の働きをしています。
ジェルンディオ節は主節の前に来ることも後に来ることもあります。本例は後者。

◆ Tornando a casa in macchina, ho visto un incidente terribile.
(＝ Mentre tornavo a casa, ho visto un incidente terribile.)
家に帰る途中、私は恐ろしい事故を目撃した。　(→ 4章3.4) [p115])

◆ Salendo sull'autobus, ho fatto cadere il mio cellulare per terra.
(＝ Mentre salivo sull'autobus, ho fatto cadere il mio cellulare per terra.)
バスに乗るときに私は自分の携帯を地面に落としてしまった。

◀fare cadere については 25章4.(1) 1) [→ p300]参照。

- Entrando nell'albergo, ho visto l'ascensore sulla sinistra.
  (= Quando sono entrato nell'albergo, ho visto l'ascensore sulla sinistra.)
  私はホテルに入ったとき、左手にエレベーターを見つけた。

  ▶ sinistra (f.)：左

- Essendo uscito incolume dalla battaglia, il guerriero è rientrato al castello.
  (= Dopo che era uscito incolume dalla battaglia, il guerriero è rientrato al castello.)
  戦士は合戦から無事抜け出して、城に戻りました。

  ◀ この例のように、ジェルンディオの表す事柄が主節より前に起こったことである場合にはジェルンディオ過去形が用いられます。

  ▶ incolume：無事の　battaglia (f.)：戦い　guerriero (m.)：戦士

2) 理由（〜なので [poiché]）

- Essendo un celebre scienziato, deve fare conferenze in tutto il mondo.
  (= Poiché è un celebre scienziato, deve fare conferenze in tutto...)
  彼は高名な科学者なので、世界中で講演をしなければならない。

  ▶ celebre：有名な　conferenza (f.)：講演

「理由」を表す場合には、以下のようにジェルンディオ過去形になる場合が多いです。ジェルンディオで示される事柄は主節よりも以前に起こった、ということになります。

- Avendo comprato troppe cose, lei provava un forte senso di colpa.
  (= Poiché aveva comprato troppe cose, lei provava un forte senso di colpa.)
  たくさん買い過ぎてしまったので、彼女は大きな罪の意識を感じていた。

  ▶ provare：感じる　colpa (f.)：罪、過ち

- Avendo bevuto troppo, non sono riuscito a tornare a casa da solo.
  (= Poiché avevo bevuto troppo, non sono riuscito a tornare...)
  酒を飲み過ぎたために、私はひとりで家に帰ることができなかった。

- Essendo uscita con un golf e una sciarpa, non ha sentito freddo.
  (＝ Poiché era uscita con un golf e una sciarpa, non ha sentito...)
  セーターとマフラーで出かけたので、彼女は寒さを感じなかった。
  ◁ uscita となっているところから、主語が女性であることがわかります。
  ▶ golf (m.)：セーター　sciarpa (f.)：マフラー、スカーフ

- Essendo stata chiamata dal malato, la dottoressa l'ha visitato a domicilio.
  (＝ Poichè la dottoressa era stata chiamata dal malato, l'ha visitato a domicilio.)
  女医は、病人に呼ばれたので往診した。
  ◁ 受動態のジェルンディオ過去形です。《essendo stato ＋過去分詞》の形をとります。ジェルンディオの主語が la dottoressa と女性単数形なので、essendo stata chiamata となります。　▶ visitare：診察する　a domicilio：自宅に

3) **方法・手段**（〜することで［con］）

- Riesco a distrarmi facendo sport.
  (＝ Riesco a distrarmi con lo sport.)
  スポーツをすることで私は気晴らしができる。
  ◁ この場合 con の後には定冠詞を入れます。　▶ distrarsi：気晴らしをする

- Luigi traduce articoli giapponesi usando un dizionario elettronico.
  (＝ Luigi traduce articoli giapponesi con un dizionario elettronico.)
  ルイージは電子辞書を使って日本語の記事を翻訳している。

4) **条件**（もし〜なら［se］）

- Frequentando quel bar, puoi fare nuove conoscenze.
  (＝ Se frequenti quel bar, puoi fare nuove conoscenze.)
  あのバールに行けば、君は新しい知り合いができるよ。
  ▶ conoscenza (f.)：知り合い

- ◆ Iscrivendoti al corso di conversazione, impareresti la lingua più facilmente.
  (= Se ti iscrivessi al corso di conversazione, impareresti la lingua...)
  もし君が会話のコースに入れば、言葉をもっと楽に覚えられるだろうに。
  ◀再帰動詞 iscriversi のジェルンディオです。主語が tu ですから iscrivendoti となります。

- ◆ Essendo sostenuto dai cittadini, il sindaco riuscirà a realizzare tanti progetti urbani.
  (= Se il sindaco sarà sostenuto dai cittadini, riuscirà a realizzare tanti progetti urbani.)
  市民に支持されれば、市長は多くの都市計画を実現できるだろう。
  ◀受動態のジェルンディオ現在形です。《essendo ＋過去分詞》の形となります。ジェルンディオ過去形と混同しないように注意してください。
  ▶ cittadino (m.)：市民

5) 譲歩（〜ではあっても、〜にもかかわらず [anche se, benché, sebbene]）
　　接続詞 pur をジェルンディオの前に置きます。pur は pure の e がトロンカメントによって切断されたものです。　　　　　　　　（→★10 [p78]）
　　■印の例はジェルンディオ過去形を使っています。ジェルンディオで表される内容は主節よりも以前のことです。

- ◆ Pur essendo poverissimo, non ha mai perso la voglia di vivere.
  (= Anche se era poverissimo, non ha mai perso la voglia di vivere.)
  彼は極貧であっても生きる意欲を失わなかった。　▶ voglia (f.)：意欲

- ◆ Pur volendo, non riuscirei a comprare quell'oggetto d'antiquariato.
  (= Anche se io volessi, non riuscirei a comprare quell'oggetto...)
  たとえ望んでも、私はあの骨董品を買うことはできないだろう。

- ◆ Pur essendo partita in anticipo, è arrivata all'aeroporto in ritardo a causa del traffico. ■
  (= Benché fosse partita in anticipo, è arrivata all'aeroporto in ritardo...)
  彼女は早めに出発したにもかかわらず、交通渋滞のため空港に遅れて到着した。
  ▶ in ritardo：遅れて　traffico (m.)：交通、混雑

- ◆ Pur avendo lavorato tanto, non ha fatto carriera. ■
  (= Sebbene avesse lavorato tanto, non ha fatto carriera.)
  彼は大いに働いたけれど、出世しなかった。

6) ジェルンディオ構文において、ジェルンディオの主語と主節の主語が異なる場合には、ジェルンディオの主語は通常ジェルンディオの後に置きます。

- ◆ Stando così le cose, dobbiamo prendere nuove misure.
  (= Poiché le cose stanno così)
  こういう状況だから、我々は新たな対策を講じなければならない。
  ◁ le cose がジェルンディオの主語になります。主節の主語は noi（私たち）です。

  ▤ misura (f.)：方策

- ◆ Essendo caduta la neve, abbiamo dovuto interrompere il lavoro all'aperto.
  (= Poiché era caduta la neve, abbiamo dovuto interrompere il lavoro...)
  雪が降ったので、私たちは屋外の作業を中断しなければならなかった。
  ◁ ジェルンディオの主語は la neve です。その性と数に合わせて過去分詞は caduta となっています。主節の主語は noi（私たち）です。

  ▤ interrompere：中断する

- ◆ Avendo Carla sprecato il denaro, suo marito si è arrabbiato.
  (= Poiché Carla aveva sprecato il denaro, suo marito si è arrabbiato.)
  カルラが無駄遣いしたので、夫は怒った。
  ◁ ジェルンディオの主語は Carla です。主節の主語は suo marito です。

  ▤ sprecare：浪費する

7) 文意が明確な場合には、ジェルンディオが主節から独立して用いられることがあります。

- ◆ Tempo permettendo, la prossima domenica andremo a pescare.
  (= Se il tempo lo permetterà)
  天気が良ければ、私たちは次の日曜日、釣りに行く予定です。
  ◁ 慣用的な使い方です。tempo には冠詞がつきません。　▤ pescare：釣りをする

◆ L'appetito vien mangiando. ［ことわざ］
食欲は食べるうちに出てくる。（嫌なこともやれば好きになる）

◀ viene がトロンカメントにより vien になっています。　（→★10［p78］）

■ appetito (m.)：食欲

◎ 2→23

8) 小詞等の位置は次のようになります。

① ジェルンディオ現在の場合、目的語人称代名詞、再帰代名詞、小詞(ci, ne, lo)は動詞の後ろに付きます。

② ジェルンディオ過去の場合、目的語人称代名詞、再帰代名詞、小詞(ci, ne, lo)は助動詞 avendo, essendo の後ろに付きます。
過去分詞の語尾は、

○ 他動詞の場合、直接目的語人称代名詞の性と数に一致し（＊）、

○ essere を助動詞にとる自動詞、再帰動詞の場合、ジェルンディオの主語の性と数に一致します。

＊当然のことですが、他動詞の直接目的語が人称代名詞に置き換わらず直接目的語のまま残っている場合、過去分詞の語尾は変化しません。うっかり混同することがありますので注意してください。たとえば先の［理由］の項(2. (2) 2)［→ p278］)で用いた文ですが、Avendo comprato troppe cose, lei provava un senso di colpa. は、comprare の直接目的語 troppe cose の性と数に影響されて、うっかり Avendo comprate troppe cose としてはいけません。troppe cose が人称代名詞 le に置き換わった場合にのみ Avendole comprate となります。

ジェルンディオ現在形の文とジェルンディオ過去形の文を比較してみましょう。以下の例文からもわかるように、現在形と過去形で意味そのものも変わってきます。現在形では「条件」を、過去形では「理由」を表すケースが多いです。
小詞等の位置（文の形式）と意味の変化に注意しながら対比してください。

◆ ① Sentendola tutti i giorni, imparerai questa canzone a memoria.
毎日聴けば、君はこの歌を暗記してしまうだろう。

◆ ② Avendola sentita tutti i giorni, hai imparato questa canzone a memoria.
毎日聴いたので、君はこの歌を暗記してしまった。

◀ 他動詞 sentire の過去分詞の語尾は、直接目的語人称代名詞 la (すなわち直接目的語 questa canzone)の性・数に一致させて sentita とします。

◆ ① Dicendogli la verità, Giorgia si sentirà sollevata.
　彼に真実を話せば、ジョルジャは気持ちが軽くなるだろう。
◆ ② Avendogli detto la verità, Giorgia si è sollevata.
　彼に真実を話したので、ジョルジャは気持ちが軽くなった。
　　◀間接目的語人称代名詞 gli が入った場合の例です。gli は「彼に」という意味です。

◆ ① Andandoci presto, potremo trovare dei bei posti a teatro.
　劇場に早く行けば、私たちはいい席を見つけることができるだろう。
◆ ② Essendoci andati presto, abbiamo potuto trovare dei bei posti a teatro.
　劇場に先に入ったので、私たちはいい席を見つけることができた。
　　◀場所を表す代名小詞 ci が入った場合の例です。andare は essere を助動詞にとる自動詞ですから、過去分詞の語尾はジェルンディオの主語 noi の性・数に一致して andati となります。
　　◀dei bei posti の dei は部分冠詞です。

◆ ① Riposandovi un po', potete aumentare l'efficienza del lavoro.
　少し休憩すれば、君たちは仕事の能率を上げることができるでしょう。
◆ ② Essendovi riposati un po', avete potuto aumentare l'efficienza del lavoro.
　少し休憩したので、君たちは仕事の能率を上げることができました。
　　◀再帰代名詞 vi が入った場合の例です。riposati となっているのはジェルンディオの主語である voi（君たち）の性と数に語尾を一致させたからです。voi が女性ばかりならもちろん riposate になります。　　　　▶ efficienza (f.)：能率

◆ ① Capirai subito la qualità di questo tiramisù assaggiandone solo un cucchiaio.
　ほんの一さじ食べてみれば、君はすぐにこのティラミスの質の高さがわかるだろう。　　　　　　　　　　　　　　▶ assaggiare：味わう
◆ ② Ho capito subito la qualità di questo tiramisù avendone assaggiato solo un cucchiaio.
　ほんの一さじ食べてみて、私はこのティラミスの質の高さがすぐにわかった。
　　◀代名小詞 ne を使った例です。ne は tiramisù を意味します。

CAPITOLO 23 | 過去分詞 (participio passato)

🎧 2 → 24

(1) 過去分詞の作り方

-are 動詞：-ato　　-ere 動詞：-uto　　-ire 動詞：-ito

以上のパターンのほか、例外が数多くあります。

詳しくは3章3.(1) [→ p90]を参照してください。

(2) 複合時制の中で用いられる過去分詞

これについてはすでに直説法近過去(→ 3章[p89])、直説法大過去(→ 5章[p122])、直説法先立過去(→ 7章[p130])、直説法先立未来(→ 8章3.[p134])、条件法過去(→ 16章[p206])、接続法過去(→ 17章3.[p214])、接続法大過去(→ 18章2.[p235])で述べました。

(3) 受動態で用いられる過去分詞

これについては21章[→ p260]を参照してください。

(4) 過去分詞構文

ジェルンディオと同様、過去分詞を使って構文を作ることもできます(過去分詞構文)。ジェルンディオ過去形における助動詞 avendo, essendo を省略した形と考えられます。

過去分詞構文は、主節で示される事柄よりも前になされたという「時間差」、あるいは「受動性」を表します。

過去分詞構文においては、過去分詞の語尾母音に注意が必要です。
目的語人称代名詞、再帰代名詞、小詞(ci, ne, lo)は過去分詞の後ろに付きます。すなわち、形態については以下のような規則にしたがいます。

1) 直接目的語をともなう他動詞の場合
過去分詞の語尾母音は直接目的語の性・数に一致させます。

- ◆ Fatta la doccia, Mario si è sentito meglio.
  マーリオはシャワーを浴びて、気分がよくなった。　　[直接目的語は la doccia]

  la doccia を直接目的語人称代名詞 la に置き換えると、la は過去分詞 fatta の後ろにくっつきます。（= Fattala, Mario si è sentito...）

  ジェルンディオ過去形を使って表現すると、
  （= Avendo fatto la doccia, Mario si è sentito...）
  （= Avendola fatta, Mario si è sentito...）

- ◆ Comprate due bottiglie di vino rosso, sono andato dal mio amico Giulio.
  私は赤ワインを2本買って、友人のジューリオの家に行った。
  　　　　　　　　　　　　　　　　　　　[直接目的語は due bottiglie]
  （= Compratele, sono andato...）
  （= Avendo comprato due bottiglie di vino rosso, sono andato...）
  （= Avendole comprate, sono andato...）

- ◆ Lavati i piatti, la domestica è tornata a casa sua.
  皿を洗ってから、家政婦は自宅へ帰った。　　[直接目的語は i piatti]
  （= Lavatili,...）
  （= Avendo lavato i piatti,...）
  （= Avendoli lavati,...）

2) essere を助動詞にとる自動詞、再帰動詞、受動態における他動詞の場合
過去分詞の語尾母音は過去分詞の主語の性・数に一致させます。
過去分詞の主語は主節の主語とおおむね同じですが、そうでない場合もあります。

＜essere を助動詞にとる自動詞の場合＞

◆ <u>Tornata</u> a casa, Lucia ha acceso la luce.
　家に帰ると、ルチーアは電気をつけた。　　　　　［主語は Lucia（女性）］

　（＝ <u>Essendo tornata</u> a casa, Lucia ha acceso la luce.）

　　　　　　　　　　　　　　　　　　　　▶ luce (f.)：光、明かり

◆ <u>Appena usciti</u> di casa, ci siamo accorti di non aver spento l'aria condizionata.
　私たちは、家を出るとすぐ、エアコンを消さなかったことに気がついた。
　　　　　　　　　　　　　　　　　　　　　　　　　　［主語は noi］

　　　　◀ appena を付けることで「直前の動作」であったことがより明確になります。

◆ <u>Andata</u> via Elena, sono rimasto solo.
　エーレナが去って、私はひとりぼっちになった。
　　　　　　　　　　　　　　　　　［過去分詞の主語は Elena（女性）］

　　　　◀ 主節の主語と過去分詞の主語が一致しないケースです。過去分詞 andata の主語は Elena です。女性・単数ですから andata となります。

　（＝ <u>Essendo andata</u> via Elena, sono rimasto solo.）

◆ <u>Finita</u> la lezione, Mario è andato in palestra.
　授業が終わると、マーリオはジムに行った。　［過去分詞の主語は la lezione］

　　　　◀ これも主節の主語と過去分詞の主語が一致しないケースで、過去分詞 finita の主語は lezione です。この finire は自動詞で、「授業が終わる」ということです。

　（＝ <u>Essendo finita</u> la lezione, Mario è andato in palestra.）

　　　　　　　　　　　　　　　　　　　　▶ palestra (f.)：ジム

　lezione の代わりに scuola, vacanza が来る場合も同様で、それぞれ「学校が終わる」「バカンスが終わる」の意味になります。
　一方 finire を他動詞と考えると、「やめる、終わらせる」という別の意味になり、finire la scuola は「学校を卒業する」という意味になってしまいます。
　また、lezione の代わりに lavoro が来ると状況は変わります。つまり、<u>Finito il lavoro</u>, Mario è andato in palestra. の場合、finire を自動詞ととれば「仕事が終わる」、他動詞ととれば「マーリオが仕事を仕上げる」となり、2つの可能性が考えられるのです。
　前者においては、過去分詞 finito の主語は lavoro となり、「仕事が終わったので、マーリオはジムに行った」（Essendo finito il lavoro, Mario...）です。
　後者においては、過去分詞、主節とも主語はマーリオとなり、「マーリオは仕事

を終わらせてからジムに行った」(Avendo finito il lavoro, Mario...)です。
両者の違いに注意しましょう。

＜再帰動詞の場合＞

◆ Trasformatasi in una farfalla, la fata tornò al bosco.
 妖精は蝶に変身し、森へ帰って行きました。　　　［主語は la fata（女性）］

　　◀再帰代名詞が過去分詞に結合しています。　tornò ＜ tornare の遠過去

　(＝ Essendosi trasformata in una farfalla, la fata tornò al bosco.)

　　　　　　　　　　　　　　　　　　　　　　　■ farfalla (f.)：蝶

＜受動態における他動詞の場合＞

◆ Sostenuto dai cittadini, il sindaco riuscirà a realizzare tanti progetti urbani.
 市民に支持されれば、市長は多くの都市計画を実現できるだろう。

　　　　　　　　　　　　　　　　　　　　　　　［主語は il sindaco］

　　◀他動詞 sostenere の過去分詞が受動態を表しています。

　(＝ Essendo sostenuto dai cittadini, il sindaco riuscirà a realizzare tanti progetti urbani.)

　　◀ジェルンディオで表現すると、受動態のジェルンディオ現在形を使うことになります。(→ 22 章 2.(2) 4)［p280］)

◆ Chiamata dal malato, la dottoressa l'ha visitato a domicilio.
 女医は、病人に呼ばれたので往診した。　　　　［主語は la dottoressa］

　　◀これも、他動詞 chiamare の過去分詞が受動態として用いられた例ですが、同時に［理由］を表しています。

　(＝ Essendo stata chiamata dal malato, la dottoressa l'ha visitato a domicilio.)

　　◀ジェルンディオで表現すると、受動態のジェルンディオ過去形を使うことになります。(→ 22 章 2.(2) 2)［p279］)

(5) 形容詞としての過去分詞

◆ Questo corso di archeologia è aperto anche al pubblico.
　この考古学講座は一般にも公開されている。

　　◁ aprire の過去分詞であるこの aperto は、受動態(「開かれる」)ではなく、状態(「開いている」)を表す形容詞です。(→ 21 章 2. (2) [p262])

　　　　　　　　　　　　　　　　　　　➡ pubblico (m.)：大衆

◆ Oggi quel locale è chiuso.
　今日はあの店は休みだ。

　　◁ chiudere の過去分詞であるこの chiuso も、受動態(「閉じられる」)ではなく、状態(「閉まっている」)を表す形容詞です。(→ 21 章 2. (2) [p262])

　　　　　　　　　　　　　　　　　　　➡ locale (m.)：店

◆ La lingua scritta è più formale della lingua parlata.
　書き言葉は話し言葉より堅苦しい。　　➡ formale：形式的な、公式の

◆ Il ritardo dei treni era dovuto all'incidente ad un passaggio a livello.
　列車の遅れは踏切事故によるものであった。　➡ passaggio a livello：踏切

◆ La polizia dovrà subito rimuovere quelle macchine lasciate in strada.
　警察は、道路に放置されたあの車両をすぐ撤去することになるだろう。

　この文は関係代名詞と受動態を用いて表現することもできます。

　= La polizia dovrà subito rimuovere quelle macchine che sono state lasciate in strada.　　　　　　　　　➡ rimuovere：取り除く

(6) 名詞としての過去分詞

名詞化した過去分詞も数多くあります。

　　caduto　戦没者　(← cadere 倒れる)
　　dipinto　絵画　(← dipingere 描く)
　　fatto　出来事　(← fare する)
　　morto　死者　(← morire 死ぬ)
　　sorriso　微笑み　(← sorridere 微笑む)

CAPITOLO 24 現在分詞 (participio presente)

🔊 2 → 25

(1) 現在分詞の作り方

-are 動詞：-ante
-ere 動詞：-ente
-ire 動詞：-ente または -iente

ただし、bere → bevente, dire → dicente, fare → facente, trarre → traente などの例外はあります。

(2) 形容詞としての現在分詞

◆ Sono contenta per Luisa: ha sposato un uomo brillante.   < brillare
 ルイーザはよかったね。ウィットに富んだ男性と結婚したんだもの。

➡ brillante：輝く、機知に富んだ

◆ Il film che abbiamo visto ieri era molto divertente.   < divertire
 私たちが昨日観た映画はとても楽しかった。

◆ Il treno proveniente da Palermo arriva al binario 17.   < provenire
 パレルモ発の列車は 17 番線に到着します。

この文は関係代名詞を用いて表現することもできます。

= Il treno che proviene da Palermo arriva al binario 17.

上の 3 例は、現在分詞が完全に形容詞化したものですが、次にあげる現在分詞は上の 3 例と異なり、直接目的語をともなう動詞のような働きをする形容詞です。主たる動詞の時制に一致し、能動的性格を持ちます。

- Gli studenti <u>frequentanti</u> le lezioni d'italiano sosterranno l'esame il mese prossimo. ＜ frequentare
  イタリア語の授業に通う学生たちは、来月試験を受ける予定である。
  = Gli studenti <u>che frequentano</u> le lezioni d'italiano sosterranno l'esame il mese prossimo.

  ▶ sostenere：(試験を)受ける

- Un gioiello <u>contenente</u> impurità non si può vendere ad alto prezzo.
  不純物を含む宝石は高値では売れない。 ＜ contenere
  = Un gioiello <u>che contiene</u> impurità non si può vendere ad alto prezzo.

  ▶ impurità (f.)：不純物

(3) 名詞としての現在分詞

名詞化した現在分詞は数多くあります。

  abitante　住民　(← abitare 住む)
  assistente　助手　(← assistere 補佐する)
  cantante　歌手　(← cantare 歌う)
  dipendente　従業員　(← dipendere da 〜　〜に従属する)
  parlante　話し手　(← parlare 話す)
  sorgente　源泉　(← sorgere 湧き出る)

CAPITOLO 25 | 不定詞 (infinito)

◎ 2 → 26

│1│ 不定詞の現在形と過去形

1) 不定詞には現在形と過去形があります。

- **現在形**は《動詞の原形》(辞書に掲載されている形)とも呼ばれるもので、「~すること」を意味します。
- **過去形**は《助動詞 avere または essere ＋過去分詞》の形をとります。「~したこと」を意味します。

 avere, essere の区別は近過去の場合と同じです。

 essere の次に来る過去分詞は<u>不定詞の主語の性・数に一致</u>します。

[現在形]　parlare「話すこと」　andare「行くこと」　alzarsi「起きること」
　　　　　essere lodato「褒められること」(受動態)

[過去形]　aver parlato＊「話したこと」　essere andato「行ったこと」
　　　　　essersi alzato「起きたこと」
　　　　　essere stato lodato「褒められたこと」(受動態)

　＊avere の場合、通常、最後の母音 -e がトロンカメントにより切断されます。essere の場合はときに切断されることがあります。　例) esser stato (→★10［p78］)

2) 不定詞は、それ自身で現在・過去・未来といった時制を表すことはできませんが、文中の主たる動詞の時制にしたがって具体的な時を表すことができます。すなわち、

○ 現在形は、主たる動詞と同時かそれ以後の事柄を表します。
○ 過去形は、主たる動詞より以前に完了した事柄を表します。

［現在形］

◆ Penso di **superare** l'esame.　私は(自分が)試験に合格すると思う。

 ◀ Penso が文中の主たる動詞です。「試験に合格する」ことは「思っている」時点(現在)と同時かそれ以後の事柄になります。つまり、今まさに試験を受けている最中に自分は合格すると思っている(同時の事柄)、もしくは、これから試験を受けるという状況において、受ければ自分は合格するだろうと思っている(以後の事柄)ということです。

［過去形］

◆ Penso di **aver superato** l'esame.　私は自分が試験に合格したと思う。

 ◀ Penso が文中の主たる動詞です。「試験に合格した」ことは「思っている」時点(現在)よりも前に完了した事柄になります。つまり、試験は終わりすでに結果は出ているわけです。ただ、結果が出ていても「私」はそれをまだ知らないわけで、その結果を自らが予想しているということです。

なお、pensare と superare の主語が異なる場合は、上のように《di ＋不定詞》で結ぶことはできません。《pensare che ＋従属節》の形になります。(→ 17 章 5. (1) 10)［p224］)

2 不定詞の用法

1) 不定詞は、名詞として、文の主語や述語あるいは直接目的語の働きをします。名詞としての不定詞は男性単数形の扱いです。

◆ Mi piace leggere.［主語］
　　私は本を読むことが好きだ。　　　　　　　　　　　(→ 2 章 4.［p81］)

◆ Il suo hobby è cantare al karaoke.　［述語］
　　彼の趣味はカラオケ(店)で歌うことだ。

◆ Preferisci cucinare o mangiare fuori?　［直接目的語］
　　(家で)料理するか外で食べるか、どちらが君はいいですか？

2) 補助動詞(volere, potere, dovere, sapere)とともに　　(→ 1 章 16. (4)［p52］)

- Devo comprare il latte.　私はミルクを買わなければならない。
- Non voglio alzarmi così presto.　私はこんなに早く起きたくない。

3) 非人称構文で

- Bisogna telefonare all'ufficio.　オフィスに電話する必要がある。
- È meglio informare subito la questura.　　　　　(→★ 25［p340］)
すぐに警察署に連絡したほうがいい。　　　　　▶ questura (f.)：警察署

4) 動詞＋前置詞＋不定詞　(→ 27 章［p329］)

- Andiamo a ballare in discoteca.　ディスコに踊りに行きましょう。
- Ho rinunciato a studiare il latino.　私はラテン語を勉強するのを断念した。
- Penso di voler cambiare casa.　私は引っ越したいなあと思っています。
    ◁ penso di voler cambiare は、penso di cambiare や vorrei cambiare よりも「決心」という点では弱い表現です。
- Marco non si ricorda di essere già venuto a casa mia dieci anni fa.
マルコは、10 年前にすでに私の家に来たことがある、ということを覚えていない。
    ◁ 不定詞過去形を使った例です。主語が Maria なら、venuta に変わります。
- Mia moglie dice di preparare la tavola.　妻は、食卓の用意をすると言う。
    ◁ 和訳は上のようにしていますが、この文は命令(「妻は、食卓の用意をせよと言う」)とも取れ、前後の文脈がないとその意味は不明瞭です。《dire a ＋ 人》という形で dire の後ろに間接目的語が入っていなくても状況によっては命令と取れる余地は十分あるのです。この点については 19 章 3.［→ p249］を参照してください。
- Mia moglie dice di aver preparato la tavola.
妻は、食卓の用意をしたと言う。
    ◁ これは不定詞過去形を使った例です。意味は明瞭です。

5）前置詞＋不定詞　（→ 27 章［p329］）

- ◆ Sono tornato a casa presto per guardare la televisione.
  私はテレビを見るために早く家に帰った。
  - ◁ per は目的を表しています。

- ◆ Non avete sete? Volete da bere?
  皆さん、のどが渇いてないですか？　飲み物がほしいですか？
  - ◁ da ＋不定詞が名詞化しています。
    - ⇒ da bere：飲み物　［参考］ da mangiare：食べ物

- ◆ A dire il vero, non voglio prendere l'aereo.
  本当のことを言うと、僕は飛行機に乗りたくない。
  - ◁ a は条件を表しています。　　　　　　　　　　⇒ vero（m.）：真実

- ◆ Nell'andare al lavoro, ho incontrato un mio amico.
  私は仕事に向かっているとき、友人のひとりに出会った。
  - ◁ in ＋不定詞の場合、通常、定冠詞を付けます（「～している間に」）。

6）疑問詞＋不定詞

- ◆ Non so dove andare.　私はどこへ行けばいいのかわからない。
- ◆ Non so come dire.　私はどのように言っていいのかわからない。

7）essere... a ＋不定詞

強調構文で、「～するのは…だ」という意味になります。

（→★ 21・強調構文［p295］）

- ◆ Sei tu a dover risolvere questo problema.
  この問題を解決すべきは君だ。
  - （＝ Sei tu che devi risolvere questo problema.）←これが一般的な強調構文
    - ◁ dovere の最後の母音 -e がトロンカメントにより切断されます。
      （→★ 10［p78］）

- Erano i costumi degli attori ad attirare l'attenzione degli spettatori.
  観客の注目を引いていたのは役者たちの衣装であった。
  - (= Erano i costumi degli attori che attiravano l'attenzione degli spettatori.) ←これが一般的な強調構文
    - ➡ costume (m.)：衣装 attenzione (f.)：注意、注目 spettatore (m.)：観客

さらに、この表現を倒置することがしばしばあります。

- Ad attirare l'attenzione degli spettatori erano i costumi degli attori.

★21 強調構文　　　　　　　　　　　　　　　🔊 2→27

強調構文の一般的な形は、《essere... a ＋不定詞》よりもむしろ
《essere... che 〜》でしょう。

- Sono **io** che ho rotto questo piatto.
  この皿を割ったのは私です。
  - ◀ Ho rotto questo piatto.（「私はこの皿を割った」）という文の「誰が割ったのか」の部分を強調しています。
- Sei **tu** che devi ordinare la stanza.
  部屋を片づけなければならないのは君だ。
  - ◀ Devi ordinare la stanza.（「君は部屋を片づけなければならない」）という文の「片づけるべき人が誰か」の部分を強調しています。
    - ➡ ordinare：整理する
- Era solo **Mario** che aspettava l'arrivo di Daniela.
  ダニエーラの到着を待っていたのはマーリオだけだった。
  - ◀ Solo Mario aspettava l'arrivo di Daniela. の強調です。
    《essere... a ＋不定詞》を使うと
    - ◆ Era solo Mario ad aspettare l'arrivo di Daniela. と変わります。
- È da tanto tempo che non ci vediamo.
  久しぶりだねえ。（長い間お互い会っていないね）
  - ◀ Non ci vediamo da tanto tempo. と同じことですが、日本語で言う「久しぶり」を強調した形です。

3 | 不定詞と目的語人称代名詞等の位置

1) 不定詞が目的語人称代名詞、再帰代名詞、小詞(ci, ne, lo)をともなう場合、それらは不定詞の後ろにくっついて一語となります。不定詞の現在形の場合と過去形の場合を比較してみましょう。

- ◆ Penso di **comprarla** oggi. ［不定詞現在形］
  私はそれを今日買おうと思っている。
  - ◀ たとえば、la にあたるものを「カメラ」(macchina fotografica (f.))のような女性名詞と考えてください。

- ◆ Penso di **averlo comprato** l'altro giorno. ［不定詞過去形］
  私はそれを先日買ったと思う。
  - ◀ たとえば、lo にあたるものを「オリーブ油」(olio d'oliva (m.))のような男性名詞と考えてください。

- ◆ Penso di **spedirti** la lettera d'invito alla festa. ［不定詞現在形］
  私は、君にパーティーの招待状を送ろうと思う。
- ◆ Penso di **averti spedito** la lettera d'invito alla festa. ［不定詞過去形］
  私は、君にパーティーの招待状を送ったと思う。

- ◆ Ugo spera di **riposarsi** per bene. ［不定詞現在形］
  ウーゴはゆっくり休息をとりたいと願っている。　　■▶ per bene：たっぷりと
- ◆ Ugo spera di **essersi riposato** per bene. ［不定詞過去形］
  ウーゴはゆっくり休息がとれたことを願っている。
  - ◀ わかりにくい例文ですが、休息をとって体力をしっかり取り戻すことができたかどうか本人が懸念している状況と考えてください。

- ◆ Credo di **andarci** questo mese. ［不定詞現在形］
  私は、今月そこへ行くと思う。
  - ◀ たとえば、ci にあたるものを「ジェノヴァへ」(a Genova)のような場所を表す副詞と考えてください。(→ 11 章 1. [p159])

◆ Credo di **esserci andato** cinque anni fa. ［不定詞過去形］
　私は、5 年前そこへ行ったと思う。
　　（注）なお、補助動詞(dovere, potere, volere, sapere)の後に不定詞が来る場合、不定詞に関連する目的語人称代名詞、再帰代名詞、小詞(ci, ne, lo)は、不定詞の後ろにくっつけても、補助動詞の前に置いてもかまいません。(→ 2 章 1.［p71］2.［p74］10 章 5.［p155］11 章 1. 4）［p163］)

2) 不定詞の過去形が目的語人称代名詞等をともなう場合、過去分詞の語尾がどのように変化するか。内容的に 1) と重複しますが、助動詞に avere をとる動詞の場合と、essere をとる動詞の場合とに分けて詳しく見ていきます。

① 助動詞に avere をとる動詞の場合
ⅰ)《avere ＋ 過去分詞》が、直接目的語人称代名詞をともなう場合、代名詞は不定詞の形をとった助動詞 avere の後ろにくっつき(→ 3. 1)［p296］)、さらに、過去分詞の語尾はその目的語の性・数に一致します。

　◆ Sono soddisfatto di aver comprato queste scarpe.
　　私はこの靴を買えて満足している。
　　→ scarpe を直接目的語人称代名詞 le に変えると、
　　　◆ Sono soddisfatto di averle comprate.　　私はそれを買えて満足している。
　　　となるわけです。
　　　　◀満足しているのは現在で、靴を買ったのはそれ以前ですから、不定詞が avere をともなう過去形になります。

　◆ Sono lieto di averti conosciuta.　　◀主語は男性、「あなた(ti)」は女性です。
　　私はあなたと知り合えてうれしいです。
　　(= Sono lieto di avere conosciuto te.)
　　　　◀強勢形 te を使う場合は過去分詞の語尾を一致させません。
　　→ 主語が女性で、「あなた方(vi)」が男性または男女混合なら、
　　　◆ Sono lieta di avervi conosciuti.　　私はあなた方と知り合えて満足です。

- ◆ Grazie di averci contattati. （= Grazie di avere contattato noi.）
  私たちにコンタクトを取ってくれてありがとう。
    - ◁ contattare（「～と接触する、連絡をとる」）は他動詞です。

ⅱ）《aver ＋過去分詞》が、間接目的語人称代名詞をともなう場合、過去分詞の語尾が影響を受けることはありませんが、代名詞そのものは不定詞の形をとった助動詞 avere の後ろにくっつきます。（→ 3. 1）[p296]

- ◆ Lei è contenta di aver regalato a Carlo una sciarpa fatta a mano.
  彼女は手編みのマフラーをカルロにプレゼントして満足している。
  → a Carlo を間接目的語人称代名詞 gli に変えると、
    - ◆ Lei è contenta di avergli regalato una sciarpa fatta a mano.
      彼女は手編みのマフラーを彼にプレゼントして満足している。
      となります。
        - ◁ 満足しているのは現在で、彼にプレゼントしたのはそれ以前ですから、不定詞が avere をともなう過去形になります。
  → una sciarpa も直接目的語人称代名詞に変えると次のようになります。
    - ◆ Lei è contenta di avergliela regalata.

② 助動詞に essere をとる動詞の場合

《essere ＋過去分詞》が、場所を表す ci や再帰代名詞をともなう場合、ci や代名詞は不定詞の形をとった助動詞 essere の後ろにくっつき（→ 3. (1)[p296]）、さらに、過去分詞の語尾は不定詞の主語の性・数に一致します。

- ◆ Sono contento di essere arrivato in tempo allo stadio.
  私は遅れずにスタジアムに着くことができて満足している。
  → allo stadio を、場所を表す代名小詞 ci に変えると、
    - ◆ Sono contento di esserci arrivato in tempo. となります。
      私は遅れずにそこに着くことができて満足している。
      となります。
        - ◁ 満足しているのは現在で、スタジアムに着くことができたのはそれ以前ですから、不定詞が essere をともなう過去形になります。

「私」が女性なら、

- Sono contenta di esserci arrivata in tempo.
  と、過去分詞の語尾を不定詞の主語である「私（女性）」の性と数に一致させなければなりません。

- Sono contento di essermi alzato presto.
  私は早起きしたことに満足している。

    ◁ これは alzarsi の再帰代名詞 mi が助動詞 essere の後ろにくっついた例です。満足しているのが現在で、早く起きられたのがそれ以前ですから、不定詞が essere をともなう過去形になります。

「私」が女性なら、

- Sono contenta di essermi alzata presto.　です。

[参考]　essere が、不定詞の過去形としてでなく、不定詞の現在形として用いられる場合も、その後に来る形容詞や過去分詞の語尾は、もちろん主語の性と数に一致させます。

- Gina è orgogliosa di essere italiana.
  ジーナはイタリア人であることに誇りを感じている。

    ◁ これは形容詞のケースです。　　　　▶ orgoglioso：誇らしげな

- I calciatori sono abituati ad essere adulati dai loro tifosi.
  そのサッカー選手たちはファンからちやほやされるのに慣れている。

    ▶ abituato a〜：〜に慣れた　adulare：こびる　tifoso (m.)：熱狂的ファン

これは過去分詞が受動態の形をとっているケースです。これは受動態の現在形ですが、受動態の過去形の例としては、次のようなものがあげられます。

- Anna è soddisfatta di essere stata lodata dal professore.
  アンナは先生から褒められたことに満足している。

|4| 使役動詞（verbo causativo）と結びつく不定詞の用法

使役動詞 fare, lasciare を使った構文です。
- fare ＋ 不定詞：〜させる、〜してもらう
- lasciare ＋ 不定詞：〜するがままにさせておく、〜するのを許容する

以下のように、不定詞が自動詞であるか他動詞であるか、そこがポイントになります。
いくつかのパターンを見ていきましょう。

(1) fare ＋不定詞

1）fare ＋ 不定詞（自動詞）＋人・もの（不定詞の動作主）　＜人・ものを〜させる＞
　　この場合、不定詞の動作主である「人・もの」は fare の直接目的語です。
　　ここで言う自動詞には直接目的語をともなわない他動詞も含まれます。

◆ Il presidente fa tornare subito l'impiegato in ufficio. ＊
　社長はその社員をすぐにオフィスに帰らせる。

⇒ Lo fa tornare subito in ufficio. ＊＊
（直接目的語）

Il presidente fa in modo che l'impiegato torni subito in ufficio. という内容が、不定詞を使うことで上のように表現できるわけです。

＊これを近過去形にすると Il presidente ha fatto tornare subito l'impiegato in ufficio. となります。
受身に変えると、L'impiegato viene fatto tornare subito in ufficio dal presidente. となります。

＊＊これを命令形にすると
Fallo tornare subito in ufficio.　彼をすぐにオフィスに帰しなさい。
Lo faccia tornare subito in ufficio.　彼をすぐにオフィスに帰してください。

[参考] 自動詞の位置に形容詞が来る場合は、
- ◆ Faccio felice Anna. （または　Faccio Anna felice.）
  私はアンナを幸せにする。
  ⇒ La faccio felice.

2) fare + 不定詞(他動詞) + 直接目的語 + a (または da) + 人・もの（不定詞の動作主）＜人・ものに〜させる＞
   この場合、不定詞の動作主「人・もの」は、a (da)をともなって fare の間接目的語になります。a は、文の主語が不定詞の動作主の行為を「させる」といった命令に近い影響力を持つような場合に用いられ、da は、文の主語が動作主に行為を「してもらう」と依頼するような場合に用いられます。

- ◆ Il professore fa presentare i compiti agli studenti. ＊
  先生は生徒たちに宿題を提出させる。
  ⇒ Il professore gli fa presentare i compiti.　　gli (「彼らに」間接目的語)
  ⇒ Il professore li fa presentare agli studenti.　li (「それらを」直接目的語)
  ⇒ Il professore glieli fa presentare.　　　　　glieli (「彼らにそれらを」結合形)
  (→ 2章6. [p87])

Il professore fa in modo che gli studenti presentino i compiti. という内容が、不定詞を使うことで上のように表現できるわけです。

　＊これを命令形にすると、
　Fagli presentare i compiti.　彼らに宿題を提出させなさい。
　Gli faccia presentare i compiti.　彼らに宿題を提出させてください。
　Falli presentare agli studenti.　それらを生徒たちに提出させなさい。
　Li faccia presentare agli studenti.　それらを生徒たちに提出させてください。
　Faglieli presentare.　それらを彼らに提出させなさい。
　Glieli faccia presentare.　それらを彼らに提出させてください。

- ◆ Il padre ha fatto aprire la finestra a suo figlio.
  父は息子に窓を開けさせた。

◆ Il sindaco ha fatto elaborare delle informazioni sull'inquinamento ambientale del comune dall'istituto di ricerca.
　市長は、研究所に依頼して、市の環境汚染に関する資料を仕上げてもらった。
　　　　　　　　　▶ elaborare：念入りに作る　　inquinamento (m.)：汚染

[参考] 不定詞が再帰動詞や代名動詞の場合、その再帰代名詞と fare の目的語が重複するので、前者を省略します。

◆ L'atmosfera di questo albergo mi ha fatto sentire a mio agio. < sentirsi
　(*mi ha fatto sentirmi* とせず、sentirmi の mi を省略)
　このホテルの雰囲気が私をくつろいだ気分にさせてくれた。
　　　　　　　　　▶ sentirsi a proprio agio：くつろいだ気分である

◆ La notizia della bocciatura mi ha fatto pentire di non aver studiato.
　(*mi ha fatto pentirmi* とせず、pentirmi の mi を省略)　　< pentirsi
　不合格の知らせは、勉強しなかったことを私に後悔させた。

3) farsi ＋ 不定詞(他動詞) ＋ 直接目的語 (＋ da ＋ 人・もの (不定詞の動作主)) ＜人・ものに～してもらう＞
　この場合、farsi の再帰代名詞 si は不定詞の間接目的語(「自分自身のために」)の働きをします。

◆ Franca si fa sempre tagliare i capelli da sua madre.
　フランカはいつもお母さんに髪を切ってもらう。
　　　　◀ i capelli が tagliare の直接目的語、si が tagliare の間接目的語。
　　　　　　　　　▶ farsi tagliare i capelli (da ～)：(人に)散髪してもらう

[参考] tagliarsi i capelli　　(自分の)髪を切る　　◀形式的再帰動詞です。
　　　tagliare i capelli a ～　(～(他者)の)髪を切る

◆ Ti sei fatto comprare un vestito dai tuoi genitori?
　君は両親に洋服を買ってもらいましたか？
　　　◀ farsi は再帰動詞ですから近過去の場合は助動詞 essere をとります(→ 10 章
　　　　4.[p152])。un vestito が comprare の直接目的語、ti は間接目的語です。
　　　　　　　　　▶ farsi comprare ～ (da ～)：(人に) ～を買ってもらう

◆ Mi sono fatto prestare dei soldi dai miei nonni.
私は祖父母に金を貸してもらった。
　　　　　　　　　　➡ farsi prestare ～ (da ～)：(人に) ～を貸してもらう

◆ Ci siamo fatti mostrare la chiesa da un giovane frate.
私たちはひとりの若い修道士に教会を案内してもらった。
　　　　　　➡ farsi mostrare ～ (da ～)：(人に) ～を見せてもらう　chiesa (f.)：教会

　3)においては、不定詞となる他動詞は、mi, ti, si などの再帰代名詞を間接目的語にし、i capelli, un vestito などを直接目的語にしていました。次の4)では、不定詞となる他動詞は mi, ti, si などの再帰代名詞を直接目的語とし、間接目的語は登場しません。

4) **farsi ＋ 不定詞(他動詞)（＋ da ＋ 人・もの（不定詞の動作主））**
　＜人・ものに～してもらう＞
　この場合、farsi の再帰代名詞 si は不定詞の直接目的語（「自分自身を」）の働きをします。

◆ Franco si fa sempre svegliare da sua moglie.
フランコはいつも妻に起こしてもらう。
　　◀ si が svegliare の直接目的語「自分を」。
　　　　　　　　　　➡ farsi svegliare (da ～)：(人に)起こしてもらう

◆ Mi sono fatto aiutare a portare i bagagli dal facchino.
私はポーターに荷物を運ぶのを手伝ってもらった。　　　　＜ farsi aiutare
　　◀ farsi は再帰動詞ですから近過去の場合は助動詞 essere をとります。
　　　mi が aiutare の直接目的語。

◆ Giuliana si è fatta portare fino alla stazione più vicina dal suo ragazzo.
ジュリアーナは最寄りの駅まで彼氏に送ってもらった。　　＜ farsi portare
　　◀ si が portare の直接目的語。

(2) lasciare ＋ 不定詞

用法は《fare ＋ 不定詞》と同様です。

1) **lasciare ＋ 不定詞(自動詞)＋人・もの(不定詞の動作主)**
   ＜人・ものを〜させておく＞
   ここで言う自動詞には直接目的語をともなわない他動詞も含まれます。

   ◆ Ti lascio fumare in pace.　君にゆっくりタバコを吸わせてあげるよ。
   ◆ Lascia stare Lucia.　ルチーアはそっとしておいてやって。
   （ルチーアを人称代名詞にすると、Lasciala stare.）

2) **lasciare ＋ 不定詞(他動詞) ＋ 直接目的語 ＋ a ＋ 人・もの(不定詞の動作主)**
   ＜人・ものに〜するのを許す＞

   ◆ La madre non lascia guardare la televisione al suo bambino.
   母は子どもがテレビを見るのを許さない。（子どもにテレビを見させない）

3) **lasciarsi ＋ 不定詞(他動詞) (＋ da ＋ 人・もの (不定詞の動作主))**
   ＜人・ものに〜されるがままになる＞
   この場合は、再帰代名詞 si が不定詞の直接目的語(「自分自身を」)の働きをします。

   ◆ Mi sono lasciata trasportare dalle emozioni.
   私(女性)は思わず感情的になった。（←感情によって自らが運ばれるにまかせた）　◀ mi が trasportare の直接目的語。
   　　◀lasciarsi は再帰動詞ですから、近過去の助動詞は essere をとります。
   　　（→ 10 章 4. [p152]）　　➡ trasportare：運ぶ　emozione (f.)：感情、情動
   ◆ Non mi sono lasciato ingannare da quel truffatore.
   私はあの詐欺師にだまされなかった。　◀ mi が ingannare の直接目的語。
   ◆ Non ti lasciare ingannare!
   君、だまされないで！　◀ ti が ingannare の直接目的語。

5 | 感覚動詞（**verbo sensitivo**）と結びつく不定詞の用法

sentire（聞く），vedere（見る）などの感覚動詞の直接目的語の動作は、不定詞を用いて表現することができます。

(1) 感覚動詞＋人・もの（感覚動詞の直接目的語であり同時に不定詞の動作主）＋不定詞（自動詞）

あるいは、**感覚動詞 ＋ 不定詞（自動詞）＋人・もの**（感覚動詞の直接目的語であり同時に不定詞の動作主）でもかまいません。

◆ Sento dei cani abbaiare. （Sento abbaiare dei cani.）
　犬が吠えているのが聞こえる。　　　　　　（→★ 22・動物の鳴き声［p306］）
　　　⇒ Li sento abbaiare.　　◀ Li は直接目的語。

　dei cani が sentire の直接目的語であると同時に、不定詞 abbaiare の動作主になります。ですからこの文は、Sento dei cani che abbaiano. と同じ意味です。

(2) 感覚動詞 ＋ 人・もの（感覚動詞の直接目的語であり同時に不定詞の動作主）＋ 不定詞（他動詞）＋ 不定詞の直接目的語 （＋ 不定詞の間接目的語）

◆ Ho visto Elena consegnare un oggetto smarrito al poliziotto.
　私はエーレナが警察官に落し物を届けるのを見た。　　■ smarrito：紛失した
　⇒ L'ho vista consegnare un oggetto smarrito al poliziotto. ◀ la（エーレナ）
　　　　⇒ consegnargli un oggetto smarrito.
　　　　　　　　gli（「彼に」consegnare の間接目的語）
　　　　⇒ consegnarlo al poliziotto.
　　　　　　　　lo（「それを」consegnare の直接目的語）
　　　　⇒ consegnarglielo.
　　　　　　　　glielo（「彼にそれを」結合形）（→ 2 章 6.［p87］）

★22 動物の鳴き声（versi degli animali） 2→30

動物の鳴き声は、言語によりさまざまで、興味深いものがあります。イタリア語の場合はおよそ次のようになっています。

- ◆ In italiano il verso del cane è "bau".
  イタリア語では犬の鳴き声はバウです。
- ◆ Il cane fa "bau."　犬はワンと吠える。
- ◆ Quel cane abbaia sempre.　あの犬はいつも吠える。

- ◆ 猫（gatto）　miao（鳴き声）　miagolare（(猫が)鳴く）
  Il gatto miagola.　猫が鳴く。
- ◆ 牛（mucca）　muu（鳴き声）　muggire（(牛が)鳴く）
  La mucca muggisce.　牛が鳴く。
- ◆ ブタ（maiale）　grugnire（(ブタが)ブーブー鳴く）
  I maiali grugniscono nella stalla.　ブタが家畜小屋でブーブー鳴く。
- ◆ 羊（pecora）・ヤギ（capra）　belare（(羊・ヤギが)メーと鳴く）
  bè（鳴き声）
- ◆ 鳥（uccello）　cantare（(鳥が)さえずる）
  cinguettare, fare cip（(鳥が)チッチッと鳴く）
- ◆ おんどり（gallo）　chicchirichì（鳴き声）
  Il gallo fa "chicchirichì".　雄鶏がコケコッコーと鳴く。
- ◆ めんどり（gallina）　coccodè（鳴き声）
  La gallina fa "coccodè".　雌鶏がコケコッコーと鳴く。
- ◆ 鴨・アヒル（anatra）　qua（鳴き声）
  L'anatra fa "qua".　アヒルがクアックアッと鳴く。
- ◆ カラス（corvo）　cra（鳴き声）　gracchiare（(カラスが)カーカー鳴く）
  Il corvo gracchia.　または　Il corvo fa "cra".
  カラスがカーカーと鳴く。（蛙も gracchiare を用います）
- ◆ 鳩（piccione）　cru（鳴き声）　tubare（クークー鳴く）
  Il piccione tuba.　または　Il piccione fa "cru".　鳩がクークー鳴く。

- ◆ セミ(cicala)　frinire（(セミが)ミンミン・ジージー鳴く）　stridereもOK
  Tante cicale friniscono.　たくさんのセミがジージー鳴いている。
- ◆ 象(elefante)　barrire（(象が)鳴く）　L'elefante barrisce.　象が鳴く。
- ◆ 魚(pesce)　boccheggiare（(魚が)口をパクパクする）
  Il pesce boccheggia.　魚が口をパクパクする。

[参考] boccheggiare には「あえぐ、危機に瀕する」という意味もあります。
- ◆ Sono così al verde che boccheggio.　私は無一文なので苦しい。

　　➡ essere al verde：一文無しである

6 ジェルンディオ、不定詞、過去分詞を用いた構文の対比（不定法のまとめ）

「～した後で～する」「～したら～する」など、2つの行為の時間的関係を表す構文を、ジェルンディオ、不定詞、過去分詞を使って比較すると以下のようになります。ただ、それぞれ意味が微妙に変わってくることがあります。

(1) 他動詞の場合

<過去>「私は、ふた皿目の料理を食べてから、コーヒーを注文した。」

Dopo che avevo preso il secondo,	
Avendo preso il secondo,	ho ordinato un caffè.
Dopo aver preso il secondo,	
Preso il secondo,	

（注）*Dopo preso il secondo* とは言いません。

（→ 5章 直説法大過去［p122］）

➡ dopo aver (essere) ＋過去分詞：～した後で

この例では主節と従属節の主語が同じなので、できれば dopo che 〜の言い方は避けたほうがいいでしょう。しかし文法的には問題ありません。

Avendo preso il secondo (piatto) は、本来「〜したので」(あるいは「〜してから」)という意味ですから、「〜してから」という意味を採用した場合にかろうじて Dopo che avevo preso il secondo (「〜した後」)と近接することになります。

Dopo che avevo preso il secondo と Dopo aver preso il secondo は同じ意味です。Preso il secondo は上のどの意味にも使えます(しかし基本的には「〜したので」という意味に解するべきです)。

参考 il secondo (piatto) を lo に置き換えると、
 Avendo preso il secondo, = Avendolo preso,
 Dopo aver preso il secondo, = Dopo averlo preso,
 Preso il secondo, = Presolo,
 il secondo を複数 i secondi に置き換えると、
 Avendoli presi, あるいは Dopo averli presi, Presili, となります。

<未来>「私は、ふた皿目の料理を食べてから、コーヒーを注文しよう。」

Dopo che avrò preso il secondo,	
Avendo preso il secondo,	ordinerò un caffè.
Dopo aver preso il secondo,	
Preso il secondo,	

(注) *Dopo preso il secondo* とは言いません。

(→ 8 章 3. 直説法先立未来 [p134])

以上の構文は、過去や未来の表現に使われることが多いですが、現在の表現でも使えます。

「私は、ふた皿目の料理を食べてから、コーヒーを注文する。」

Dopo che ho preso il secondo,	
Avendo preso il secondo,	ordino un caffè.
Dopo aver preso il secondo,	
Preso il secondo,	

(2) 自動詞の場合

＜過去＞「ロベルタは駅に着いてから、ジュゼッペに電話した。」

Dopo che era arrivata alla stazione,	
Essendo arrivata alla stazione,	Roberta ha telefonato a Giuseppe.
Dopo essere arrivata alla stazione,	
Arrivata alla stazione,	

（注）*Dopo arrivata alla stazione* とは言いません。

(→ 5 章 直説法大過去 [p122])

＜未来＞「ロベルタは駅に着いてから、ジュゼッペに電話するだろう。」

Dopo che sarà arrivata alla stazione,	
Essendo arrivata alla stazione,	Roberta telefonerà a Giuseppe.
Dopo essere arrivata alla stazione,	
Arrivata alla stazione,	

（注）*Dopo arrivata alla stazione* とは言いません。

(→ 8 章 3. 直説法先立未来 [p134])

CAPITOLO 26 | 直接話法(discorso diretto)と間接話法(discorso indiretto)

話法とは、文章や言葉の中に話者の言葉を引用する表現形式をいいます。
- **直接話法**：引用符(virgolette)("...")を使って他人の言葉をそのまま引用して叙述するときに用います。
- **間接話法**：引用符を使わずに他人の言葉を従属節の中にはめ込んで「誰それが〜と言った」と叙述するときに用います。伝達を示す動詞(dire, chiedere, raccontareなど)と従属節を導く接続詞(cheなど)により構成されるのが一般的です。

以下、**直接話法から間接話法への変換**について説明します。

ポイントは、直接話法から間接話法に変わるとき、代名詞、副詞、動詞の法と時制などが変化するということです。

◎ 2 → 31

1 | 品詞の変換

ここではとりあえず、主節の動詞が直説法現在形の用例のみをあげます。

(1) 代名詞

セリフの中の代名詞等が変化し、それに連動して動詞の人称が影響を受けます。なお、各文尾の番号は以下の例文に対応しています。

[主語人称代名詞]
　　io, tu → lui / lei　（lui / lei → lui / lei のまま）　①
　　noi, voi → loro　（loro → loro のまま）　②
[目的語人称代名詞]
　　mi, ti, lo, la, ci, vi, li, le, gli なども変化する。　③
[所有詞]
　　mio, tuo → suo　（suo → suo のまま）　③
　　nostro, vostro → loro　（loro → loro のまま）　④
[指示代名詞・指示形容詞]
　　questo → quello　（quello → quello のまま）　⑤

①の例
- ◆ Nadia dice : "Io torno tardi."
　ナーディアは「私は帰りが遅くなります」と言う。
　→ ◆ Nadia dice che (lei) torna tardi.
　　ナーディアは(自分の)帰りが遅くなると言う。
- ◆ Nadia gli dice : "(Tu) avrai successo!"
　ナーディアは彼に「あなたは成功するでしょう！」と言う。
　→ ◆ Nadia gli dice che (lui) avrà successo.
　　ナーディアは彼に、成功するだろうと言う。
- ◆ Il signor Rossi dice : "Lei è molto bella."
　ロッシさんは「彼女はとても美しい」と言う。
　→ ◆ Il signor Rossi dice che lei è molto bella.
　　ロッシさんは、彼女はとても美しいと言う。

②の例
- ◆ Maurizio dice a Carla e Maria : "(Voi) sembrate sorelle."
　マウリーツィオはカルラとマリーアに「君たちは姉妹みたいだね」と言う。
　→ ◆ Maurizio dice a Carla e Maria che (loro) sembrano sorelle.
　　マウリーツィオはカルラとマリーアに彼女たちは姉妹みたいだねと言う。

③の例

- ◆ Mia madre mi dice : "Posso darti i miei vestiti."
  母は「私の洋服をあなたにあげてもいい」と私に言う。
  - → ◆ Mia madre mi dice che può darmi i suoi vestiti.
    母は自分の洋服をくれてもいいと私に言う。

④⑤の例

- ◆ Il direttore mi dice : "Questo progetto trasmette la loro passione."
  社長は私に「このプロジェクトには彼らの情熱が込められている」と言う。
  - → ◆ Il direttore mi dice che quel progetto trasmette la loro passione.
    社長は、そのプロジェクトには彼らの情熱が込められていると私に言う。

> trasmettere：伝える　　passione (f.)：情熱

ただし、話し手のセリフに登場する人物がその場にいる場合など、このルールがあてはまらないこともしばしばあり、その場合にはその人物の人称が使われます。要するに状況によって判断することになります。

- ◆ Anna mi dice : "Tu sei egoista."
  アンナは私に「あなたはエゴイストね」と言う。
  - → ◆ Anna mi dice che (io) sono egoista.
    アンナは私に、私がエゴイストだと言う。
    - ◁ この場合、アンナが面前にいる「私」に対して tu と言っているわけですから、間接話法に変換しても tu は lui や lei ではなく io になります。
- ◆ Maurizio ci dice : "(Voi) sembrate sorelle."
  マウリーツィオは私たちに「君たちは姉妹みたいだね」と言う。
  - → ◆ Maurizio ci dice che (noi) sembriamo sorelle.
    マウリーツィオは私たちに、私たちが姉妹みたいだと言う。
    - ◁ この場合、マウリーツィオが面前にいる「私たち」に対して voi と言っているわけですから、間接話法に変換しても voi は loro ではなく noi になります。

(2) 副詞

「時間」や「場所」を表す副詞が原則として次のように変化します。

- ora → allora / in quel momento （in quel momento / allora → そのまま）
- oggi → quel giorno （quel giorno → quel giorno のまま）
- domani → il giorno dopo （il giorno dopo → そのまま）
- ieri → il giorno prima （il giorno prima → そのまま）
- fra → dopo （dopo → dopo のまま）
- fa → prima （prima → prima のまま）
- qui (qua) → lì (là) （lì, là → lì, là のまま）
- la settimana scorsa → la settimana precedente
  (la settimana precedente → そのまま)
- la settimana prossima → la settimana seguente
  (la settimana seguente → そのまま)

◆ Donatella dice a Marisa : "Puoi sederti qui."
　ドナテッラはマリーザに「あなた、ここに座ってもいいわよ」と言う。

　→ ◆ Donatella dice a Marisa che può sedersi lì.
　　ドナテッラはマリーザに、そこに座ってもいいと言う。

なお、状況によっては以上のルール通りにいかないこともありえます。

(3) 動詞

話者と相手の関係によって、使う動詞が異なる場合があります。

- venire → andare （andare → andare のまま）

◆ Enzo dice a Brigida : "Posso venire a prenderti con la macchina."
　エンツォはブリージダに「車で君を迎えに行ってもいいよ」と言う。

　→ ◆ Enzo dice a Brigida che può andare a prenderla con la macchina.
　　エンツォはブリージダに、車で迎えに行ってもいいと言う。

◁ (1)①③を参照のこと。人称の変化に合わせて動詞 potere も変化します。
（→★ 23・venire と andare [p314]）

★23 venire と andare

venire と andare は、日本語の「来る」「行く」にそのまま対応するわけではありません。

- venire は、話し相手がいる場所・地域・領域に向かう動き、あるいは、話し相手が行こうとしている場所に一緒に向かう動き(venire con 〜)を表します。
- andare は、話し相手がいないところに向かう動きを表します。

日本語とは感覚が異なりますから、微妙なケースを含めて、いくつか例を見ていきましょう。

◆ Vado al cinema. Vieni con me?
「僕は映画を観に行くけど、君も行く(来る)？」

　まず、話し手が相手と無関係な場所に行こうとしているのですから andare を使います。次は、話し手が行こうとしているところへ相手も一緒に行くかどうかを尋ねるのですから venire を使います。

◆ Vai a teatro? Vengo anch'io. 「君は芝居を観に行くの？　僕も行くよ」
これも上の例と同じです。

◆ Oggi posso venire da te? 「今日君の家に行ってもいい？」
話し相手がいる場所に向かうのですから venire を使います。

◆ Domani vieni a casa mia?　− Sì, vengo a casa tua.
「明日僕の家に来る？」「ああ、(君の家に)行くよ」

　もし明日、相手の家に本人の母親だけがいて、相手が不在(相手もそのことを知っている)なら、話し相手がいる領域外ということになりますから、Domani vado a casa tua. と言います。

◆ Andiamo al cinema. 「一緒に映画を観に行こう」

　話し手が行こうとしているところに話し相手もついて行くというのではなく、両者が一緒に対等の立場で第三の場所に向かうという状況ならば andare を使います。

◆ Veniamo anche noi alla festa domani.
「私たちも明日パーティーに行こう」

　　話し手が複数の「私たち」で、そのほかに第三者がそばにいます。そして、その第三者が明日パーティーに行く予定だと言うとします。その話を聞いていた「私たち」が、それなら自分たちも行こう、ということになりました。その場合は venire を使うことになります。

　相手の領域、地域の概念は判断のむずかしい場合があります。
　たとえば、ミラノに住むパオロが同じくミラノに住む友人に「僕はローマに行く」と言う場合、Io vado a Roma. となります。
　一方、パオロがローマに住む友人マッテーオに「僕はローマに行く」と言うとすると、この場合は Io vengo a Roma. となります。なぜなら、パオロは話し相手であるマッテーオの住むローマに行くのであり、マッテーオからすると「来る」ことになるので、andare ではなく venire を使うことになるわけです。
　しかし、実はローマといっても広いわけで、マッテーオが仮にローマに住んでいても、パオロが彼に会いに行くわけでもなければ、つまり彼を巻き込む予定もないのであれば、領域外(関係外)と考えて venire を使わず andare を使うべきともいえます。これは人によって判断の分かれるところでしょう。
　また、たとえばジョヴァンニがパン屋を経営しているとします。私が彼に「たくさんお客さんが来ますか」と尋ねる場合、ジョヴァンニの今いる場所がパン屋の中でないとしても Vengono tanti clienti alla tua panetteria? となります。
　なぜならパン屋は彼の仕事の大部分を占めていて彼の領域といえるからで、彼が今そこにいなくても venire を使うことができるのです。質問どおりであれば、答えは Sì, ne vengono tanti. です(ne = dei clienti)。

🔘 2 → 33

|2| 時制と法の変換

(1) 主節の動詞が直説法現在(あるいは未来)、現在に近接する過去の場合

1) 直接話法で語られる内容が平叙文のとき

平叙文では、従属節の動詞の時制は変化しません。ただし人称は変わります。

(→ 1. (1)［p310］)

```
現在形  →  現在形のまま
過去形  →  過去形のまま
未来形  →  未来形のまま
```

- Marco dice : "Compro una macchina."　＜現在＞
  マルコは「車を買う」と言っている。
- Marco dice : "Ho comprato una macchina."　＜過去＞
  マルコは「車を買った」と言っている。
- Marco dice : "Comprerò una macchina."　＜未来＞
  マルコは「車を買うつもりだ」と言っている。

　　　↓

- Marco dice che compra una macchina.　＜現在＞
- Marco dice che ha comprato una macchina.　＜過去＞
- Marco dice che comprerà una macchina.　＜未来＞

現実には上のような文に出合うことはほとんどなく、むしろ、主節は次の例のように、直説法近過去の形をとることが多いはずです。これは、主節の時制が現在に近接する過去のケースで、その際には、上記従属節のパターンがあてはまるといえるでしょう。

たとえば、「私」がマルコから直前に聞いた話として、

- Marco mi ha detto che compra una macchina.
  (つい今しがた)マルコは私に、車を買うと言った。

◆ Marco mi ha detto che ha comprato una macchina.
  (つい今しがた)マルコは私に、車を買ったと言った。
◆ Marco mi ha detto che comprerà una macchina.
  (つい今しがた)マルコは私に、車を買うつもりだと言った。

2) **直接話法で語られる内容が命令文のとき**

命令文は、《di ＋ 不定詞》(あるいは《che ＋接続法現在》)に変わります。

> 命令文 → di ＋ 不定詞
>   (あるいは che ＋ 接続法現在＊)

◆ Laura gli dice : "Lasciami in pace!"
  ラウラは「私にかまわないで！」と彼に言う。
                    ↓
◆ Laura gli dice di lasciarla in pace.
  (Laura gli dice che la lasci in pace.＊)
  ＊ あまり用いることはありませんが、もちろん文法的には OK です。

3) **直接話法で語られる内容が疑問文のとき**

疑問文の場合は、接続詞に che ではなく se を用います。疑問詞で始まる疑問文の場合は、se の部分が疑問詞(quando, dove, quale, come, perché, chi, che cosa など)に置き換えられます。

> 直説法現在 → se (あるいは疑問詞) ＋ 接続法現在
> 直説法近過去・遠過去 → se (あるいは疑問詞) ＋ 接続法過去
> 直説法未来→ se (あるいは疑問詞)＋接続法現在 または 直説法未来

◆ Gloria mi chiede : "Hai fame?"
  グローリアは私に「あなたはお腹が空いてるの」と尋ねる。
                    ↓
◆ Gloria mi chiede se io abbia fame. (A)

- Giuseppe mi chiede: "Perché Luca ha tradito Giorgia?"
  ジュゼッペは私に「なぜルーカはジョルジャを裏切ったのか」と尋ねる。
  ↓
- Giuseppe mi chiede perché Luca abbia tradito Giorgia.（B）

- Piero mi chiede : "Andrai in biblioteca?"
  ピエーロは私に「君、図書館に行くのかい」と尋ねる。
  ↓
- Piero mi chiede se io vada in biblioteca. （C）
                      (andrò)

参考 ただし、話し言葉では接続法を用いることはむしろ少なく、次のように直説法が使われています。

　　（A）は Lucia mi chiede se (io) ho fame.
　　（B）は Giuseppe mi chiede perché Luca ha tradito Giorgia.
　　（C）は Piero mi chiede se (io) andrò in biblioteca.

2→34

（2）主節の動詞が過去（直説法近過去・半過去・大過去・遠過去）の場合

1）直接話法で語られる内容が平叙文のとき

　平叙文では、従属節の動詞は以下のように、法と時制が変化するものと変化しないものに分かれます。

　［変化するもの］

直説法現在	→	直説法半過去①
直説法近過去・遠過去	→	直説法大過去②
直説法未来	→	条件法過去③
*直説法先立未来	→	接続法大過去④
条件法現在	→	条件法過去⑤

- Marco ha detto : "Compro una macchina." ①
  マルコは「僕は車を買う」と言った。
- Marco ha detto : "ho comprato una macchina." ②
  マルコは「僕は車を買った」と言った。
- Marco ha detto : "Comprerò una macchina." ③
  マルコは「僕は車を買うつもり」と言った。
- Marco ha detto : "Vorrei comprare una macchina." ⑤
  マルコは「僕は車を買いたいなあ」と言った。
  　　　　　　　↓
- Marco ha detto che comprava una macchina. ①
- Marco ha detto che aveva comprato una macchina. ②（A）
- Marco ha detto che avrebbe comprato una macchina. ③
- Marco ha detto che avrebbe voluto comprare una macchina. ⑤

[参考]（A）ですが、che aveva comprato といった表現はやや冗長で、主節・従属節とも主語が同一であることから、通常は《di ＋不定詞》を用いて
Marco ha detto di aver comprato una macchina.
と簡潔に表現します。文法的には（A）でも何ら誤りはありませんが、di aver comprato とするのがいちばん自然です。

＊ 直説法先立未来の変換は、直接話法のセリフの中に未来と先立未来がともに登場する場合に問題となります。

- Marco ha detto : "Partirò dopo che avrò ricevuto la lettera."
  マルコは「僕は手紙を受け取ってから出発するだろう」と言った。
  　　　　　　　↓③④
- Marco ha detto che sarebbe partito dopo che avesse ricevuto la lettera.（B）
  ◀ ただし、avesse ricevuto の代わりに、先立未来 avrà ricevuto が使われることもあります。

[参考]（B）ですが、dopo che avesse ricevuto と接続法大過去を用いる表現はやや冗長で、主節・従属節とも主語が同一であることから、通常は

Marco ha detto che sarebbe partito dopo aver ricevuto la lettera.
と不定詞の過去形を使って簡潔に表現します。文法的には(B)でも何ら誤りはありませんが、dopo aver ricevuto とするのがいちばん自然です。

```
接続法現在　→　接続法半過去⑥
接続法過去　→　接続法大過去⑦
```

◆ Carla ha detto : "Penso che non mi stia bene questa camicia."
カルラは「このブラウスは私に似合ってないと思うの」と言った。
↓
◆ Carla ha detto che pensava (che*) non le stesse bene quella camicia.
　　◁ penso → pensava は①、stia → stesse は⑥、mi → le と questa → quella は 1.(1) を参照のこと。
　　* che が連続して重く感じられるため省略されることがあります。
　　　　　　　　　　　　　▣ stare bene a 〜：〜に似合っている

◆ Il conducente ha detto : "Sembra che il treno abbia deragliato per la frana."
運転手は「列車が土砂崩れのために脱線したようだ」と言った。
↓
◆ Il conducente ha detto che sembrava (che) il treno avesse deragliato per la frana.
　　◁ sembra → sembrava は①、abbia deragliato → avesse deragliato は⑦を参照のこと。　　▣ conducente (m.f.) 運転手　frana (f.)：土砂崩れ

［変化しないもの］

| 直説法半過去 | → | 直説法半過去のまま⑧ |
| 接続法半過去 | → | 接続法半過去のまま⑨ |

◆ Stefano mi ha detto : "Ieri sono rimasto a casa perché avevo la febbre."
ステーファノは「昨日熱があったので僕はずっと家にいたよ」と私に言った。

↓

◆ Stefano mi ha detto che il giorno prima era rimasto a casa perché aveva la febbre.

◀ ieri → il giorno prima は 1.(2)、sono rimasto → era rimasto は②、avevo → aveva は⑧を参照のこと。　　　　■ febbre (f.)：熱

[参考] もし話者である「私」が、ステーファノが言ったのと同じ日に間接話法を使ってそのことを述べたなら、

Stefano mi ha detto che ieri è rimasto a casa perché aveva la febbre.
となることに注意してください。(1) 1) [→ p316]を参照してください。

◆ Sergio ha confessato : "Avevo paura che succedesse qualcosa alla mia famiglia."
セルジョは「私の家族に何か起こるのではないか心配だった」と告白した。

↓

◆ Sergio ha confessato che aveva paura che succedesse qualcosa alla sua famiglia.（A）

◀ avevo → aveva は⑧に、succedesse → succedesse は⑨に相当し、変化しません。mia → sua は 1.(1)を参照のこと。

[参考] che aveva paura という表現はやや冗長です。主節・従属節とも主語が同一であることから、通常は

Sergio ha confessato di aver paura che succedesse qualcosa alla sua famiglia.
と簡潔に表現します。文法的には（A）で何ら誤りはありません。

| 直説法大過去 → 直説法大過去のまま⑩ |
| 接続法大過去 → 接続法大過去のまま⑪ |

◆ Angela mi ha detto : "Avevi già comprato quella cravatta nuova, prima che te la regalassi."
アンジェラは「私があなたに新しいネクタイをプレゼントする前に、もうそのネクタイをあなたは買ってしまっていたのね」と私に言った。

↓

◆ Angela mi ha detto che avevo già comprato questa cravatta nuova, prima che me la regalasse.

◀ avevi comprato → avevo comprato は⑩に、regalassi → regalasse は⑨に相当し、変化しません。te → me は 1.(1)を参照のこと。prima che の後には接続法が来ます。1.(1)からすると questa → quella であるはずですが、直接話法において、「アンジェラ」が、もしも「私」が今身に着けている「ネクタイ」を指してこのように述べたのなら quella cravatta となります。一方、間接話法では、文の基準は「私」ですから、身に着けている「ネクタイ」は questa cravatta と表現されることになります。

◆ Cesare ha detto : "Paolo era molto contento che gli avessi presentato la mia amica Aurora."
「パオロは、僕が友人のアウローラを彼に紹介してあげたことをとてもよろこんでいた」とチェーザレは言った。

↓

◆ Cesare ha detto che Paolo era molto contento che gli avesse presentato la sua amica Aurora.

◀ era → era は⑧に、avessi presentato → avesse presentato は⑪に相当し、変化しません。mia → sua は 1.(1)を参照のこと。

| 条件法過去 → 条件法過去のまま⑫ |

◆ L'altro giorno, Marcello ha detto : "Ieri avremmo dovuto telefonare al ristorante per cancellare la prenotazione, ma non abbiamo avuto tempo."
先日マルチェッロは「僕たちは昨日レストランに電話して予約をキャンセルすべきだったけれど、その時間もなかったんだ」と言った。

↓

◆ L'altro giorno, Marcello ha detto che il giorno prima avrebbero dovuto telefonare al ristorante per cancellare la prenotazione, ma non avevano avuto tempo.

◀ avremmo dovuto telefonare → avrebbero dovuto telefonare は⑫により変化せず、人称のみ変化。ieri → il giorno prima は 1.（2）参照。ここではマルチェッロの発言が '先日' のことですから、間接話法では ieri ではなく、「その前日」il giorno prima になります。abbiamo avuto → avevano avuto は②を、不定詞 cancellare が変化しないことについては次に述べる⑬を参照のこと。

| 不定詞 → 不定詞のまま⑬ |
| ジェルンディオ → ジェルンディオのまま⑭ |
| 過去分詞 → 過去分詞のまま⑮ |

◆ Il professore mi ha detto : "Viaggiando in Italia, ho potuto ammirare tanti patrimoni dell'umanità."
教授は「イタリアを旅行しながら私は多くの世界遺産を観賞できた」と私に言った。

↓

◆ Il professore mi ha detto che, viaggiando in Italia, aveva potuto ammirare tanti patrimoni dell'umanità.

◀ viaggiando はジェルンディオですから変化しません（⑭）。ho potuto ammirare → aveva potuto ammirare は②を参照のこと。

▣ ammirare：感嘆する、観賞する

- ◆ Mia madre ha detto : "Pulita la casa, sono andata a fare la spesa."
  私の母は「家を掃除してから私は買い物に出かけました」と言った。

  ↓

- ◆ Mia madre ha detto che, pulita la casa, era andata a fare la spesa.
  ◀ 過去分詞 pulita は変化しません⑮。sono andata → era andata は②を参照のこと。

  ◎ 2 → 35

2) **直接話法で語られる内容が命令文のとき**

   命令文は、《di ＋ 不定詞》(あるいは《接続法半過去》)に変わります。

   ```
   命令文 → di ＋ 不定詞
        （あるいは接続法半過去＊）
   ```

- ◆ Laura gli ha detto : "Lasciami in pace!"
  ラウラは「私にかまわないで！」と彼に言った。

  ↓

- ◆ Laura gli ha detto di lasciarla in pace.
  (Laura gli ha detto che la lasciasse in pace. ＊)
  ＊ あまり用いることはありませんが、もちろん文法的には OK です。

3) **直接話法で語られる内容が疑問文のとき**

   疑問文の場合は接続詞に se を用います。疑問詞で始まる疑問文の場合は、se が疑問詞(quando, dove, quale, come, perché, chi, che cosa など)に置き換えられます。

   ```
   直説法現在 → se（あるいは疑問詞）＋ 接続法半過去⑯
                      （または直説法半過去）
   直説法近過去・遠過去 → se（あるいは疑問詞）＋ 接続法大過去⑰
                      （または直説法大過去）
   直説法未来 → se（あるいは疑問詞）＋ 条件法過去⑱
   ```

◆ Cecilia ha chiesto alla commessa : "Mi può fare vedere quella gonna in vetrina?"

チェチーリアは「ウィンドーの中にあるあのスカートを私に見せていただけますか」と女店員に尋ねた。

↓

◆ Cecilia ha chiesto alla commessa se le potesse fare vedere quella gonna in vetrina.　　　　　　　　　　　　　(poteva)

　　◀疑問詞がありませんので接続詞として se が入ります。mi → le と quella → quella は 1.(1)、può → potesse (poteva) は⑯を参照のこと。

　　　　　　　　　　　　　　　　　　　　　▬▶ gonna (f.)：スカート

◆ Mario ha chiesto a Barbara : "Come si chiama?"

マーリオはバルバラに「お名前は何とおっしゃいますか」と尋ねた。

↓

◆ Mario ha chiesto a Barbara come si chiamasse.
　　　　　　　　　　　　　　　(si chiamava)

　　◀疑問詞 come が接続詞の役割を果たします。
　　si chiama → si chiamasse (si chiamava) は⑯を参照のこと。

◆ Il mio amico mi ha chiesto : "Hai acquistato quella nuova macchina fotografica che ora è già esaurita?"

私の友人は私に「今すでに売り切れのあの新型カメラを君は手に入れたか」と尋ねた。

↓

◆ Il mio amico mi ha chiesto se io avessi acquistato quella nuova macchina
　　　　　　　　　　　　　　　　　(avevo acquistato)

fotografica che allora era già esaurita.

　　◀疑問詞がありませんので se が入ります。hai acquistato → avessi acquistato (avevo acquistato) は⑰です。quella → quella は 1.(1)、ora → allora (この allora は「友人が尋ねているそのとき」という意味合いです) は 1.(2)、è → era は①です。この部分はもう⑯と無関係になります (→ 19 章 3.[p248])。

　　　　　　　　　　　　　　　　　　　　　▬▶ esaurito：売り切れた

- ◆ Marta gli ha chiesto : "Quanto tempo sei stato in Italia?"
  マルタは彼に「あなた、どれくらいの間イタリアに滞在したの」と聞いた。
  ↓
- ◆ Marta gli ha chiesto quanto tempo fosse stato in Italia.
  （era stato）
  ◂疑問詞 quanto tempo が接続詞の役割を果たします。
  sei stato → fosse stato（era stato）は⑰を参照のこと。

- ◆ Ho chiesto a Valentina : "Andrai in Giappone?"
  私はヴァレンティーナに「君は日本へ行くのか」と尋ねた。
  ↓
- ◆ Ho chiesto a Valentina se sarebbe andata in Giappone.
  ◂疑問詞がありませんので se が入ります。andrai → sarebbe andata は⑱を参照のこと。

- ◆ Ho chiesto a Lio : "Tua madre quando denuncerà il furto alla polizia?"
  私はリーオに「君のお母さんはいつ警察に盗難届を出すつもりなの」と聞いた。
  ↓
- ◆ Ho chiesto a Lio quando sua madre avrebbe denunciato il furto alla polizia.
  ◂quando が疑問詞です。tua → sua は 1.(1)、denuncerà → avrebbe denunciato は⑱を参照のこと。 ➡ denunciare：届け出る、訴え出る　furto (m.)：盗み

◎ 2 → 36

4) 直接話法で語られる内容が仮定文のとき

仮定文の場合、以下3つのパターンすべてが、
《Se ＋ 接続法大過去, 条件法過去》で統一されます。

(a) Se ＋ 直説法未来, 直説法未来　　→ Se ＋ 接続法大過去, 条件法過去	
（現在）　　　（現在）	
(b) Se ＋ 接続法半過去, 条件法現在　→ Se ＋ 接続法大過去, 条件法過去	
(c) Se ＋ 接続法大過去, 条件法過去　→ Se ＋ 接続法大過去, 条件法過去⑲	

直接話法が、(a)では Se ＋ 直説法現在，直説法未来、Se ＋ 直説法未来，直説法現在となっても、(b)では直接話法が Se ＋ 接続法半過去，条件法過去となっても、また(c)では Se ＋ 接続法大過去，条件法現在となっても、間接話法では Se ＋ 接続法大過去，条件法過去となります。(→ 20 章 [p251])

(a) ◆ Il professore ha detto : "Se le prospettive economiche miglioreranno, aumenterà il potere d'acquisto dei cittadini."
先生は「景気の見通しがよくなれば人々の購買力は増すだろう」と言った。

(b) ◆ Il professore ha detto : "Se le prospettive economiche migliorassero, aumenterebbe il potere d'acquisto dei cittadini."
先生は「もしも景気の見通しがよくなるようなことがあれば人々の購買力は増すだろうに」と言った。

(c) ◆ Il professore ha detto : "Se le prospettive economiche fossero migliorate, sarebbe aumentato il potere d'acquisto dei cittadini."
先生は「景気の見通しがよくなっていたなら人々の購買力は増しただろうに」と言った。

↓

◆ Il professore ha detto che se le prospettive economiche fossero migliorate, sarebbe aumentato il potere d'acquisto dei cittadini.

仮定文(c) は《Se ＋ 直説法半過去，直説法半過去》を使っても表現できますが、その場合は間接話法においても《Se ＋ 直説法半過去，直説法半過去》となり、どこも変わりません。

Se ＋直説法半過去，直説法半過去 → Se ＋直説法半過去，直説法半過去のまま

◆ Lui mi ha detto : "Se chiedevi una borsa di studio, potevi studiare all'estero."
彼は「君が奨学金を申請していたなら留学できただろうに」と私に言った。

$$\downarrow$$

- Lui mi ha detto che se <u>chiedevo</u> una borsa di studio, <u>potevo</u> studiare all'estero.　　　　　　　　　　　▶ borsa di studio：奨学金

接続法と条件法を用いたオーソドックスな表現に変えると、直接話法、間接話法はそれぞれ次の通りです。

- Lui mi ha detto : "Se <u>avessi chiesto</u> una borsa di studio, <u>avresti potuto studiare all'estero</u>."

$$\downarrow$$

- Lui mi ha detto che se io <u>avessi chiesto</u> una borsa di studio, <u>avrei potuto studiare</u> all'estero.

    ◀ ⑲を参照してください。

CAPITOLO 27 前置詞（preposizione）

主たる前置詞の用法はおよそ次のとおりですが、これで網羅されているわけではありません。一方で、前章までに触れた内容と重複するところもあります。

◎ 2 → 37

1 a

1) 行き先・方向
   - Mia moglie va **al** centro commerciale.
     私の妻はショッピングセンターに行く。
   - Vuoi venire **a** casa mia?
     君、僕の家に来たい？（→★24・所有形容詞と定冠詞の省略［p331］）

2) 場所
   - Abito **a** Milano.
     私はミラノに住んでいる。

3) 距離
   - L'ufficio è **a** 500 metri a sud del Duomo.
     オフィスはドゥオーモから500メートル南にある。

4) 時の限定
   - Carlo fa merenda **alle** quattro.
     カルロは4時におやつを食べる。　　■ merenda (f.)：間食
   - Quella trattoria è chiusa **a** Capodanno.
     あのトラットリーアは元日は閉まっている。

5) 行為の対象
   - Devo scrivere una lettera **agli** amici.
     私は友人たちに手紙を書かなければならない。

6) 手段
   - Puoi andare **a** piedi?
     君は徒歩で行けますか？

7）特性　　　　◆ Anna vuole provare una camicia **a** quadri.
　　　　　　　　アンナはチェック柄のブラウスを試着してみたい。
8）様式　　　　◆ Il colletto **all'**inglese ha i bottoni.
　　　　　　　　イギリス流のシャツのカラーはボタン付きです。
　　　　　　　　　　　▶ colletto（m.）：襟、カラー　bottone（m.）：服のボタン
9）不定詞をともなって

　　　　　　　◆ Andiamo **a** vedere un film.
　　　　　　　　映画を観に行こう。
　　　　　　　◆ Sei tu **a** fare il biglietto.　（強調構文）
　　　　　　　　= Sei tu che fai il biglietto.
　　　　　　　　切符を買うのは君だ。　　　　　　　　　　　（→★21〔p295〕）
(10) 前置詞句の形成

　　　　　　　◆ Stanno costruendo un grande albergo **vicino alla** stazione.
　　　　　　　　駅の近くに大きなホテルを建設中だ。（→ 22章2.(1)〔p275〕）
　　　　　　　　　　　　　　　　　　　　　　　▶ costruire：建てる
　　　　　　　◆ È vietato parcheggiare **davanti alla** scuola.(→★25〔p340〕)
　　　　　　　　学校の前では駐車が禁じられている。▶ vietato：禁じられた
　　　　　　　◆ Conosci quel signore seduto **accanto a** Teresa?
　　　　　　　　テレーザの隣りに(そばに)座っている男性を君は知っていますか？

● 場所・方向を表す前置詞 a と定冠詞の関係

　場所・方向を表す a は、慣用的に定冠詞をともなう場合とともなわない場合があります。
　① 定冠詞をともなわないもの
　　　　andare（tornare）**a** casa　帰宅する
　　　　andare **a** lezione　授業に出る
　　　　andare **a** letto　就寝する(寝る)
　　　　andare **a** scuola　学校へ行く
　　　　andare **a** teatro　芝居を観に行く(観劇する)

330

② 定冠詞をともなうもの

　　andare **al** bar　バールへ行く

　　andare **al** cinema　映画を観に行く

　　andare **al** mare　海に行く

　　andare **al** supermercato　スーパーマーケットに行く

　　andare **al** ristorante　レストランに行く

　　andare **alla** stazione　駅に行く

★24 所有形容詞と定冠詞の省略　　　2→38

　所有形容詞は、通常、名詞の前に置かれ、さらに定冠詞をともないますが(ただし親族名詞に例外あり)、所有形容詞を名詞の後に置いて定冠詞を省略してしまう慣用句が存在します。

- ◆ Mangiamo insieme a casa mia.　僕の家で一緒に食事をしよう。
- ◆ Non è colpa tua!　君のせいじゃないよ！
- ◆ Non sono affari vostri!　君たちには関係のないことだ。

　　　　　　　　　　　　　　　　　■ affare：仕事、問題、関心事

- ◆ Amore mio!　愛しいあなた！
- ◆ Dio mio!　やれやれ。なんてことだ！　　…など

2→39

2 da

1) 場所の起点　◆ Sono tornato **da** Venezia.

　　　　　　　　私はヴェネツィアから帰って来た。

2) 場所(人を基準に)

　　　　　　◆ Facciamo una festa **da** noi.

　　　　　　　私たちの家でパーティーを開こう。

3) 行き先（人を基準に）
- ◆ Vengo **da** te.
  君のところへ行くよ。
- ◆ Vado **dal** barbiere.
  私は散髪屋に行く。　　　　　　➡ barbiere (m.)：理髪師

4) 時間の起点、時間の継続
- ◆ Studio l'italiano **da** quattro anni.　（→ 3 章 6. 1）［p107］
  4 年前からイタリア語を勉強している。
- ◆ Quando è nato il nostro primo bambino, eravamo già sposati **da** cinque anni.
  第一子が誕生したとき、私たちは結婚してすでに 5 年が経過していた。　　　　　（→ 4 章 3. 7）［p117］

5) 時間・場所の起点　（終点を示す a をともなって：da 〜 a 〜「〜から〜まで」）
- ◆ Guardo la tv **dalle** otto alle dieci.
  私は 8 時から 10 時までテレビを見る。
- ◆ Quanti chilometri ci sono **da** Tokyo a Yokohama?
  東京から横浜まで何キロありますか？

  ➡ chilometro (m.)：キロメートル

6) 受動態の動作主
- ◆ Questo fenomeno è stato scoperto **da** un ricercatore.
  この現象はひとりの研究者によって発見された。

  ➡ fenomeno (m.)：現象　（→ 21 章 2. (1)）［p260］

7) 原因
- ◆ Aurora piangeva **dalla** felicità.
  アウローラは幸せを感じて泣いていた。　➡ felicità (f.)：幸福

8) 用途
- ◆ Non ti stanno bene gli occhiali **da** sole.
  サングラスは君には似合わない。

9) 特徴
- ◆ Vorrei allevare un cane **dal** pelo corto.
  私は毛の短い犬を飼いたい。
  ◀ a pelo corto も OK。　　　　　　➡ allevare：飼育する

10) 年齢、身分
- ◆ **Da** bambino mangiavo sempre tanti cioccolatini.
  私は子どもの頃、いつもたくさんチョコレートを食べていた。

	◆ **Da** amico, ti consiglio di prenderti una vacanza.
	僕は友人として、君がバカンスを取ることを勧めるよ。
	◀ prenderti については 10 章 2.(2)[→ p146]を参照のこと。
11) 値段、尺度	◆ Devo comprare dieci francobolli **da** un euro.
	私は 1 ユーロ切手を 10 枚買わなければならない。
	➡ francobollo (m.)：切手
	◆ Potrebbe fare tre confezioni sotto vuoto **da** due etti di prosciutto crudo?
	生ハム 200 グラムの真空パックを 3 つ作ってもらえますか？
	➡ etto (m.)：100 グラム　crudo：生の

(12) 不定詞をともなって

◆ Vorrei qualcosa **da** bere. （〜するための）
私は何か飲み物がほしい。
　　　　◀飲むための何か（→ 25 章 2.5）[p294]）

◆ Avete tante cose **da** fare?　（〜するべき）
君たちはしなければならないことがたくさんありますか？

◆ Questa regola è difficile **da** spiegare.　（〜するには）
このルールは説明しにくい。　　➡ spiegare：説明する

◆ La pizza mi piace **da** morire.（〜するほど）
私はピッツァがたまらなく好きだ。　➡ da morire：死ぬほど〜だ

🎧 2 → 40

3 | di

1) 所有	◆ La macchina **del** nostro maestro è tedesca.
	私たちの先生の車はドイツ製です。
	◆ Questo orologio è **di** mio nonno.
	この時計は祖父のものです。
2) 所属	◆ La superficie **di** Tokyo non è molto vasta.
	東京の面積はそれほど広くない。　　➡ vasto：広大な

3) 部分冠詞 ◆ Vorrei **della** carne di pollo.
鶏肉をいくらかほしいのですが。 (→ 1 章 14. [p42])
📩 pollo (m.)：鶏

4) 時の限定 ◆ D'inverno mi piace sciare.
冬、スキーをするのが私は好きだ。 (→★ 2 [p51])
📩 sciare：スキーをする

5) 材料 ◆ Le case giapponesi sono **di** legno.
日本の家は木でできている。 📩 legno (m.)：木材、材木

6) 比較級 ◆ Gianni è più vecchio **di** Fabio.
ジャンニはファービオより年上だ。

7) 不定詞をともなって

◆ Ha pensato **di** cambiare lavoro.
彼は転職しようと思った。

◆ Le ho detto **di** non saltare i pasti.
私は彼女に食事を抜かないようにと言った。 (→ 19 章 3. [p249])
📩 saltare：とばす

◎ 2 → 41

4 in

1) 場所 ◆ Ci sono molte persone **in** piazza.
広場にはたくさんの人がいる。

◆ Il mio cellulare è **nello** zaino.
私の携帯はリュックの中にある。 📩 cellulare (m.)：携帯電話

2) 行き先・方向 ◆ L'anno scorso sono andato **in** Inghilterra.
去年、私はイギリスに行った。

3) 時の限定 ◆ Paola è nata **nel** 2001.
パオラは 2001 年に生まれた。

◆ Romeo prende le vacanze **in** luglio.
ロメーオは 7 月にバカンスを取る。 (→★ 2 [p51])

4) 期限 ◆ Devo finire questo lavoro **in** una settimana.
私はこの仕事を 1 週間で仕上げなければならない。

5) 変化(変換)   ◆ Puoi tradurre questa poesia **in** francese?
　　　　　　　　　君、この詩をフランス語に翻訳してくれますか？
6) 分割   ◆ Vorrei dividere la pizza **in** quattro.
　　　　　　　　　ピッツァを4つに分けたいのだが。
7) 手段   ◆ Oggi sono venuto **in** macchina.
　　　　　　　　　今日は車で来ました。
8) 数量   ◆ Siamo **in** tre.　私たちは3人(連れ)です。

● 場所・方向を表す前置詞 in、手段を表す前置詞 in と定冠詞の関係

① 場所・方向を表す in は、慣用的に定冠詞をともなわないことがほとんどです。

    in albergo　ホテルに(で)
    in banca　銀行に(で)
    in biblioteca　図書館に(で)
    in campagna　田舎に(で)
    in centro　街に(で)
    in città　都会に(で)
    in chiesa　教会に(で)
    in classe　教室に(で)
    in cucina　キッチンに(で)
    in discoteca　ディスコに(で)
    in farmacia　薬局に(で)
    in giardino　庭に(で)
    in paradiso　天国に(で)
    in piazza　広場に(で)
    in trattoria　トラットリーアに(で)
    in ufficio　オフィスに(で)
    in vacanza　バカンスに(で)

② -eria で終わる名詞の場合、前置詞は決まって定冠詞なしで in になります。
　　in gelateria　アイスクリーム屋に(で)
　　in libreria　本屋に(で)
　　in pizzeria　ピザ屋に(で)
　　in segreteria　事務所に(で)

◆ Sono andato **in** albergo.　私はホテルに行った。
◆ Ho pregato **in** chiesa.　私は教会で祈った。

③ 手段を表す in の場合も定冠詞なしで用いるのが一般的です。
　　in aereo　飛行機で
　　in autobus　バスで
　　in bicicletta　自転車で
　　in macchina　車で
　　in treno　列車で

　con l'aereo, con il treno のように con を用いることもできますが、定冠詞が必要になります。「6 時 5 分の列車で」など、列車を特定する場合は、必ず con を用います(con il treno delle sei e cinque)。

◆ Vado a scuola **in** autobus.　私はバスで通学している。
◆ Per me è molto comodo viaggiare **in** treno.
　列車での旅は私にはとても快適だ。　　　　　　　　　(→★ 25 [p340])

5　場所(行き先・居場所)を表す **in, a, da** の守備範囲

1) in は、国、州、大きな島を指す場合に用います。
　　in Giappone
　　in Italia

in America

in Lombardia（ロンバルディーア州）

in Sicilia

> （注）「アメリカ合衆国」は州の集合体ということで **negli** Stati Uniti です。
> 「フィリピン」は群島ですから **nelle** Filippine（nelle isole Filippine の略）です。
> このように対象が複数になると in は定冠詞をともなうことになります。
>
> イギリスを意味する「連合王国」は **nel** Regno Unito です。
> 「チェコ共和国」は **nella** Repubblica Ceca となります。
> 「モナコ公国」は **nel** Principato di Monaco です。
> 以上のように Regno, Repubblica, Principato などが加わるとやはり定冠詞が必要になります。

2) a は、都市、町を指す場合に用います。

a Tokyo（東京）

a Roma（ローマ）

a New York（ニューヨーク）

a Pompei（ポンペイ）

特殊なものとして、

a Hong Kong（香港は a を用います）

a Singapore（シンガポールは a を用います）

a Taiwan （台湾は a を用います）

> （注）島には注意が必要です。
> 「ハワイ」はアメリカの「州」ですが、ハワイ諸島のことを指していますから alle Hawaii となります。alle isole Hawaii の略です。
> 「カプリ」は島ですが、a Capri となります。

3) da は、人のいる場所(個人宅、仕事場など)を指す場合に用います。

da Francesco　フランチェスコの家（ところ）へ（で）

da te　君の家（ところ）へ（で）

dal dottore　医者のところへ（で）

dal macellaio　肉屋へ（で）

Pizzeria **da** "Gennaro"　ジェンナーロの（経営している）ピッツェリア

◎ 2 → 42

|6| su

1）場所（上に）
- Il bicchiere è **sulla** tavola.
  グラスはテーブルの上にあります。　■▶ bicchiere（m.）：グラス

2）話題
- Il Papa ha fatto un discorso **sulla** pace nel mondo.
  ローマ法王は世界の平和についてのスピーチを行なった。

3）近接
- La nostra camera dà **sul** giardino.
  私たちの部屋は庭に面している。　■▶ dare su 〜：〜に面する

4）概数
- La sua borsa costa **sugli** ottocento euro.
  彼女のバッグは 800 ユーロくらいする。

|7| con

1）同伴
- Andiamo al bar **con** i colleghi.
  仕事仲間たちと一緒にバールへ行こう。

2）手段・材料
- Mangio sempre **con** le bacchette.
  私はいつも箸で食事する。

- Lo sai che il sakè si fa **con** il riso?
  君、知ってるだろ？　酒が米から作られていることを。
  ◀これは、che 以下の内容を表す中性代名詞 lo（→ 11 章 3.［p172］）を文頭に置いた強調構文（→★ 21 ［p295］）です。si は受身の si です（→ 21 章 2.（5）2）［p267］）。　■▶ sakè（m.）：日本酒

3）様態
- Ti ringrazio **con** tutto il cuore.
  君に心から感謝します。

4）理由
- **Con** questa pioggia non posso uscire.
  この雨では外出できない。　■▶ pioggia（f.）：雨

5）特徴
- A Maria piacciono le scarpe **con** il tacco alto.
  マリーアはかかとの高い靴が好きだ。　■▶ tacco（m.）：かかと

8 | per

1) 方向
- Domani parto **per** Okinawa.
  私は明日、沖縄に出発する。

2) 経由
- Questo autobus non passa **per** la stazione centrale.
  このバスは中央駅を通らない。

3) 限定的移動
- Mi piace passeggiare **per** il centro storico.
  私は旧市街を散歩するのが好きだ。 ■➡ passeggiare：散歩する

4) 場所
- A causa di un incidente tante macchine si sono fermate **per** strada.
  事故が原因で多くの車が路上で立ち往生した。

5) 期間
- Ho aspettato Michele **per** un'ora.
  私はミケーレを 1 時間待った。　（→ 3 章 6.（2）[p108]）

6) 期限
- Potremo incontrarci **per** sabato prossimo.
  私たちは今度の土曜日までには会えるでしょう。

7) 対象・目的
- Ho comprato quest'anello **per** te.
  私はこの指輪をあなたのために買いました。
- Che cosa comprerai **per** il suo compleanno?
  君、彼(彼女)の誕生日に何を買うの？

8) 原因
- **Per** il maltempo, il traghetto non è partito.
  悪天候のためフェリーは出発しなかった。

  ■➡ traghetto (m.)：フェリー

9) 手段
- Ti spedisco il pacco **per** via aerea.
  君に航空便で荷物を送ります。

10) 対価
- Ho comprato questo dizionario usato **per** pochi soldi.
  私はこの古本の辞書をわずかの金額で買った。

11) 限定
- È ancora difficile **per** me viaggiare da solo in Italia.
  イタリアをひとりで旅することは私にはまだむずかしい。
  ◀これは非人称構文です。　（→★ 25・非人称構文 [p340]）

12) 身体の部位の限定(つかむ場合)
- ◆ Sandro mi ha afferrato **per** il braccio.
  サンドロは私の腕をつかんだ。
  ◁ prendere を用いても同じです。

13) 計算(加減乗除の「乗」)
- ◆ Otto **per** sette fa cinquantasei.　8×7＝56
  [参考] Due più tre fa cinque.　2＋3＝5
  　　　Undici meno nove fa due.　11－9＝2
  　　　Ventiquattro diviso sei fa quattro.　24÷6＝4

★25 非人称構文　　　　　　　　　　　　◎ 2→44

　主語が文頭に置かれることなく、《essere の 3 人称単数 ＋ 形容詞 ＋ 不定詞》もしくは《essere の 3 人称単数 ＋ 形容詞 ＋ che ＋ 名詞節》の形式をとり、実際には、不定詞もしくは名詞節が文自体の意味上の主語となるような構文を非人称構文といいます。

- ◆ È facile prelevare il denaro dal bancomat.
  ATM で現金を引き出すのは簡単だ。
  ◁ 主語は io でも tu でもなく、prelevare 以下が文の意味上の主語となります。
  ▶ prelevare：(金を)引き出す

- ◆ È meglio non usare questo libro di testo.
  このテキストは使わないほうがいい。　　▶ libro di testo：教科書

- ◆ Non è così facile ampliare la propria cultura.
  自分の教養を高めることはそれほど容易ではない。
  ▶ ampliare：広げる　cultura (f.)：文化、教養

- ◆ Sarebbe inutile costruire un porto nuovo in quella zona.
  あの地域に新しい港を建設するのは無駄ではなかろうか。

- ◆ Per me è importante cogliere questa buona occasione.
  私にとってはこの好機をとらえることが重要なのだ。
  ◁ 8.(11)［限定］の例と同様 per 〜が入っていますが、これは「誰々にとって」という意味になります。secondo me と同じです。

◆ È difficile che Lucio diventi indipendente, perché è molto pigro.
ルーチョが自立することはむずかしい。彼はとても無精だから。

◀非人称構文の場合、che 以下の名詞節内は基本的には接続法を要求します。
（→ 17 章 5. 7）［p222］)

なお、1. (10)の 2 番目の例、4. の最後の例も非人称構文です。

9 | fra / tra （どちらを使っても OK です）

1) 二者の間(空間・時間)

◆ C'è un fuso orario di un'ora **fra** il Giappone e Taiwan.
日本と台湾の間には 1 時間の時差がある。

◆ Ho un'ora libera **tra** le dieci e le quattordici.
僕は 10 時から 14 時の間、自由な時間を 1 時間取れる。

2) 多数の中(空間)

◆ Ho trovato una civetta **tra** gli alberi.
私は木立ちの中に 1 羽のふくろうを見つけた。

▶ civetta (f.)：ふくろう

3) 時間(「〜後に」)

◆ L'aereo parte **fra** dieci minuti.
飛行機は 10 分後に出発する。

◆ La nuova linea della metropolitana aprirà **fra** qualche anno.
数年後、地下鉄の新線が開業する予定だ。

▶ linea (f.)：線

🎧 2 → 46

10 │ その他の前置詞

1) **attraverso**（〜を通して；〜を横切って）

- Ho acquistato un biglietto dello spettacolo **attraverso** un amico.
  私は公演のチケットを友人を通して手に入れた。

  ◀ tramite の使い方と同じです。　　➡ acquistare：買う、手に入れる

- L'orso è scappato **attraverso** il bosco.
  熊は森をぬけて逃げて行った。　　➡ orso (m.)：熊　bosco (m.)：森

2) **contro**（〜に立ち向かって；〜に反対して）

- Non si deve lanciare la palla **contro** il muro.
  壁に向けてボールを投げてはいけません。　　➡ lanciare：投げつける

- In futuro l'umanità dovrà continuare a combattere **contro** l'influenza aviaria.
  人類はこれからも鳥インフルエンザと戦い続けなければならないだろう。

  ➡ combattere：戦う　influenza aviaria：鳥インフルエンザ

3) **dentro**（〜の中に）

- **Dentro** il ristorante non si può fumare.
  レストランの中ではタバコが吸えません。　　➡ fumare：タバコを吸う

4) **dietro**（〜の後ろに）

- Il ladro si nascondeva **dietro** al muro.
  泥棒は壁の後ろに隠れていた。

  ➡ muro (m.)：壁（城壁の場合 pl. は le mura）

5) **durante**（〜の間、〜じゅう）

- Diego prendeva il sole sulla spiaggia **durante** le vacanze.
  ディエーゴはバカンスの間、浜辺で日光浴をしていた。

  ➡ spiaggia (f.)：海辺

6) **entro**（〜以内に、〜中に）

- Dobbiamo inviare queste merci **entro** sabato prossimo.
  私たちは次の土曜日までにこの商品を送らなければならない。

  ▣ inviare：送る

- Questo vecchio palazzo andrà demolito **entro** il 2014.
  この古い建物は2014年中に取り壊されることになろう。

  ◀ andrà demolito = dovrà essere demolito
  年号「2014」はアルファベットで duemilaquattordici と書きます。

  ▣ demolire：取り壊す （→ 1 章 11.（1）[p33]）

7) **fuori**（〜の外に）

- Dario abita **fuori** Roma.　ダーリオはローマの郊外に住んでいる。
- Tante persone ci aspettano **fuori** di casa.
  多くの人々が家の外で我々を待ち受けている。

8) **oltre**（〜の向こうに；〜以上）

- C'è un lago **oltre** quelle montagne.　あの山の向こうには湖がある。
- Studio italiano da **oltre** tre anni.
  私は3年以上イタリア語を勉強している。

9) **presso**（〜の近くに、〜のもとで）

- Sto cercando una villetta **presso** Vicenza.
  私はヴィチェンツァ近郊に庭付きの一戸建て住宅を探している。

  ▣ villetta (f.)：庭付き一戸建て住宅

- Pia ha studiato medicina **presso** l'università di Bologna.
  ピーアはボローニャ大学で医学を勉強した。　▣ medicina：医学

10) **secondo**（〜によれば；〜に応じて；〜にしたがって）
- ◆ **Secondo** me questo tipo di formaggio non è adatto al vino rosso.
  私に言わせれば、この種のチーズは赤ワインに合わない。
  ▶ formaggio (m.)：チーズ
- ◆ Andate avanti **secondo** le indicazioni degli incaricati.
  係員の指示にしたがってお進みください。 ▶ incaricato (m. (f. -a)：係員

11) **senza**（〜なしで、〜せずに）
- ◆ In questa galleria non si può entrare **senza** prenotazione.
  この美術館は予約なしで入場できない。

12) **sopra**（〜の上に、〜の上方に）
- ◆ Lo studio di quel regista si trova **sopra** il teatro.
  あの映画監督のオフィスは劇場の上の階にある。 ▶ regista (m.f.)：映画監督

13) **sotto**（〜の下に；〜以下の）
- ◆ La ferrovia passa **sotto** il cavalcavia.
  鉄道は跨線橋の下を走っている。 ▶ cavalcavia (m. 無変)：跨線橋
- ◆ Solo i bambini **sotto** i sei anni possono salire sulla giostra.
  6歳以下の子どもたちだけがメリーゴーランドに乗れます。
- ◆ Tutti questi dispositivi elettronici sono messi **sotto** il controllo della ditta.
  これらすべての電子機器は会社の管理下に置かれている。
  ▶ controllo (m.)：支配、点検　ditta (f.)：会社

14) **tramite**（〜を通して）
- ◆ Abbiamo comprato un pacchetto viaggio all'estero **tramite** l'agenzia turistica.
  私たちは旅行代理店を通じて海外パックツアーを申し込んだ。（購入した）
  ▶ agenzia (f.)：代理店

15) **tranne**（〜を除いて）　◀ **eccetto** や **salvo** も同様です。

- ◆ Quel grande magazzino è aperto tutti i giorni **tranne** il mercoledì.
  あのデパートは水曜日以外は毎日開いている。
  - ◀ 曜日に定冠詞が付くと「毎〜曜日」というニュアンスになります。

  ➡ grande magazzino (m.)：デパート

16) **verso**（〜の方に、〜への；〜くらい（時間、年齢））

- ◆ Abbiamo camminato **verso** la riva del mare.
  私たちは海岸のほうに向かって歩いた。　　　➡ riva (f.)：岸

- ◆ Il pranzo sarà pronto **verso** l'una e mezza.
  昼食は1時半頃に準備できます。　　　➡ pronto：準備のできた

- ◆ Provo gratitudine **verso** i miei genitori
  私は両親に対して感謝の気持ちを抱いている。

  ➡ gratitudine (f.)：感謝の気持ち

日本語索引

- アクセント…35, 37〜40, 46, 131
- アポストロフォ→省略符合
- 引用符…310
- 受身→受動態
- 受身の si…266〜268

か

- 拡大辞…65
- 加減乗除…340
- 過去分詞…90〜92, 284〜288,（過去分詞の一致・複合時制）103〜106, 154,（受動態）260〜265, 267,（非人称の si）270,（ジェルンディオ構文）282,（過去分詞構文）284〜287,（不定詞）297〜299,（話法）323
- 過去分詞構文…284〜287, 307〜309
- 過去未来…209
- 仮定文…251〜259, 326〜328
- 感覚動詞…305
- 関係形容詞…198
- 関係節…187,（接続法）229〜230
- 関係代名詞…187〜196
- 関係副詞…197
- 間接疑問文…203, 208, 218, 223, 317, 324
- 間接目的語…48, 73, 86,（再帰動詞）146〜147,（使役・感覚動詞）301〜302, 305
- 間接目的語人称代名詞…73〜74, 76, 87〜88,（過去分詞の一致）105,（不定詞）298
- 間接話法…310〜328
- 感嘆文…67〜69, 258
- 基数形容詞…33〜35
- 季節…52
- 疑問形容詞…62〜63
- 疑問詞…60〜67, 317, 324
- 疑問代名詞…60〜61
- 疑問副詞…66〜67
- 疑問文（話法）…317, 324
- 強調構文…294〜295, 330, 338
- 形式的再帰動詞…106, 146〜147, 150, 153〜155,（代名小詞 ne）166
- 敬称…24, 25, 137
- 形容詞…22〜23, 29〜30, 37〜41, 59, 83, 205,（〜の位置）23, 29
- 形容詞節→関係節
- 形容詞の最上級→最上級
- 形容詞の比較級→比較級
- 現在に近接する過去…209, 316
- 現在分詞…289〜290
- 固有名詞…57〜58
- コロン…136
- コンマ…35, 136

さ

- 再帰代名詞…144～147, 155～156, 158, (非人称の si) 269, (ジェルンディオ) 274～275, 282, (過去分詞構文) 285, (不定詞) 296, 298, (使役動詞) 302～304

- 再帰動詞…94, 123, 144～158, (非人称の si) 269, (ジェルンディオ) 274, 282, (過去分詞構文) 285, 287, (使役動詞) 302

- 最上級…182～186, 229

- 子音…20, 26, 38

- 使役動詞…300～304

- ジェルンディオ…257, 274～283, (話法) 323

- ジェルンディオ過去(形)…275

- ジェルンディオ現在(形)…274～275

- ジェルンディオ構文…277～283, 307～309

- 時刻…64～65

- 指示形容詞…27～28

- 指示代名詞…21～22

- 時制…243, 248, 260, 310

- 時制の一致…243～250

- 自動詞…90, 92, 94, 99～100, (受動態) 260, (非人称の si) 268, (ジェルンディオ構文) 282, (過去分詞構文) 285～286, (使役・感覚動詞) 300, 304～305

- 従属節(接続法)…215～216, 224, 236

- 従属接続詞…224

- 縮小辞…65

- 主語→主語人称代名詞

- 主語人称代名詞…24～26, 78

- 主節…(条件法) 209, (接続法) 215～216, 224, 236, 239, 241～242, (仮定文) 251, 253～254, 256, (話法) 316, 318

- 受動態…260～268, (ジェルンディオ) 274～275, (過去分詞構文) 284～285, 287, (不定詞) 291

- 条件節…251, 253～254, 256～258

- 条件法…199～211

- 条件法過去…206～211, (接続法) 239, 242, (仮定文) 254～257, (話法) 318, 323～324, 326

- 条件法現在…199～205, (接続法) 239, 241, (仮定文) 253～254, 256～257, (話法) 318, 326

- 小詞(ci, ne, lo)…159, 163, 274～275, 282, 285, 296

- 小数…35

- 省略符合…66

- 序数形容詞…36～37

- 女性名詞…19

- 助動詞…24, (近過去、複合時制) 90, 92, 94～95, 103～106, (補助動詞) 101～102, (再帰動詞) 152, 156, (受身の si) 267, (非人称の si) 270

- 所有形容詞…30～32, 331

- 所有代名詞…32

- 進行形…275～276

- 親族名詞…31～32

- 身体…75

- 数形容詞…33

- 数量の比較…178, 181

347

○接続詞…93, 172, 216, 224～225

○接続法…212～242

○接続法過去…214～230, (話法) 317, 320

○接続法現在…212～230, (話法) 317, 320

○接続法大過去…235～242, (仮定法) 256, (話法) 318, 320, 322, 324, 326

○接続法半過去…234～242, (仮定文) 253～254, (話法) 320～321, 324, 326

○絶対最上級…184～185

○セミコロン…136

○先行詞…187, 229～230

○前置詞…41, 329～345

○相互的再帰動詞…146～147

○相対最上級…182～184

た

○代名小詞 ci (vi)…44, 102, 141, 143, 159～164, 298

○代名小詞 ne…87, 104, 141, 143, 164～171

○代名動詞…94, 147, 153, (使役動詞) 302

○他動詞…90, 92, 99～100, (受動態) 260, 262, 264, 267, (非人称の si) 268, (ジェルンディオ構文) 282, (過去分詞構文) 285, 287, (使役・感覚動詞) 300～305

○単純時制…260～261, 263～264, 268

○男性名詞…19

○中性代名詞 lo…141, 143, 172～173

○直説法…24, 212

○直説法遠過去…125～129, 130, (近過去との関係) 125, (話法) 317～318, 324

○直説法近過去…89～109, (半過去との関係) 110, 114, 116～121, (遠過去との関係) 125, (受身の si) 267, (非人称の si) 270～271, (話法) 316～318, 324

○直説法現在…(essere) 24～26, (avere) 44～45, (規則変化をする動詞) 45～47, (不規則変化をする動詞) 48～50, (補助動詞) 52～54, (仮定文) 251, (話法) 317～318, 324, 326

○直説法先立過去…130

○直説法先立未来…134～136, (話法) 318

○直説法大過去…122～124, (話法) 318, 322, 324

○直説法半過去…110～121, (近過去との関係) 110, (条件法) 205, (仮定文) 257, (受身の si) 268, (ジェルンディオ) 276, (話法) 318, 321, 324, 327

○直説法未来…131～134 (接続法) 216, 223, (仮定文) 251, (話法) 317～318, 324, 326

○直接目的語…48, 70, 84～86, 90, 104, (再帰動詞) 145～147, 153～155, (小詞 ne) 164, (中性代名詞 lo) 172, (関係代名詞) 187, 192, 195, (受動態) 260, 266～268, (過去分詞構文) 285, (使役・感覚動詞) 300～305

○直接目的語人称代名詞…70～71, 76, 87～88, (過去分詞の一致) 103, 105～106, (再帰動詞) 153～154, (ジェルンディオ構文) 282, (不定詞) 297

○直接話法…310～328

○定冠詞…26, 31～32, 41～43, 330～331, 335～336

- 動作主…（受動態）260～265, 267,（使役・感覚動詞）300～305
- 動詞…24～26, 44～54, 313
- 動詞の活用…24, 45～50
- 同等比較級…178～182
- 動物の鳴き声…306～307
- 独立節（接続法）…230, 242
- トロンカメント…78, 291

な

- 二重否定…233
- 人称代名詞→主語人称代名詞、目的語人称代名詞、直接目的語人称代名詞、間接目的語人称代名詞
- 人称代名詞の強勢形…75～78, 145
- 年月日…51～52, 97
- 能動態…260～261, 265

は

- 比較級…174～182, 185～186
- 否定文…25, 70, 73
- 否定命令（形）…142～143, 158
- 非人称構文…218, 222, 293, 340～341
- 非人称動詞…95, 98, 217, 222, 231～232
- 非人称のsi…266, 268～272
- 非人称表現…62, 95, 98, 158, 217～218, 222, 231～232, 268～273
- ピリオド…136
- 複合時制…102, 106, 260～265, 267, 270, 284
- 副詞…56～59, 83, 205,（～の位置）98
- 副詞句…58

- 副詞節（接続法）…224～228
- 副詞の最上級→最上級
- 副詞の比較級→比較級
- 不定冠詞…20
- 不定形容詞…79～80
- 不定詞…291～309, 323, 330, 333～334
- 不定詞過去形…291～292
- 不定詞現在形…291～292
- 不定代名詞…55, 72～73, 228～229
- 不定法…274
- 部分冠詞…42～43, 164, 334
- 部分否定…233
- 分詞…274
- 分数…37
- 平叙文（話法）…316, 318
- 蔑称辞…68
- 母音…20, 26, 78
- 法（叙法）…24, 243, 248, 260, 310
- 補語…48
- 補語人称代名詞…70
- 補助動詞…52～54, 71, 74,（近過去）101～102,（半過去）121,（再帰動詞）155～156,（受動態）264～265
- 本質的再帰動詞…145

ま

- 名詞…19, 37～41
- 名詞節（接続法）…216～224
- 命名動詞…151
- 命令形…137, 139～141, 156, 251, 253

349

○命令文（話法）…317, 324

○命令法…137 〜 143,（話法）317, 324

○目的語→直接目的語

○目的語人称代名詞…70 〜 71, 74, 102,（命令法）140 〜 141, 143,（ジェルンディオ）274 〜 275, 282,（過去分詞構文）285,（不定詞）296 〜 297

○優等最上級…182 〜 184

○優等比較級…174 〜 178

や

○曜日…51

ら

○劣等最上級…182 〜 184

○劣等比較級…174 〜 178

○連結接続詞…93

○連結動詞…231

わ

○話法…310

イタリア語索引

[略語一覧]

直接目的語人称代名詞 → (直目)
間接目的語人称代名詞 → (間目)
人称代名詞強勢形 → (強勢)

所有代名詞 → (所代)
所有形容詞 → (所形)
不定代名詞 → (不代)
不定形容詞 → (不形)
疑問代名詞 → (疑代)
疑問形容詞 → (疑形)
疑問副詞 → (疑副)
関係代名詞 → (関代)
関係副詞 → (関副)
関係形容詞 → (関形)

直説法現在 → (現)
直説法近過去 → (近)
直説法半過去 → (半)
直説法大過去 → (大)
直説法遠過去 → (遠)
直説法未来 → (未)
直説法先立未来 → (先未)
命令法 → (命令)
条件法現在 → (条現)
条件法過去 → (条過)
接続法現在 → (接現)
接続法過去 → (接過)
接続法半過去 → (接半)
接続法大過去 → (接大)
ジェルンディオ → (ジェ)
過去分詞 → (過分)
現在分詞 → (現分)

これ以外にも略語を使用していますが、いかなる文法事項に関するものであるかはおわかりいただけると思います。

A

- a, ad …41, 76, 116, 160, 172, 329, 336
- accendere… (過分) 91
- -accio …68
- accomodarsi… (命令) 157
- a condizione che …225
- affinché…225
- alcuno… (不代) 55, (不形) 43, 79
- alto… (比較) 185
- altro… (不代) 55, (不形) 80
- alzarsi… (現) 144, 148, (近) 152, (大) 123, (命令) 157, 158, (ジェ) 274
- amare… (未) 131
- a meno che (non)…226
- anche se …227, 280
- ancora …56, 98
- andare… (現) 49, (近) 94, (大) 122, (遠) 126, (未来) 132, (先未) 134, (命令) 139, (条現) 200, (条過) 206, (接現) 213, (接過) 214, (接半) 234, (接大) 235
- andare + ジェルンディオ…276
- andare + 過去分詞(受身) …264
- andarsene… (現) 148, (命令) 157, (小詞) 170
- a patto che …225
- appena …98, 130, 286
- aprire… (現) 46, (過分) 91
- -are 動詞…45 〜 46, 91, 274, 284, 289

351

- -astro…68
- attraverso …342
- avere…（現）45,（過分）91,（半）111,（遠）125,（未）132,（命令）138,（条現）200,（接現）213,（接半）234

B

- basso…（比較）185
- basta che…222, 226
- bello…29
- benché …226, 280
- bene…56,（比較）186
- bere…（現）49,（過分）91,（半）111,（遠）127,（未）132,（命令）138,（条現）201,（接半）234,（ジェ）274,（現分）289
- bisognare…（近）95,（接現）222
- buono…（形容詞）29,（比較）185

C

- cadere…（未）132,（条現）201
- cambiare …100
- capire…（現）46,（過分）91,（半）111,（条現）199
- -care で終わる動詞…（現）46,（条現）201
- cattivo…（比較）185
- -ca で終わる単語…39
- c'è, ci sono (esserci) …44, 162
- cercare…（現）46
- -cere で終わる動詞…47
- che…（疑代）60,（疑形）62,（感嘆）67,（比較）174, 176,（関代）187,（接続法）216, 230
- che cosa…（疑代）60

- chi…（疑代）60,（関代）194
- chiamarsi…148
- chiedere…（過分）91,（遠）126,（命令）138
- chiudere…（過分）91
- chiunque…228
- ci…（直目）71, 105,（間目）73,（小詞）44, 159
- -ciare で終わる動詞…（条現）201
- ciascuno…（不代）55,（不形）79
- -cia で終わる単語 …39～40
- ciò che …195
- -co で終わる単語…38～39
- come…（疑副）66,（感嘆）68,（比較）178
- come se …258
- cominciare…（現）47,（近）99,（条現）201
- cominciare a ＋不定詞…99, 161
- compiere…（未）132
- comprare…（近）92,（大）122,（先未）134
- comprarsi…（現）148,（近）153
- comunque…228
- con…41, 161, 279, 336, 338
- condurre…（現）50,（過分）91,（半）112,（遠）127,（未）132,（命令）138,（条現）201,（接現）213,（接半）235
- conoscere…（遠）126
- continuare a ＋不定詞…161
- contro…342
- correggere…（過分）91

- correre…（過分）91,（遠）126
- così …56,（比較）178
- così 〜 che… …171
- così 〜 come… …178
- cui …189

D

- da…41, 107, 116 〜 118, 170, 331, 336
- dare…（現）49,（遠）127,（未）132,（命令）139,（条現）201,（接現）213,（接半）234
- decidere…（過分）91
- dentro …57, 342
- di…（比較）174, 177, 182,（前置詞）41, 164, 333
- di + 定冠詞…42
- di solito…119
- dietro …57, 342
- difendere…（過分）91
- dimenticarsi …153
- dire…（現）49,（過分）91,（半）111,（遠）127,（未）132,（命令）139,（条現）201,（接現）213,（接半）234,（ジェ）274,（現分）289
- dire di + 不定詞…169, 173, 249, 293
- dividere…（過分）91
- dopo …56, 109
- dopo aver (essere) + 過去分詞 …307
- dopo che …130, 227, 277, 308
- dove…（疑副）66,（関副）197
- dovere…（現）49, 52,（未）132,（条現）200,（受身）264

- dovunque…228
- durante…342

E

- eccetto …345
- egli…24
- ella…24
- -ello…65
- entro…343
- -ere 動詞…45 〜 46, 91, 274, 284, 289
- essere…（現）24,（過分）91,（半）111,（遠）125,（未）132,（命令）138,（条現）200,（接現）213,（接半）234
- essere… a + 不定詞 …294
- essere + 過去分詞(受身) …260
- -etto…65

F

- fa…109
- fare…（現）49,（過分）91,（半）111,（遠）127,（未）132,（命令）139,（条現）200,（接現）213,（接半）234,（ジェ）274,（現分）289
- fare + 不定詞(使役) …300
- farsi + 不定詞(使役) …302
- finire…（近）99,（未）131,（命令）138,（接現）212,（接半）234,（ジェ）274
- finire di + 不定詞…99, 169
- fino a …116
- forte…59
- fra…109, 182, 341
- fuori…57, 343

G

- -ga で終わる単語 …39
- -gare で終わる動詞…（現）46,（条現）201
- -gere で終わる動詞…47
- già …56, 98
- -gia で終わる単語…40
- -giare で終わる動詞…（条現）201
- giocare…（条現）201
- giungere…（過分）91
- gli…（冠詞）26,（間目）73
- -go で終わる単語…39
- grande…（比較）185
- guardare…（遠）125,（命令）142,（条過）206,（接現）212,（接過）214,（接半）234,（接大）235,（ジェ）274

I

- i…（冠詞）26
- -i で終わる名詞 …37
- -iare で終わる動詞…（現）46
- -ie で終わる女性名詞…38
- il…（冠詞）26
- il che…188
- in …41, 117, 161, 334, 336
- in modo che…227
- inferiore …185
- -ino …65
- interessare…（現）81
- io…（主語）24
- -io で終わる単語…39
- -ire 動詞…45〜46, 91, 274, 284, 289

- -issimo…184

L

- la, l'…（冠詞）26,（直目）71, 103
- lasciare + 不定詞（使役）…304
- lasciarsi + 不定詞（使役）…304
- lavorare…（現）46,（過分）91
- le…（冠詞）26,（直目）71,（間目）73
- leggere…（現）47,（過分）91,（半）111,（遠）126
- lei…（主語）24,（強勢）75
- li…71
- lo, l'…（冠詞）26,（直目）71, 103,（中性代名詞）172
- lontano …57, 59
- loro…（主語）24, 25,（所形）30,（所代）32,（間目）73,（強勢）75,（命令）137
- lui…（主語）24,（強勢）75

M

- maggiore …185
- mai …57, 98, 119
- male…56,（比較）186
- mangiare…（現）46,（過分）91,（条現）200
- massimo …185
- me…75
- meglio…56,（比較）186
- meno …57,（比較）174, 182
- meno ~ di (che) ...…174
- -mente…58
- mentre …117, 277

- mettere…（過分）91,（遠）126
- mettersi…150
- mi…（直目）71, 105,（間目）73
- migliore…185
- minimo…185
- minore…185
- mio…（所形）30,（所代）32
- molto…57, 83
- morire…（過分）91

N

- nascere…（過分）91,（遠）126
- nascondere…（過分）91
- ne…（小詞）87, 104, 164
- né…93
- neanche…54
- nel caso (che)…226
- nemmeno…54
- neppure…54
- nessuno…（不代）72,（不形）79
- niente…（不代）72
- no…171
- noi…（主語）24,（強勢）75
- non... altro che... …233
- non 〜 ancora…98
- non fare... (altro) che ＋不定詞…233
- non 〜 mai…98, 119, 124
- nonostante (che)…226
- non 〜 più…167
- non potere fare a meno di 〜…233

- non sempre…233
- nostro…（所形）30,（所代）32
- nulla…（不代）72

O

- offrire…（過分）91
- ogni…（不形）79
- ogni volta che…120
- ognuno…（不代）55
- oltre…343
- -one…65
- ottimo…185

P

- pagare…（現）46,（条現）201
- parere…（条現）201,（接現）222, 232
- parlare…（近）100,（半）111
- partire…（未）131,（条現）199
- passare…99
- peggio…56,（比較）186
- peggiore…185
- per…108, 116, 339
- per quanto…226
- perché…（疑副）66,（接続詞）130, 225
- perciò…190
- perdere…（過分）91
- pessimo…185
- piacere…（現）81,（近）95
- piangere…（過分）91
- piano…56, 59
- piccolo…（比較）185

355

- piovere…（近）98
- più …57,（比較）174, 182
- più 〜 di (che) ...…174
- poco…57, 83
- poiché …130, 225, 278
- porre…（現）50,（過分）91,（半）112,（遠）127,（未）132,（命令）138,（条現）201,（接現）213,（接半）235
- potere…（現）49, 52,（過分）91,（未）132,（条現）200
- preferire…（比較）176
- prendere…（過分）91,（条現）199,（接現）212,（接半）234,（ジェ）274
- presso…343
- prima …56, 109
- prima che…227
- prima di ＋ 不定詞 …123
- proprio …32, 53
- pur ＋ ジェルンディオ …280
- purché …225
- pure…137

Q

- qualche…（不形）80
- qualcosa…（不代）55
- qualcuno…（不代）55
- quale…（疑代）61,（疑形）63,（感嘆）68,（関代）191
- qualsiasi…（不形）79
- qualunque …228
- quando…（疑副）66,（接続詞）120, 130, 277

- quanto…（疑代）61,（疑形）63,（疑副）67,（感嘆）67, 69,（比較）178, 181 〜 182,（関代）195,（関形）198
- quanto più (meno)〜 tanto più (meno)〜 …182
- quello…（指示代名詞）21,（指示形容詞）28
- quello che …195
- questo…（指示代名詞）21,（指示形容詞）27
- quindi …190

R

- raccogliere…（過分）91
- rendere…（過分）91
- rimanere…（現）49,（過分）91,（未）132,（条現）201
- rispondere…（過分）91
- rompere…（過分）91

S

- salire…（現）49
- salvo …345
- salvo che …226
- sapere…（現）49, 53,（遠）126,（未）132,（条現）201
- scegliere…（過分）92
- scendere…（過分）92
- scoprire…（過分）92
- scrivere…（過分）92,（遠）126
- se …251, 279, 317, 324, 326 〜 327
- sé …145
- sebbene …226, 280

- secondo …344
- sembrare…（接現）222, 231
- sempre …57, 119
- sentire…（過分）91,（半）111,（遠）125,（命令）138,（接現）212,（接半）234,（ジェ）274
- sentire ＋ 不定詞(感覚) …305
- senza …344
- senza che …228
- si…（再帰代名詞）144,（受身）266 〜 267,（非人称）266, 268
- sì …171
- siccome…130, 225
- sopra …57, 344
- sotto …57, 344
- spegnere…（過分）92
- spendere…（過分）92
- spesso…57, 119
- stare…（現）49,（遠）127,（未）132,（命令）139,（条現）200,（接現）213,（接半）234
- stare ＋ ジェルンディオ…276
- stare per ＋ 不定詞 …276
- stesso …145
- studiare…（現）47,（条現）201
- su …41, 161, 338
- succedere…（過分）92
- suo…（所形）30,（所代）32
- superiore …185

T

- tanto …57, 83,（比較）178, 181 〜 182
- tanto 〜 quanto... …178, 181
- te …75
- temere…（遠）125,（未）131
- tenere…（現）49,（遠）126,（未）132,（条現）201
- ti…（直目）71, 105,（間目）73
- togliere…（過分）92
- togliersi…（命令）157
- tornare…（命令）138,（条現）199
- tra…109, 341
- tradurre…（過分）92
- tramite …344
- tranne …345
- tranne che …226
- trarre…（現）50,（過分）92,（半）112,（遠）127,（未）132,（命令）138,（条現）201,（接現）213,（接半）235,（現分）289
- troppo…57, 83
- tu…（主語）24,（非人称）273
- tuo…（所形）30,（所代）32
- tutti i giorni…119
- tutto il giorno…116

U

- uno (un, un', una)…（冠詞）20,（基数）33,（非人称）272
- uscire…（現）49

V

- valere…（条現）201
- vedere…（現）46,（過分）92,（遠）126,（未）132,（条現）200
- vedere ＋ 不定詞（感覚）…305
- vedersi…148
- vendere…（過分）91
- venire…（現）49,（過分）92,（遠）126,（未）132,（命令）138,（条現）201
- venire ＋ ジェルンディオ…277
- venire ＋ 過去分詞（受身）…262
- verso …345
- vi…（直目）71, 105,（間目）73,（小詞）44, 159
- viaggiare…（条現）201
- vicino …57, 59
- vincere…（現）47,（過分）92
- visto che…225
- vivere…（過分）92,（未）132,（条現）201
- voi…（主語）24,（強勢）75
- volerci…162
- volere…（現）49, 53,（遠）126,（未）132,（条現）200
- vostro…（所形）30,（所代）32

著者紹介

本多 孝昭(ほんだ たかあき)
京都大学法学部卒業。
イタリア文化の真髄に触れてみたいとの一心から独学でイタリア語を学び、現在は、日伊学院でイタリア語の文法や和訳を指導をするかたわら、翻訳・通訳にもたずさわる。イタリア語通訳案内士。

CD の内容

○時間…DISC1　59分57秒／DISC2　58分25秒
○ナレーション：Diego Pellecchia
○本書の CD (DISC1 と DISC2) はビニールケースの中に重なって入っています。

CD BOOK 本気で学ぶ中・上級イタリア語

2015年 3月25日	初版発行
2018年 5月 6日	第3刷発行

著者	本多 孝昭(ほんだ たかあき)
カバーデザイン	竹内　雄二
DTP	WAVE 清水 康広

©Takaaki Honda 2015. Printed in Japan

発行者	内田　真介
発行・発売	ベレ出版 〒162-0832　東京都新宿区岩戸町12 レベッカビル TEL.03-5225-4790　FAX.03-5225-4795 ホームページ　http://www.beret.co.jp/ 振替 00180-7-104058
印刷	株式会社　文昇堂
製本	根本製本株式会社

落丁本・乱丁本は小社編集部あてにお送りください。送料小社負担にてお取り替えします。

ISBN 978-4-86064-428-4 C2087　　　　　　　編集担当　新谷友佳子

しっかり学ぶイタリア語

一ノ瀬俊和 著

A5 並製／本体価格 1800 円（税別）　■ 272 頁
ISBN978-4-939076-44-2 C2087

諸外国シリーズ第6弾のイタリア語。NHKテレビイタリア語講座で、説明のわかりやすさには定評のあった著者が、文法をしっかり身につけるというベレシリーズのコンセプトに合わせて、そのノウハウを結集させた1冊。CDには基本例文をすべて収録。数あるイタリア語の中でも〈しっかり学びたい〉人にはぜひこの本を!!

名作短編で学ぶイタリア語

関口英子／白崎容子 著

A5 並製／本体価格 2500 円（税別）　■ 272 頁
ISBN978-4-86064-385-0 C2087

タブッキ、ベンニ、モラヴィア、ブッツァーティ…など、イタリアの有名作家による名作短編小説を原文のまま読み解いていけるよう、完全対訳と文法・文型などの丁寧な解説を加えました。イタリア語の初級・中級文法を一通り終えた次のステップとして、文学作品の原書に挑戦してみたい…という学習者は多いはず。そんなニーズにこたえるため、学習に最適で、かつ味わい深い短編小説9作品を掲載。イタリア語の世界を原文で味わう名作短編集です!

日記を書いて身につけるイタリア語

張あさ子 著

A5 並製／本体価格 1700 円（税別）　■ 368 頁
ISBN978-4-86064-317-1 C2087

日々の学習法として「日記」を活用することは、今や多くの学習者に支持されています。毎日、その日にあったこと、気持ち、明日の予定、なんでもないことでもどんどんイタリア語で書くことで、楽しく語い力、表現力をつけていけます。本書の構成は、作文するために必要な文法を例文と一緒に解説し、日記に使える構文、表現を豊富に紹介してあります。何時に起きた、何を食べた、などのやさしい身近な表現から、感情表現を入れた数行の日記まで、参考になる表現が満載です。諸外国語日記シリーズの第1弾です。